수소 자원 혁명

추천의 글

매력적이고 권위 있으면서 시의적절하다. 마르코 알베라는 책을 통해 청정에너지로 향하는 미래에 있어서 수소의 중요성을 피력하고 있다.

마이크 버너스 리 랭커스터대학교 사회미래연구소 교수

파리협정의 기후목표를 달성하려면 시스템의 전면적인 변화가 필요하다. 이 책은 앞으로 수소의 역할을 설득력 있게 설명함으로써 전 세계가 청정에너지 전환을 추진하는 데 크게 이바지할 것이다.

마크 카니 前 영국은행 총재

기후변화에 혁명을 일으킬 작은 분자에 대한 매력적이고 통찰력 있는 개요! 마르코 알베라의 아이디어는 실용적이고 긍정적인 해결책을 연결해주는 훌륭한 매개체이다.

가브리엘 워커 과학저널리스트

이 매력적인 책에서 마르코 알베라는 수소가 연료로 사용되는 미래에 대한 흥미로운 비전을 제시한다.

마일스 앨런 옥스퍼드대학교 기후학자

수소에 대한 매우 귀중한 설명자료이자 넷제로를 달성하는 열쇠, 그리고 긴급 행동을 촉구하는 책이다. 세계 정책입안자들은 수소에 주의를 기울일 필요가 있다.

피터 만델슨 前 영국 EU 무역위원장

마르코 알베라는 당신이 미래에 수소의 역할을 생각해볼 수 있는 명확한 아이디어를 제공한다. 또한, 이 책은 전 세계적인 청정에너지 전환의 시점에 수소가 얼마나 중요한 역할을 할지에 대해 토론할 때 도움을 줄 것이다.

파티 비롤 IEA 사무총장

이것은 수소, 그리고 재생에너지 이론에 기초한 명확하고 근거 있는 희망적인 미래에 대한 시선이다.

프란체스코 라 카메라 IRENA 사무총장

넷제로를 위해 꼭 필요한 그린수소의 현실과 가치를 살피는 가장 포괄적인 연구서이며, 이 시대를 살아가는 모두가 읽어야 할 도서다.

패디 파드마나단 아크와파워 ACWA Power CEO

마르코 알베라는 지속 가능한 글로벌 에너지 시스템으로 전환하는 데 있어 그린수소가 해야 할 역할에 대해 달성할 수 있는 비전을 생생하게 그려낸다.

질 코르텐호스트 미국 환경 비영리단체 RMI CEO

수소는 미래의 경제에서 틀림없이 중요한 역할을 하게 될 것이며 마르코 알베라만큼 그 역할에 대해 깊이 생각해 본 사람은 없을 것이다. 이 통찰력 있고 강력한 주장을 담은 책에서 그는 전기와 수소가 지배하는 경제에 대한 실현 가능하고 매력적인 비전과 이를 위해 우리가 취해야 할 실질적인 조치들을 제시한다.

아데어 터너 에너지전환위원회 위원장

최고 비즈니스 경영자에게 듣는 수소에 대한 포괄적인 비전.

조너선 스턴 옥스퍼드에너지연구소

이 책은 기후위기에서 재생에너지의 간헐성과 변동성을 해결해줄 수 있는 수소의 역할을 이해하기 쉽게 설명했으며 마르코 알베라의 깊이 있는 통찰력을 바탕으로 수소 사회로의 전환을 위해 극복해야 하는 장벽을 포괄적으로 분석한다.

강상규 서울대학교 교수·前 수소경제위원회 위원

수소 시대의 궁금점을 해결해줄 수소의 교본으로 사용되기에, 충분한 걸작이다. 이제 수소 시대의 개막에서 시작되는 드라마틱한 변화를 예측하지 못하면 연간 수조 달러의 시장에 접근할 기회를 놓치게 될 것이다.

한병화 유진투자증권 이사·그린산업 애널리스트

수소 생산비용이 1킬로그램당 2달러에 도달하면, 수소혁명이 도래한다! 이 책은 에너지 업계에서 잔뼈가 굵은 관록에서 도출된 구체적인 실행 방법을 비롯하여 수소경제의 현재와 미래에 대한 유익한 인사이트가 가득하다.

김재경 에너지경제연구원 연구위원

저자는 넷제로를 실현하는 과정에서, 대체에너지들의 장점을 극대화해줄 수소의 역할에 대해 주목한다. 이 책은 지금 바로 수소라는 에너지 매개체에 대한 의구심을 해소할 좋은 기회가 될 것이다.

나승두 SK증권 리서치센터 연구위원

수소 자원 혁명

지구를 위한 마지막 선택

수소가 바꾸는 미래

마르코 알베라 Marco Alverà 지음 | 김종명 옮김

미래의창

차례

별에서 온 아이들,
립시와 그레타에게

서문

우리는 지금 2050년의 베네치아에 있다. 오늘은 파리협정 35주년을 기념하는 축제일이다.[1] 기후변화라는 유령은 이제 완전히 퇴치됐다. 지구기온은 안정되기 시작했고, 지구온난화가 멈추면서 나타나는 첫 번째 변화들이 나타나기 시작했다. 다행히도 열대우림과 산호초들은 살아남았고, 위태롭던 이 아름다운 도시도 마찬가지로 살아남았다. 멸종위기에 처했던 야생동물이 다시 돌아오고 있다. 우리는 지구의 균형을 유지하면서도 걱정 없이 경제활동을 영위할 수 있고, 발전을 이어가고, 여행도 할 수 있다.

지금 우리가 쓰고 있는 조명과 전기자동차만 친환경적인 것이 아니다. 지구의 모든 것이 친환경적이다. 우리의 식량은 친환경적 비료로만 재배되고 있다. 가정에서는 재생에너지 전력을 소비하고 자체적으로 청정에너지를 생산, 교환, 저장하기도 한다. 초경량 수직 이착륙 택시는 교통체증으로 꽉 막힌 도로 위를 토끼처럼 뛰어다닌다. 장거리를 운항하는 항공기는 하늘에 하얀 얼음 궤적을 남기며 비행한다. 보트, 트럭, 버스는 이산화탄소와 연기를 내뿜는 대신 수소를 태우고 그 결과로 발생하는 순수한 수증기를 배출하며 소음 없이 미끄러지듯 다닌다. 교통수단이 도시와 하늘에 미세입자와 오염물질을 배출하던 건 과거의 일이 됐다. 이 모든 것은 태양과 바람의 힘을 이용해 물을 수소로 바꾸면서 일어난 일이다.

수소 덕에 사막에 내리쬐는 햇빛과 대양에 부는 바람을 집 안까지 끌어올 수 있게 됐다. 유럽 국가들은 북아프리카와 중동의 태양에너지를 수소 형태로 수입함으로써 그 지역의 발전에 도움을 줄 수 있게 됐다. 호주는 지구상에서 가장 강한 햇빛을 수확한 다음 배에 실어 일본으로 보내고 있다. 중국과 인도는 대기오염과 탄소 배출이라는 두 가지 문제를 해결하기 위해 몽골의 바람과 라자스타니Rajasthani의 햇빛을 사용하고 있다. 모든 사람의 에너지 비용은 계속해서 떨어지는 중이다. 이에 따라 전 세계의 경제 성장과 발전은 가속화되고 수백만 개의 새로운 일자리가 창출된다.

하지만 아쉽게도 나는 꿈을 꾸고 있었다.

이제 꿈에서 깨어나 현실로 돌아가보자.

현실로 돌아오니 기후변화를 해결하기 위한 우리의 노력은 궤도에서 한참 벗어났다. 2020년은 2019년에 이어 역사상 두 번째로 기온이 높았던 해였다. 만약 코로나19가 없었다면 2020년은 34명의 사망자와 30억 마리 이상의 동물의 목숨을 앗아간 호주 산불을 포함해 브라질, 캘리포니아에서 전례 없이 큰 산불이 났던 해로 기억될 것이다.

기후변화는 내 고향인 베네치아에도 큰 타격을 줬다. 베네치아는 2019년 대재앙에 가까운 홍수로 황폐해졌고, 이제는 기후변화와 해수면 상승으로 우리가 잃게 될 모든 것들을 상징하는 도시가 됐다. 비단 베네치아만의 문제는 아니다. 전 세계의 많은 해안 지역들이 해수면 상승으로 인해 위협받고 있다. 이 도시들은 홍수 피해를 방어하기 위해 수십억 달러를 쓴다. 극단적인 기후변화는 사람, 동물 그리고 우리의 생태계에 이루 말할 수 없는 피해를 가져온다. 기온의 상승으로 인해 지구 일부 지역은 사실상 사람이 살 수 없는 곳이 될 위기에 처했다.

나는 기후변화에 대해 오랫동안 걱정을 해왔고, 인류가 이 재앙을 피할 수 있을 것이라는 믿음에 대해 매우 비관적이었다. 에너지 인프라 회사의 임원으로 일하기 시작한 지 얼마 안 됐을 때 나는 기후전략가이자 작가인 가브리엘 워커와 함께 노르웨이의 산을 오르면서 기후과학을 접할 기회를 얻었다. 가브리엘은 그와 내가 산을 오르면서 숨을 헐떡일 때(음, 주로 나였다) 지구가 재앙으로 치닫고 있다는 과학적 증거가 얼마나 많이 쌓여 있는지 내게 설명했다. 그리고 가브리엘은 이러한 주제는 단지 우리가 지적으로만 다뤄야 할 주제가 아니라고 했다. 기후변화에 관해 이야기하는 사람들의 말이 정말 조금이라도 옳다면, 그 결과가 가져올 위험이 너무나도 크기 때문에 우리가 이에 대해 뭔가 조치를 취할 필요가 있다는 말이었다. 그는 마치 우리가 기후위기로 파스칼 내기[●]를 하는 것 같다고 말했다.

가브리엘은 옳았고, 그 경험은 잠자는 나를 깨워준 모닝콜이 됐다. 그 후로 나는 기후변화에 관해 그리고 우리가 정말로 심각한 위험에 처했다는 것을 깨달았다. 그 후 나의 딸들이 태어났다. 나는 지금 지구온난화에 대해 어떤 조치도 하지 않았을 때, 우리가 2100년에 겪게 될 일들을 예측하면서 그런 일들이 나의 딸들과 그 또래의 세대들에게 어떤 의미가 될지 생각해봤다.

기후변화를 알아갈수록 걱정이 커졌다. 화석연료가 지구에 어떤 영향을 미치게 되는지 알게 됐기 때문이다. 하지만 어떻게 하면 산업, 여행, 무역을 발전시키는 데 필요한 에너지를 공급하면서도 동시에 화석연료에 지나치게 의존하는 걸 멈출 수 있을지 알 수 없었다. 그동안 재생에너지로 전기를 생산하는 부문에 큰 발전이 있긴 했다. 하지만 전기는 전체 에너지 사용량의 20퍼센트밖에 되지 않는다. 태양과 바람을 이용해 깨끗한 전기를 생산한다고 하더라도

● 파스칼의 주장에 의하면 합리적인 사람은 신이 존재하는 것처럼 믿고 살아야 한다. 왜냐하면 비록 아주 낮은 확률일지라도 신이 존재한다면 신을 믿어서 얻을 이득은 무한대이지만 믿지 않을 때 겪게 될 손실도 무한하기 때문이다.

여전히 우리는 전체 에너지 시스템의 80퍼센트에 대해 걱정해야 한다. 이 80퍼센트는 주로 운송, 산업, 난방 분야에서 사용되는 에너지다. 현재 인류는 석탄, 석유, 천연가스에서 나오는 분자를 태워 이 에너지를 공급받고 있다.

물론 이런 용도에 쓰이는 에너지 일부는 전기로 바꿀 수 있다. 이것이 전기자동차와 가정용 전기난방을 도입하는 이유다. 하지만 이런 식으로 재생가능 전기를 교체하는 데는 한계가 있다. 특히 중하중重荷重용 수송 수단, 산업 및 겨울철 난방과 같은 부문은 전기로 완전히 대체하는 것이 거의 불가능하다. 국제재생에너지기구 IRENA는 2050년까지 전기가 전체 에너지 사용량의 50퍼센트 정도를 대체할 것으로 전망한다. 물론 이것만으로도 놀라운 발전이지만 여전히 남은 50퍼센트에 대해서 걱정해야 한다. 만약 진지하게 우리가 미래의 재앙을 피하고 싶다면 재생가능 전기를 보조할 또 다른 기술이 필요하다. 게다가 우리는 그런 기술을 최대한 빨리 개발하지 않으면 안 되는 위급한 상황에 놓여 있다.

나는 오랫동안 정부, 기업 및 소비자 행동에 내재한 엄청난 관성을 극복하는 것은 불가능한 일이라고 생각했다. 하지만 몇 년 전에 얼핏 보기엔 지루했던 한 비즈니스 미팅이 내 모든 생각을 바꿔 놓았다.

2018년 11월, 긴 하루가 거의 끝나갈 무렵이었다. 나는 밀라노의 내 사무실에서 유럽과 중동에 천연가스 파이프라인을 가지고 있던 에너지 인프라 회사 스남Snam의 CEO로서 미래의 글로벌 에너지 시스템이 어떻게 될지, 그리고 이를 위해 스남은 무엇을 준비해야 할지에 대해 고민했다. 그날 나의 마지막 스케줄은 스남 시나리오팀과의 미팅이었고, 나와 시나리오팀은 유럽이 2050년까지 **이산화탄소**(CO_2) 배출량을 '제로'로 줄일 수 있다는 것을 보여주는 연구 결과를 놓고 검토했다. 우리는 태양광과 풍력, 바이오매스, 수소 등의 청정에너지원과 이들을 생산, 운송, 저장, 사용하는 데 드는 비용을 살펴봤다. 다양한 정보를 바탕으로 수립된 모델들 중 하나는 2050년경 이러한 청정에너지원들을 가장 적은 비용으로 사용할 수 있는 조합을 제시하고 있었다.

연구를 자세히 검토한 결과, 나와 시나리오팀은 2050년에는 수소의 비중이 엄청나게 커질 것이라는 걸 알게 됐다. 지금까지 에너지 믹스나 정책을 논할 때 수소는 거의 빠졌었다는 점을 고려한다면 정말 엄청나게 높은 비중이었다.

나는 학교의 과학 시간에 직사각형 프리즘 모양의 9볼트짜리 배터리를 사용해 물에서 수소를 추출해본 이후로 줄곧 수소의 잠재력에 대해 알고 있었다. 그리고 17살 때 쥘 베른의 《신비의 섬The Mysterious Island》을 읽고 무한한 수소에너지의 꿈에 대해 생각해봤다. 쥘 베른은 소설에서 물이 언젠가는 연료로 사용될 것이며 물을 구성하는 수소와 산소가 어떻게 석탄이 낼 수 없는 무궁무진한 열과 빛을 제공할 것인지에 대해 이야기하고 있다.[2] 쥘 베른의 소설은 절대 소진될 일이 없는 재생가능 분자인 수소를 향한 나의 열정에 불을 붙였다.

2004년, 내가 처음으로 세계수소에너지회의에 갔을 때는 쥘 베른의 소설이 쓰인 지 거의 130년이 지난 때였다. 하지만 여전히 쥘 베른의 비전은 멀리 있는 것처럼 보였다. 당시 나는 이탈리아 에너지 그룹 에넬Enel의 전략책임자로서 일본 요코하마에서 열린 세계 수소에너지회의에 초청받아 참석했다. 회의가 끝난 후 나는 아직은 수소가 치명적인 결점을 극복하지 못했다고 생각하면서 집으로 돌아왔다. 당시의 수소 가격은 엄청 비쌌다. 수소를 원자력으로 만들건 막 태동하기 시작한 재생에너지로 만들건, 당시 수소의 가격은 화석연료보다 훨씬 비쌌다. 내 계산에 의하면, 당시 재생에너지로 만든 수소연료로 3시간 자동차 여행을 하는 데 드는 비용은 4천 달러 정도였다.

하지만 시간이 흘러 2018년 늦은 오후 밀라노에서, 나는 수소가 우리 에너지 시스템의 미래를 바꾸리라 예측하고 있는 모델을 눈앞에 마주하고 있었다. 이 새 모델은 우리가 깨닫지 못하고 있었던 무언가를 알아낸 것일까? 우리는 피자를 시켜놓고 계속해서 이 질문에 대한 답을 찾기 위해 노력했다.

내가 오래전 야근에 시달리는 골드만삭스의 젊은 애널리스트로 일하면서 알게 된 사실이 있다. 모델이 제공하는 결괏값은 입력값에 따라 달라진다는 것이었다. 속담에서 이야기하듯 쓰레기를 넣으면 쓰레기가 나온다. 그날 저녁 밀라노에서 우리는 모델에 입력했던 값에 대해 살펴보기 시작했다. 그리고 빠르게 문제의 핵심에 접근했다.

우리가 가지고 있던 모델의 예측 결과는 미래에는 사용가능한 값싼 수소가 많아지게 된다는 것이었다. 재생 전력의 비용은 급속하게 하락하고 있었고 전기로 수소를 생산하는 설비 비용도 빠른 속도로 떨어지고 있었다. 수소를 운송하는 데 드는 비용 또한 이미 존재하는 천연가스의 파이프라인을 이용했기에 크게 높지 않으리라고 예상됐다. 이 모델은 2050년에는 많은 부문에서 가장 저렴한 탈탄소에너지원이 수소가 되리라 예측했다. 현재 석유, 석탄, 원자력 발전에 들어가는 비용보다 수소 에너지에 드는 비용이 더 낮아진다면서 말이다.

그 순간 번개가 치듯 어떤 생각이 머리를 스쳐갔다. 수소가 맡은 진정한 임무는 햇빛과 바람이 풍부한 곳에서 에너지를 수확한 후, 항공기, 공장, 가정까지 저렴하게 이송하는 역할임을 깨달은 것이다. 이렇게 되면 사하라 사막 면적의 1퍼센트에 내리쬐는 햇빛만으로도 전 세계에 공급할 수 있는 충분한 에너지를 얻을 수 있다.[3] 수소는 그러한 가능성을 여는 것과 동시에 전기화가 어려운 분야까지 탈탄소화를 할 수 있는 방법도 우리에게 제공하게 된다. 일상적으로 사용하는 에너지를 재생에너지로 완전히 전환하려면 엄청난 에너지 비용을 지급해야 하는 것은 물론이고 개발도상국에 수십억 달러의 지원을 해야 한다. 하지만 값싼 재생에너지와 수소를 결합하면 오늘날보다 에너지 비용이 저렴해지는 진정한 탄소중립의 세계를 우리는 꿈꿔볼 수 있다.

그 생각에 이르자 나는 안도감과 흥분으로 가득 찼다. 만약 수소가 그동안 우리가 그토록 찾던 가능성의 하나라면 마침내 기후변화와 맞서 싸우는 데 필요한 청정 분자를 손에 넣게 된 것이었다. 이제 우리에게 필요한 것은 이 비전을 실현할 계획이다.

2004년 세계수소에너지회의는 수소 연구의 출발점이 됐다. 그 후로 몇 년간 이와 관련된 집중적인 연구, 테스트, 그리고 프로젝트들이 뒤따랐다. 우리가 이 일을 시작했을 때만 하더라도 수소에 대해 전문가라고 할 수 있는 사람이 거의 없었지만 지금은 탄력이 붙고 있다. 2050년경이면 수소가 에너지 수요의 4분의 1을 감당할 수 있다는 공감대가 확산될 것이다.[4]

이 책을 통해 나는 이러한 모멘텀을 계속해서 키워나가려 한다. 그런 의미에서 이 책은 새로운 에너지 시대가 열릴 것이라는 선언이며, 수소가 어떻게 세계를 구하는 데 도움을 줄 수 있는지를 보여주는 청사진이다.

나는 이 책에서 내가 걸어온 깨달음의 과정을 따라가려고 노력했다. 기후변화를 우려하는 과학적 견해를 접한 일부터 시작해, 처음에 왜 우리가 이런 문제를 해결할 가능성이 작다고 비관적으로 봤는지 이유를 책에 밝혔다. 다행히 이제는 이에 관해 점점 낙관적으로 볼 수 있는 이유가 커지고 있다. 그중에서도 재생에너지의 눈부신 발전을 주된 이유로 꼽을 수 있다. 이를 통해 주요 에너지원을 직접적으로 탈탄소화할 수 있고 어떤 종류의 해법이든 그를 토대로 제공할 수 있게 됐다.

하지만 재생에너지에는 한계가 있다. 재생에너지 혼자서는 목표를 달성할 수 없다. 그런 면에서 수소는 재생에너지가 가진 한계를 넘어 분자와 전자, 생산자와 소비자, 국가 및 지역을 하나로 묶을 수 있는 에너지 매개체의 역할을 한다. 이는 전달되기 어려운 에너지 생태계의 구석구석에까지 재생에너지를 확산시키는 데 도움을 줄 수 있을 것이다. 수소가 가진 이런 잠재력은 오래전부터 잘 알려져 있었지만, 이제는 비용 면에서도 경쟁력을 갖출 수 있게 됐다.

이 책에서 나는 수소가 어떻게 '넷제로Net Zero', 즉 탄소중립을 달성하는 데 도움이 될지에 대해 설명하고자 한다. 그뿐만 아니라 수소가 가격 경쟁력을 갖추게 되는 전환점인 티핑포인트로 더 빨리 가는 데 필요한 계획도 제시할 계획이다. 이렇게만 된다면 우리는 기후변화와의 싸움에서 귀중한 시간을 벌 수 있다. 이 책은 수소가 가진 무한한 잠재력을 끌어내기 위해 기업, 정책입안자, 소비자로서 우리가 밟아야 할 단계를 제시할 것이다.

여러분이 무엇을 구매하고, 어떻게 투표하고, 저축한 돈을 어디에 투자하고, 어떤 대화를 하느냐에 따라 기후위기에 많은 영향을 끼치게 된다. 하찮아 보이는 일상의 수천 개의 선택을 통해 여러분이 세상을 바꿀 수 있는 것이다.

수소 자원 혁명

●

제1부

뜨거운 혼돈:
기후변화와 그 이유

THE HYDROGEN

REVOLUTION

1

넷제로 목표

A Net-Zero Goal

기후변화는 인류의 생존을 직접적으로 위협하고 있다. 우리는 가능하겠다고 생각했던 것보다 더 빨리 넷제로에 도달해야만 한다. 증가하는 인구와 신흥경제국의 발전에 필요한 에너지를 제공하면서 동시에 넷제로에 도달하는 목표를 달성해야 하는 과제를 안고 있다. 이것은 결코 쉬운 일이 아니다.

1944년, 29마리의 순록이 바지선 위에 만들어놓은 우리에 갇힌 채 알래스카에서 북쪽으로 가장 멀리 떨어진 베링 해협의 세인트매슈섬에 도착했다. 이 순록들은 이 섬에 있는 전시용 레이더 기지 근무자들에게 보급품 지원이 안 될 경우를 대비한 일종의 움직이는 비상식량이었다. 하지만 1945년 2차 세계대전이 끝나자 사람들은 모두 레이저 기지를 떠났고 순록들만 그대로 섬에 남겨졌다. 그렇게 섬에 남은 순록은 매년 번식을 거듭하다가 1963년에 그 수가 6천 마리에 이르렀지만, 이듬해인 1964년 43마리로 급감했고 이마저도 오래가지 못했다. 현재 세인트매슈섬에 순록은 없다. 모두 굶어 죽거나 얼어 죽었기 때문이다.

1930년대 미국 대평원에서는 끔찍한 황사 폭풍으로 인해 300만 톤에 달하는 겉흙층이 쓸려서 날아가 버리는 일이 일어났다. 당시에는 대낮인데도 밤처럼 어두운 날들이 계속됐다고 한다. 그 뒤로 메뚜기 떼와 토끼 떼들이 덮쳐 남은 농작물을 모두 먹어 치웠고, 이 과정에서 수천 명의 사람이 흙먼지를 마시고 죽는 일이 있었다. 결국 농작물을 재배할 수 없었던 수만 가구의 농가는 가난에 허덕이다 농장을 버리고 떠났다. 그렇게 150만 명의 사람들이 순식간에 대평원에서 사라졌다.

1722년 부활절 일요일, 처음 라파누이Rapa Nui에 상륙한 네덜란드 탐험가 야코프 호헤베인Jacob Roggeveen은 괴기스러운 풍경을 목격했다. 나무 한 그루 보이지 않는 척박하고 살기 힘든 땅, 강풍에 난

수소 자원 혁명

타당하고 짠 바닷물 세례를 받으며 남태평양 한가운데 있던 그 외딴섬에 거대하고 정교한 암석 조각상 1천여 개가 서 있었다. 암석 조각상은 과거 어느 시점에는 그 섬에 그런 큰 바위를 옮기는데 필요한 통나무를 구할 수 있을 정도로 울창한 숲과 공사에 쏟을 시간과 에너지를 보유한 공동체가 번창하고 있었다는 증거였다. 하지만 현재 이 섬에는 더 이상 그런 것들은 남아 있지 않았다.

이 이야기들이 가진 공통점은 무엇일까? 그것은 다름 아닌 생태계 파괴와 관련되었다는 것이다. 과도하게 환경을 착취하면 생물들의 생존을 책임지던 생태계가 자신을 파괴하게 된다는 교훈을 주는 이야기들이다. 순록들은 이끼가 자라는 속도보다 더 빨리 이끼를 먹어치웠다. 미국 남부 평야 지대는 과도하게 땅을 갈고 가축을 방목한 결과, 겉흙층이 바람에 무방비 상태로 방치됐다. 그리고 거대한 건조 지대Dust Bowl가 생겨났다. 이스터섬에 대해서는 여러 설들이 있지만, 그중 하나는 삼림 벌채가 인구가 급속하게 감소하는 주요 원인이었다는 것이다.[1] 이와 비슷한 상황이 한 지역의 공동체가 종말을 맞이한 걸 넘어 인류라는 종의 종말로 이어지는 것은 아닐까?

개인적 혹은 집단적 종말에 관한 얘기는 결코 즐거운 주제는 아니지만, 이탈리아계 미국인 물리학자 엔리코 페르미의 주장을 놓고 대화를 나누던 중 나는 이런 위험이 실제 우리 주변에 존재함을 깨달았다. 페르미는 점심을 먹으며 이전에 친구들과 지적 외계 생명체가 존재할 가능성이 크다는 대화를 나눈 것을 언급하며 물리학자 친구들에게 이런 질문을 던졌다.

"그럼 외계 생명체는 다 어디에 있는 거야?"

페르미가 던진 질문의 의미는 "우리보다 더 발전된 문명이 존재한다면 왜 아무도 우리에게 연락하지 않았을까?"라는 것이었다. 물론 아무도 답을 내놓을 수는 없었다. 누군가는 외계 문명이 핵전쟁과 같은 기술적 재앙으로 종말을 맞았으리라 추측해볼 수도 있을 것이다. 또는 환경을 한계 상황까지 밀어붙인 나머지 외계의 지적 문명들도 세인트매슈섬의 순록과 같은 종말을 맞이하지는 않았을까? 그런 경우가 아니길 바란다. 상상만으로도 나는 오싹해졌고, 지구온난화를 더 빨리 해결해야 한다는 생각이 더욱 절실해졌다.

우리는 인간이 숨 쉬는 데 필요한 공기를 쓰레기와 공해로 오염시키면서 스스로 지구 생태계를 한계 상황으로 몰아가고 있는 것이 확실하다. 세계보건기구 WHO에 따르면 대기오염으로 인한 사망이 매년 400만 명에 이르고 있다. 이는 2020년 발생한 코로나19 사망자의 2배이며, 말라리아와 결핵 사망자를 합친 숫자의 2배다.[2] 오늘날 수백만 종의 생물들이 멸종위기에 처해있고, 많은 생물은 이미 멸종했다. 과학자들은 4억 4천만 년 전에서 6,500만 년 전 사이 지구에 다섯 번의 대멸종 사건이 있었고, 다시 비슷한 일이 일어난다면 여섯 번째 대멸종이 될 것이라고 이야기한다. 하지만 현재진행 중인 대멸종은 화산 폭발이나 소행성 충돌 때문에 일어나는 재앙이 아니다. 이번 대멸종의 원인은 우리에게 있다.

연료를 태우는 것의 문제

지구상의 생명체들은 지구상에 존재하는 각종 가스가 이루는 미묘한 균형 상태에 의존해 살아간다. 식물은 이산화탄소를 흡수한 다음 이산화탄소 내의 **탄소(C)**로 줄기, 새싹, 잎을 만든다. 그리고 이 과정에서 남는 **산소(O_2)**를 대기 중으로 방출한다. 모든 동물처럼 인간도 탄소를 섭취한다(파스타는 탄소, 산소, 수소로 이루어진 화합물이다). 인간은 음식으로 섭취한 탄소를 분해해 에너지를 얻기 위해 산소를 들이마신다. 그 결과로 이산화탄소가 만들어지고 이것을 공기 중으로 내뿜는다. 이런 가스 순환 과정이 균형 상태에 이르면 대기 중 이산화탄소의 양은 안정된 상태로 유지된다. 그런데 지금은 이런 균형 상태가 제대로 작동하지 않고 있다.

숲을 베어내면 나무가 타거나 썩으므로 나무에 저장된 탄소는 모두 대기 중으로 돌아간다. 화석연료를 태우는 것은 수백만 년 전에 살았던 식물과 동물들 속에 갇혔던 탄소를 대기 중으로 방출하는 행위다. 일단 방출되면 이산화탄소는 수 세기 동안 대기 중에 머물게 된다.

이산화탄소 배출의 가장 큰 원인은 화석연료를 태우는 것이다. 2019년에는 그 양이 연간 33기가톤에 달했다.[3] 그 외의 이산화탄소 배출량은 제조공정과 산림을 베어내는 등 토지 이용의 변화에서 발생한다. 이를 포함할 때 대기 중으로 투입되는 이산화탄소의 총량은 약 40기가톤에 이른다.[4] 식물이 썩거나 소의 위나 천연가스 생산과정에서 배출되는 메탄 같은 온실가스를 모두 포함해 계산하는 이산화탄소 등가배출량equivalent emissions이라는 개념이 있다. 비록 짧은 시간 동안 대기 중에 존재하긴 하지만 메탄은 이산화탄소보다 기후변화에 훨씬 더 큰 영향을 미친다. 다른 온실가스를 이산화탄소로 환산하고, 이를 모두 합치면 총 52기가톤의 이산화탄소 등가배출량이 대기 중으로 뿜어져 나오고 있다.[5]

이 책에서는 이산화탄소에만 초점을 맞추고 토지 이용과 같은 다른 요인에 대해서는 다루지 않을 것이다. 하지만 넷제로를 달성하기 위해서는 다른 온실가스의 배출 또한 줄여야 한다는 것은 명백하다. 이것은 근본적인 생활 방식을 변화해야 하므로 결코 쉬운 일이 아니라는 점을 명심해야 할 것이다. 그렇다면 이산화탄소는 어디에서 배출되는가? 다음 그림은 분야별로 세분된 통계를 보여준다.

그동안 인류가 저지른 일 때문에 대기의 이산화탄소 농도는 현재 약 415ppm에 육박하고 있다. 이는 산업혁명 전에 비하면 약

분야별 총 이산화탄소 배출량 추산(2019)[6]

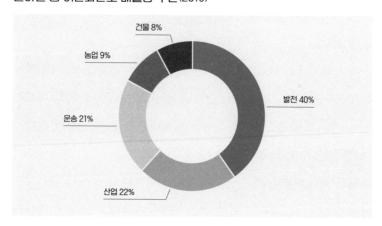

수소 자원 혁명

2배나 높은 수치다. 지금의 이산화탄소 농도는 적어도 지난 80만 년 중에 가장 높다. 더 큰 문제는 이 농도가 여전히 빠르게 증가하고 있다는 것이다.

대기 중에 존재하는 약간의 이산화탄소와 여러 온실가스는 인간의 생존을 위해서 필수적이다. 이들은 지구 표면에서 올라오는 열을 흡수하고 그중 일부는 다시 아래로 방출하는 역할을 한다. 인류가 살아남기 위해서는 이런 식으로 지구 내에 열을 가두는 것이 필요하다. 그렇지 않으면 지구라는 행성은 얼어붙고 말 것이다.

하지만 지금은 이런 온실가스들이 너무나도 많다. 대기 중에 탄소가 과잉 존재하고 있으므로 지구에는 점점 더 많은 열이 축적되고 있을 것이다. 지금 와서 누가 그것을 방출했는지, 어디로 날아가는지는 중요하지 않다. 일단 공기 중에 방출되는 순간 그것은 모든 사람의 문제가 된다. 1880년 이래로 지구의 평균 기온은 1도 이상 상승했다. 그리고 그 대부분은 지난 50년 동안 상승한 것이었다. 평균 1도 상승이 별 게 아닌 것처럼 들릴 수 있지만 1도는 평균값이라는 걸 명심해야 한다. 육지에서의 상승폭은 그것보다는 더 높고 국지적인 곳에서의 기온은 훨씬 더 심하게 변동된다. 북극과 남극이 대표적이다. 현재의 기온이 상승하는 속도를 자연은 따라가지 못하고 있다. 그 결과로 많은 문제가 발생했다.

우선 전 세계적으로 강우 패턴이 변했다. 건조한 지역은 더 건조해지고 습한 지역은 더 습하게 변하고 있다. 아시아와 아프리카에서는 가뭄이 악화해 기근, 대량 이주, 분쟁이 이어진다. 환경오염과 서식지의 감소는 수천 종의 동식물을 멸종위기로 몰아가고 있다. 가장 강력했던 허리케인이 한층 더 강력해진다. 이산화탄소가 과도하게 바다에 녹아들면서 해양은 산성화되고 이에 따라 산호초, 플랑크톤, 연체동물이 사라진다. 해수면도 상승하고 있어 방글라데시에서 맨해튼에 이르기까지 해수면에 가깝게 사는 수억 명의 사람들이 이주해야 하는 일이 발생할 수도 있다.

대기 및 해양을 연구하는 물리학을 토대로 한 정교한 기후모델에 의하면 이산화탄소 방출을 억제하지 않고 2100년까지 간다면 지구의 온도는 약 섭씨 4도까지 올라갈 것으로 예측된다. 이러면 지구의 많은 곳은 인간이 살기에 적합하지 않게 될 것이다. 불행하게도 이게 최악의 상황은 아니다.

재난이란 건 원래 점진적으로 진행되다가 갑자기 크게 번지는 특징을 가졌다. 그런 면에서 볼 때 지구온난화도 크게 다르지 않다. 일단 기온이 지나치게 올라가면 우리는 상황이 갑자기 극도로 더 나빠지는 어떤 티핑포인트에 도달하게 된다. 이러한 전환점을 맞이하면 아마존 열대우림은 서서히 말라가다가 결국 소멸하고 그린란드와 남극 서부의 빙하는 붕괴해 해수면이 10미터 이상 상승할 것이다. 이런 변화들은 전환점을 지나 수 세기 동안 진행된다. 가장 나쁜 시나리오는 해양 퇴적물은 물론이고 해빙되는 영구 동토층(월평균 기온이 영하인 달이 6개월 이상이고, 땅속이 1년 내내 언 상태로 있는 지대)으로부터 강력한 온실가스인 메탄이 엄청난 양으로 방출되는 것이다. 이때 지구의 온도는 걷잡을 수 없이 뜨거워져 더 이상 생명체가 살 수 없는 곳으로 바뀌게 될 것이다.

어쩌면 우리는 이미 이러한 전환점 중 일부를 지났을지도 모른다. 현재 우리가 목격하는 빙산의 붕괴 현상은 그나마 비교적 심각하지 않은 전환점일 수 있다. 만약 지구가 계속해서 뜨거워진다면 나머지 다른 재앙들도 곧이어 일어나게 될 것이다.

넷제로의 영웅

재앙적인 기후변화를 피하기 위해서는 지구의 온도 상승을 섭씨 2도 이하, 이상적으로는 섭씨 1.5도 이하로 유지해야 한다는 데는 모두 동의한다. 이 기준을 적용한다면 우리에게 남은 여유는 그리 많지 않다. 당장 이산화탄소 배출이 멈춘다고 해도 기온은 계속 올라갈 것이다. 엄청난 열 저장 용량을 가진 바다가 그동안 저장한 열로 인해 오랜 시간에 걸쳐 점점 따뜻해질 것이기 때문이다. 현재 지구의 공기는 그런 바다 때문에 한동안 차가운 상태를 유지하는 것처럼 보일 뿐이다.●

따라서 단순히 탄소 배출량을 줄이는 것만으로는 충분하지 않다. 일단 대기 중으로 방출된 이산화탄소는 오랫동안 대기 중에 남는다. 한 세기가 지나도 이산화탄소의 3분의 1은 여전히 공기 중에

● 온실가스를 추가로 배출하는 것은 난방기구를 켜는 것과 같다. 차가운 방에 히터를 켜면 방 안의 공기는 몇 분 안에 10도 정도는 금방 올라가지만 벽은 열을 저장할 수 있는 용량이 훨씬 크기 때문에 벽을 따뜻하게 하는 데는 오랜 시간이 걸린다. 벽이 차가움을 유지하고 있는 동안에는 방 안의 공기를 식혀주는 역할을 하지만 일단 벽이 따뜻해지면 방안의 모든 것이 평형 온도에 도달할 때까지 방의 온도는 계속해서 올라간다.

남아 있을 것이고, 1천 년이 지나도 5분의 1은 여전히 남아 있다. 지구온난화의 원인이 되는 이산화탄소의 축적은 넘치기 일보 직전의 마개 막힌 부엌 싱크대에 비유할 수 있다. 수도꼭지에서 나오는 물의 흐름을 늦춰도 싱크대의 수위는 계속해서 올라갈 것이다. 설사 수도꼭지에서 나오는 물을 잠근다고 해도 싱크대에서 물이 증발하는 데는 매우 오랜 시간이 걸린다.

기후과학자들은 섭씨 1.5도 이하로 기온 상승을 억제하기 위해 우리가 실천할 수 있는 이산화탄소 배출량을 대략 계산했다. 440기가톤 정도의 이산화탄소를 추가 배출할 경우, 지구의 온도 상승이 섭씨 1.5도 이하로 유지될 가능성은 5대 5다. 그리고 2도 이하를 유지하는 데 허용되는 이산화탄소 추가 배출량은 약 700기가톤 정도다.[7] 물론 이 수치는 다른 온실가스 배출량은 급격하게 감소한다는 것을 가정하고 이산화탄소 배출량만을 계산한 것이다. 하지만 대기 중 이산화탄소량 증가에 대해 지구가 어떻게 반응할지에 대해서는 불확실한 부분이 상당히 많다. 일부 탄소 배출량에 대한 추정치는 이보다 훨씬 낮은 예도 있다.

연간 이산화탄소 배출량을 40기가톤으로 잡고 우리에게 남겨진 탄소 배출량으로 나눈다면, 섭씨 1.5도를 돌파하는 데까지는 현재 이산화탄소 배출 속도로는 약 11년이 걸리고, 섭씨 2도를 돌파하는 데까지는 약 18년이 걸린다. 이 모든 계산은 2021년의 내 견해를 토대로 한 것이다.

게다가 이것은 현재 시점에서의 탄소 배출 속도를 놓고 이야기하는 것이다. 탄소 배출량은 지금도 계속해서 증가하고 있다는 사실을 명심하라. 에너지와 관련된 2019년의 탄소 배출량은 약 1퍼센트 증가했다. 물론 2020년에는 코로나19를 겪으면서 양상이 조금 바뀌긴 했었다. 사람들은 집에서 일하기 시작했고 그에 따라 교통량이 감소하거나 완전히 중단되면서 에너지 관련 탄소 배출량이 2기가톤 감소했다.[8] 하지만 생활이 정상으로 돌아오자 다시 예전 수준으로 늘어나고 있다. 참고로 이 책을 집필하고 있는 시점에 국제에너지기구 IEA는 2021년에는 이산화탄소 배출량이 전년 대비 1.5기가톤 더 늘어날 것으로 예측했다.[9] 이렇게 되면 우리는 이산화탄소 배출량이 정점에 이르렀던 2019년 수준으로 거의 돌아가게 된다.

이산화탄소 배출량을 우리에게 허용된 범위 내에서 유지하려면 순 탄소 배출량을 빨리 '제로'로 떨어뜨려야 한다. 이것의 달성 속도는 우리가 어떤 경로를 택하는지에 달렸다. 탄소 배출량이 단순하게 선형적으로 감소한다고 가정했을 때, 우리가 배출허용량 440기가톤 이내로 이산화탄소를 통제하기 위해서는 2040년대 초까지 전 세계적으로 탄소 배출량 '제로'에 도달해야 한다. 만약 우리가 더 빠른 속도로 탄소 배출량을 줄일 수 있다면 탄소 배출량 '제로'에 도달하기 위한 시간을 조금 더 벌 수 있을 것이다.

탄소 배출허용량 측면에서 본다면 어떨까? 당장 1기가톤의 이산화탄소를 줄이는 것은 10년 후 1기가톤을 감축하는 것보다 10배 더 가치 있다. 더불어 우리가 이산화탄소 외에 메탄과 같은 지구온난화 원인물질을 좀 더 공격적으로 줄일 수 있다면 매우 도움이 될 것이다.[10]

우리는 또한 나무를 심거나, 숯을 땅속에 묻거나, 암석을 곱게 갈거나, 용매로 공기 중의 이산화탄소를 포집하는 등의 직접공기포집DAC이라는 과정을 통해 대기 중의 탄소를 적극적으로 제거할 수도 있다. 이런 추가적인 몇 가지 방법들을 병행해 시행한다면 순 탄소 배출량을 더 빨리 줄임과 동시에 탄소 배출여유량도 늘어날지도 모른다. 실제로 정부 간 기후변화위원회 IPCC가 발표한 1.5도 유지 시나리오 중 세 가지는 모두 대규모의 탄소제거 프로그램이 가동되는 것을 가정하고 있다.[11]

그러나 대기 중의 탄소를 적극적으로 제거하는 기술을 우리가 이산화탄소를 허투루 방출하는 핑계로 써서는 안 된다. 이산화탄소 제거 기술의 경우 아직은 그 규모가 제한적이거나 실제 효과가 입증되지 않았다. 이런 불확실한 기술에 의존하기보다는 가능한 한 빨리 탄소 배출량을 줄이는 게 더 급한 일이다.

이를 위해 에너지를 생산하고 사용하는 방법에 혁명적인 변화가 필요하다.[12] 오늘날, 우리가 사용하는 에너지의 80퍼센트는 화석연료로부터 나오고, 나머지 20퍼센트는 청정에너지에서 나온다. 그리고 청정에너지의 대부분은 바이오매스, 원자력, 수력 등과 같은 것들에 의존한다. 하지만 우리 주변에 오랜 기간 존재해왔던 청정에너지원들은 여러 가지 이유로 인해 성장 전망이 밝지 않다는 것을 알아야 한다. 현재 풍력, 태양열과 같은 새로운 재생에너지가 차지하는 비중은 우리가 사용하는 주요 에너지원의 2퍼센트에 불과하다. 이 수치는 전 세계적인 평균값이다. 일부 지역에서는 재생에너지 보급률이 상당히 높은 곳도 있다.

글로벌 주요 에너지의 연료별 수요(2019)

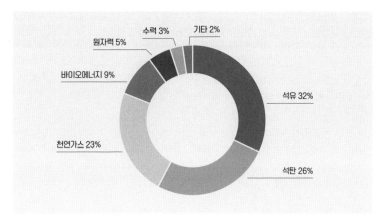

넷제로에 도달한다는 것은 석탄, 석유, 천연가스를 쓰지 않고 주로 태양열과 풍력을 이용해 전력을 생산하며, 더 이상 석유를 사용하지 않는 방향으로 자동차를 바꾸고, 제조공정에 더 이상 화석연료를 원료로 쓰지 않도록 하고, 그런 걸 이용하지 않고도 집을 따뜻하게 한다는 것을 의미한다.

인구 증가와 경제 개발이 에너지 시스템에 추가적인 공급 압력을 가하게 될 때는 경제 자체를 변화시켜야 한다. 전 세계 인구가 2050년에는 약 97억 명이 될 것으로 예측된다.

경제가 발전할수록 1인당 에너지 사용량도 늘어나는 경향이 있다. 2019년 미국 시민들은 1인당 약 80메가와트시^{MWh}의 에너지를 소비했다. 이 수치를 아프리카의 8메가와트시와 비교해보라. 현재 우리는 전 세계적으로 연간 약 17만 테라와트시^{TWh}의 에너지를 소비한다. 이 수치는 2050년이 될 때까지 계속해서 커질 것이다.

1인당 에너지 소비량(2019)

에너지 소비량	메가와트시/년
글로벌 평균	22
미국	78
유럽연합	35
아프리카	8
아시아 태평양	17

게다가 우리는 이 에너지를 모두 청정화해야만 하는 과제를 안고 있다.

이런 도전의 규모를 고려할 때 아예 포기하는 것이 낫다고 생각하는 사람이 있는 것도 무리는 아니다.

2

모든 것이 멈추는 날

•

The Day Everything Stopped

전 세계적인 코로나19의 대유행과 그에 따른 봉쇄정책은 생활
방식의 변화만으로는 기후위기가 해결되지 않는다는 것을 분명
하게 보여줬다. 개별적 행동으로 좋아질 여지는 있지만 근본적
으로 익숙한 생활 방식과 넷제로가 서로 공존할 수 있는 해결책
을 찾아내야 한다.

"모든 것을 멈추라." 이 외침은 하나의 정치적 제스처로서 가치가 있다. 이런 외침은 사람들의 이목을 집중시킨다. 그리고 사람들이 잠시 멈추고 숙고하게 만든다. 이는 결코 나쁜 전략이 아니다. 기후 위기에 대처하기 위한 행동을 촉구하기 위해 시민 불복종을 주장하는 세계적 운동인 멸종반란운동 Extinction Rebellion은 이렇게 외치고 있다.

> "화석연료를 그만 태워라! 비행기를 타지 말라!
> 물건을 만들고 사는 것을 멈춰라!
> 고기는 그만 먹어라! 애도 그만 낳아라!"

어떤 사람들은 이를 단순한 보여주기식 연극이라고 비판한다. 하지만 이들이 틀렸다. 이들은 연극이 가진 힘을 잊은 것이다. 무언가를 심각하게 받아들이기 위해 문자 그대로 해석할 필요는 없다. 이 연극을 통해 기후비상사태가 현실이고, 우리가 그동안 당연하다고 여겨져 왔던 많은 것들을 재검토할 필요가 있다는 것만 사람들이 인식할 수 있으면 그만이다.

코로나19가 전 세계적인 전염병이 된 2020년 초, 우리의 모든 결정권은 사라졌다. 모든 것이 멈췄다. 우리는 일터로 가는 것을 멈췄고, 운전을 멈췄으며, 비행을 멈췄다. 카페와 레스토랑에 가는 것을 그만두었다. 운동을 하는 것도, 학교 가는 것도 멈췄다. 이러한 상황은 사회에서 소외된 사람들을 비참하게 만들었다. 가난하고 약한 그들에게 실직과 회사 파산 그리고 늘어나는 각종 불평등으로 인한 고통은 더욱더 가혹했다. 따라서 탄소 배출량을 줄이기 위해 모든 산업, 여행, 상거래를 중단하는 것은 그다지 적절한 해결책이 아니었다. 기득권층보다는 평범한 국민이 더 큰 피해를 봤다. 설사 우리가 그런 극단적 해결책을 세상에 강요한다고 하더라도 그런 방법으로는 충분치 않다.

평범한 사람들의 일상을 비참하게 만들었던 봉쇄정책은 한편으로는 조용하고 깨끗한 세상의 일면을 엿볼 수 있게 해준 순기능도 있었다. 도시의 신선한 공기, 자전거 타는 사람들, 교통체증 없는 도로를 만끽하는 보행자들. 나는 코로나19 봉쇄 기간 중에 전 세계적으로 야생동물들이 도시의 거리를 점령하는 사진에 감탄했다. 베네치아 운하의 맑은 물에는 물고기 떼가 헤엄쳐 다녔다. 물론 이것은 오염이 줄어들어서라기보다는 배들이 운하 바닥의 퇴적물을 휘저어 물을 흐려놓는 일들이 사라졌기 때문이다. 그런데도 봉쇄정책은 공해와 이산화탄소 배출량 감소에 어느 정도는 영향을 미쳤다고 해야 할 것이다. 유럽연합의 지구관측 프로그램 중 하나인 코페르니쿠스Copernicus에 따르면 중국에서는 2020년 2월 한 달 동안 두 가지 주요 대기오염물질인 **이산화질소(NO_2)**와 **미세입자물질**이 30퍼센트나 감소했다. 이탈리아에서도 2020년 3월에 두 오염물질의 양이 40~50퍼센트 떨어졌다.

하지만 이것만으로는 충분하지 않다. 2020년 에너지 관련 이산화탄소 배출량은 2019년보다 6퍼센트 낮아졌다.[1] 우리가 계속해서 코로나19 때처럼 경제를 잔인하게 봉쇄한다고 가정해보자. 물론 그 경우 이산화탄소 배출량을 2020년 수준으로 통제할 수 있을 것이다. 하지만 이는 여전히 우리가 도달하고자 하는 넷제로에는 크게 미치지 못하는 수준이다. 즉, 아무리 고통스러울 정도로 경제를 엉망으로 만든다고 하더라도 돌이킬 수 없는 기후변화에 직면하는 것을 피할 수 없다는 뜻이다. '그냥 모든 것을 멈춰라' 식의 정책으로는 안 된다는 것이 분명하다.

그렇다고 우리가 코로나19 사태로부터 배울 것이 전혀 없다는 말은 아니다. 어떤 것을 중단한다는 것은 뒤를 돌아보고, 재고하고, 변화할 기회를 제공한다는 의미다. 적어도 코로나19 기간 어느 정도는 이런 일이 일어났던 것 같다. 나는 최근 유럽 정책입안자들이 보여준 빠르고 일관성 있는 조치들에 희망을 품기 시작했다. 그들은 경기를 부양하기 위해 막대한 자금을 쏟아붓지 않으면 안 될 상황에 직면했었고, 이를 친환경적 목표와 결합하는 현명한 결정을 했다. 그들은 경기 회복과 복원에 배정된 7,500억 달러의 기금 중 37퍼센트를 기후변화 프로젝트와 연계했다. 미국의 바이든 대통령은 2조 달러 규모의 인프라 건설법안을 발표했다. 법안은 도로, 다리, 항만, 철도 등에 대한 투자와 전기자동차 및 재생가능 전력을 장려하려는 조치를 포함하며, 미국 역사상 1세대에 한 번밖에 일어나지 않는 투자라고 불렸다.

2020년 코로나19 사태는 우리가 모든 것을 멈춘다고 기후변화가 해결되지 않는다는 것을 고통스러울 정도로 분명하게 보여주는 증거인 셈이다. 하지만 동시에 우리의 삶을 재고하고 더 나은 삶을 회복할 수 있다는 가능성도 제시하기도 했다. 우리는 이 기회를 잡을 수 있을까?

3

근본적인 문제

•

Feet of Clay

우리는 오래전부터 기후변화라는 사태가 닥쳐올 것이라는 사실을 알고 있었지만 기후변화의 원인을 해결하는 면에서 잘 대처하지 못했다. 우리에게는 명확한 목표가 없었다. 이용할 수 있는 기술들은 제한적이었고 비용도 비쌌다. 그 결과, 기후변화에 대한 대응이 경제 발전과는 서로 상충하는 결과를 초래했다.

"현재 속도대로 대기 중에 이산화탄소를 계속 배출한다면, 향후 수십 년 안에 도달하게 될 대기 중의 열 균형으로 인해 기후에 현저한 변화가 일어나게 될 것이다."[1]

이 글이 언제 쓰였는지 아는가? 1966년이다. 이 글을 쓴 글렌 시보그Glenn T. Seaborg는 노벨화학상 수상자였고 미국원자력위원회의 위원장직을 역임한 인물이다. 그와 마찬가지로 과학자들은 기후변화의 위험에 대해 수십 년 전부터 경고해왔다.

교토의정서가 채택된 지 벌써 20년이 넘었다.[2] 192개국이 서명하며(미국도 서명했지만 의회 비준은 하지 않았다) 산업화한 경제에서 온실가스 배출을 줄이겠다고 약속했다. 그러나 의정서가 채택된 이후로도 거의 700기가톤에 달하는 이산화탄소가 대기 중으로 방출됐다. 그건 산업혁명이 시작된 이후부터 그 당시까지 배출된 양과 다르지 않았다. 현재의 속도라면, 우리는 향후 30년 동안 지난 250년 동안 배출했던 것만큼의 이산화탄소를 배출하게 되는 것이다.[3]

조너선 프랜즌Jonathan Franzen은 말했다. "지구가 녹아내리는 것을 막기 위해 전 세계적으로 탄소 배출을 억제하며 우리가 벌였던 싸움은 카프카의 소설 같은 느낌을 준다. 30년 동안 탄소 배출 억제라는 목표는 분명히 존재했었고 우리가 기울인 진지한 노력도 있었으나 그 목표에 도달하는 데 있어 우리는 근본적으로 아무런 진전도 이루지 못했다."[4] 왜 인류는 그 목표를 달성하는 데 있어 그렇게 꾸물댔을까?

우리에게는 분명하고 긍정적인 목표가 부족했다. 아주 오랫동안 기후변화에 대한 논의는 주로 단순히 배출량을 몇 퍼센트 정도로 줄이자는 식의 이야기였다. 하지만 이것은 일종의 부정적 목표다. 디자이너 윌리엄 맥도너William McDonough는 이러한 상황을 택시에 탄 후 기사에게 공항으로는 가지 않을 것이라고 말하는 것과 같다고 비유했다. 나쁜 점을 줄이겠다고 결심하는 것도 이와 비슷하다.[5] 우리에게 긍정적 목표가 없었던 주된 원인은 우리가 무엇을 해야 할지 잘 몰랐기 때문이다. 우리 손에 합리적인 해결책이 없었다. 가장 중요한 문제점은 기후변화와 싸우기 위해 우리가 가진 가장 중요한 무기가 재생가능 전력이었지만, 당시 재생가능 전력의 발전 비용이 화석연료보다 훨씬 더 비쌌다는 점에 있었다.

그로 인해 탄소 배출량을 조금만 줄이려 해도 높은 비용을 지급하지 않으면 안 되는 상황이 벌어지게 된 것이다. 초기 참여 국가들의 경우 재생가능 전기를 에너지 시스템에 편입시키기 위해 수십억 유로의 보조금을 지급해야 했다. 이탈리아의 첫 번째 태양열발전소 입찰에서는 정부가 20년 동안 공급할 전력 가격으로 기본 전력 가격에 추가 메가와트시당 450유로를 더 얹어주어야만 했다. 참고로 당시 기본 전력의 가격은 메가와트시당 60~70유로 사이였다. 이 재생가능 전력으로 천연가스에서 생산되던 전력을 대체할 때 재생전기 메가와트시당 370킬로그램의 이산화탄소 배출을 피할 수 있게 된다. 이렇게 재생가능 전기를 얻기 위해 지급된 비용을 그 덕분에 배출이 억제된 이산화탄소 배출량으로 나누면 이산화탄소 톤당 1,200유로라는 수치를 얻을 수 있다. 이 수치가 얼마나 큰지 감을 잡기 어렵다면, 오늘날 유럽의 일부 부문(탄소배출권 거래 시스템)에서 매기는 탄소 배출량의 가격이 톤당 50유로를 크게 벗어나지 않는다는 사실을 떠올려보자.

이렇게 매우 비싼 초기 비용으로 재생가능 전력의 도입을 추진한 결과, 유럽 국가들은 보조금으로만 7,500억 유로 정도를 지출해야 했다. 이탈리아에서는 여전히 연간 110~120억 유로의 보조금을 재생가능 전력에 지급하고 있다. 이는 평균 가정의 연간 전기 요금에 75유로, 즉 약 15퍼센트 정도를 더한 금액에 해당한다. 이렇게 높은 에너지 비용을 부담하게 되는 정책을 펴는 것은 정부로서 큰 부담이 되고, 이에 따라 에너지 빈곤 현상은 점점 더 심해진다. 막대한 보조금 마련을 위해 세대별로 부담하는 전기 요금에 추가 요금을 부과하는 방식은 매우 불공정한 방법이다. 실소득 중 높은 비율을 에너지 비용으로 소비하는 덜 부유한 사람들에게 미치는 영향이 훨씬 크다. 물론 에너지 가격을 인상함으로써 탄소 배출을 억제하는 방식은 전략적으로는 매우 타당하다. 하지만 국가는 사람들로 구성된다. 국가가 휘발유 가격에 10퍼센트의 세금을 부과하면 사람들은 기본적으로 다른 곳에 사용할 비용을 그만큼 줄여야만 한다. 지난 몇 년 동안 프랑스에서 벌어졌던 노란 조끼, 즉 **길르츠 자옹** gilets jaunes 이라는 이름의 반대 시위는 적은 액수라도 에너지 비용을 올리는 것이 얼마나 어려운지에 대해 정치인들에게 귀중한 교훈을 줬다.

이것이 바로 각국 정부가 직면하고 있는 과제다. 높은 에너지 가격으로 경제가 타격을 받더라도 사람들이 일자리를 잃지 않도록 하는 방식으로 산업과 경제를 변화시켜야만 한다. 아주 최근까지는 기후변화 대처 전략 중에서 사람들이 감당하기 어려울 정도로 고통스러운 부작용을 수반하지 않는 대책은 별로 없었다.

그동안 우리에게 긍정적 목표가 부족했던 주된 이유는 이걸 뒷받침할 수 있는 기술을 손에 넣을 수 없었기 때문이다. 에너지 산업은 매우 복잡하고 개별적인 특징을 가졌고 여러 부문에 걸쳐 있어서 서로 협력한다는 것은 결코 쉬운 일이 아니다. 이는 각 에너지 운영 주체들이 다른 부문에서 하는 일에 대해서는 제한된 정보만을 가지고 있었다는 점이다. 예를 들어 전력 부문은 전기를 생산하는 데 사용되는 가스에 대해서는 많이 알고 있지만, 난방, 산업 및 운송 부문에서 사용되는 가스에 대해서는 잘 몰랐다. 가스 회사는 전력 부문을 고객으로 간주했지만, 그렇다고 해서 전력망의 공급 균형을 맞추는 문제를 분석하는 데 많은 시간을 할애하지는 못했다. 오랫동안 그런 건 서로에게 그다지 중요하지 않았다. 기업들은 최선을 다해 자신들이 활동하고 있는 분야에서의 요구를 파악했고 이를 해결하는 데만 온 신경을 집중했다. 그동안은 석탄, 석유, 가스, 전기가 개별적으로 생산, 소비돼도 아무런 문제가 없었다.

오늘날에는 여러 부문 간에 서로 협력하려는 노력이 진행되고 있다. 이런 노력을 하는 데 있어 각기 다른 부문에 걸쳐 에너지를 측정하고 표현하는 하나의 통일된 방법이 없다는 사실이 걸림돌로 작용한다. 다른 산업들의 경우 통일된 단위를 가지고 있다. 예를 들어, 정보 통신 기술 분야에서는 데이터 저장은 바이트(킬로바이트,

메가바이트, 기가바이트, 테라바이트)를 사용하고 데이터의 흐름은 초당 비트를 단위로 사용한다. 자동차 회사에서는 마력을 단위로 사용한다. 하나의 측정 단위가 있으면 컴퓨터, 인터넷 연결, 자동차를 선택할 때 더 쉬워진다. 보통은 서로 비슷한 것들끼리 비교해본 후 최종 선택을 하기 때문이다. 그러나 에너지 부문에서는 단위를 표시하는 알파벳으로 된 늪에 빠질 만큼 엉망이다. 에너지는 **줄**(Joules)이나 **기가줄**(GJ)로 측정한다. 하지만 전기 회사들은 **메가와트시**를 사용하고 있다. 석유생산업체들은 **석유환산배럴**(BOE) 또는 **석유환산톤**(TCE)으로 표시한다. 가스 회사들은 **표준 입방미터**(SCM, Standard Cubic Meter), **입방 피트** 또는 **100만 브리티시 열 단위**(MMBtu)로 계산한다. 광산 회사들은 **석탄 당량**을 측정 단위로 사용한다. 기후과학자들은 도표에 **이산화탄소 당량 배출량**($GtCO_2e$)을 기가 톤 단위로 표시한다. 또한 전체 크기를 측정할 것인지 아니면 시간별, 일별 또는 연간 흐름을 측정할 것인지도 부문마다 다르다.

기후변화에 대응하는 시스템의 전체 경로와 그 과정에 어떤 기술이 어떻게 사용할지를 생각하는 것은 마치 온라인 쇼핑몰에서 티셔츠를 고르는 것과 같다. 사진은 볼 수 있지만 그것만으로는 각각의 셔츠 치수가 어떻게 되는지, 한 팩당 몇 개나 들어있을지, 가격은 얼마인지를 정확히 알 수 없다.

만약 다른 연료끼리 비교해서 같은 '통화' 단위로 표현하고 싶다면, 여러분에게 필요한 것은 내가 줄곧 가지고 다니던 포켓 변환표 같은 것일 것이다. 누군가가 내가 익숙하지 않은 단위를 언급할 때마다 나는 이 표를 참조한다. 아래 표는 서로 다른 단위 간의 관계(예를 들면 1메가와트시는 이탈리아 가정에서 대략 4개월 정도 사용하는 전력량에 해당하는데, 이는 0.6배럴의 석유 또는 91.4 표준 입방미터의 가스와 같다)와 1메가와트시의 에너지를 얻기 위해 다른 연료에 지급해야 하는 금액을 표시했다. 2021년 첫 3개월 동안 식유 1메가와트시의 가격은 38달러였지만, 천연가스 1메가와트시는 유럽에서 22달러, 미국에서 10달러였다. 즉, 석유는 단위 에너지당 유럽의 천연가스보다는 1.7배, 미국의 천연가스보다 거의 4배 비싼 셈이다. 수소에너지 계산에 대한 자세한 내용은 부록을 참조하기 바란다.

에너지 단위 간의 이러한 복잡함과 혼란스러움은 어떤 에너지 경로를 선택할지 판단하기 어렵게 만든다. 그리고 일반적으로 에너지 시스템의 변화는 빙하가 움직이는 속도만큼 느리다.

사람들은 대부분 19세기는 석탄이 지배했던 시대였고 20세기

에너지 단위 환산

전기 (메가와트시)	석유 (석유환산 배럴)	천연가스 (표준 입방미터)	천연가스 (100만 브리 티시 열 단위)	석탄 (석유환산톤)	수소 (킬로그램)
1	0.6	91.4	3.41	0.12	25

2021년 일사분기의 1메가와트시당 에너지 비용

단위: 메가와트시당 달러

	석유 (글로벌)	천연가스 (유럽)	천연가스 (미국)	석탄 (유럽)	그레이 수소	그린 수소	블루수소 (유럽)[6]
에너지 단가	38	22	10	14	50	100~140	60

는 석유가, 그리고 21세기는 재생에너지의 시대가 되리라 예측한
다. 그러나 그들은 틀렸다. 19세기는 석탄의 시대가 아니었다. 19세
기는 나무, 숯, 그리고 짚의 시대였다. 당시 전 세계 에너지의 85퍼
센트는 이들이 차지하고 있었고, 20세기의 대부분은 석유가 아니라
석탄이 가장 큰 에너지원이었다. 1964년까지도 원유보다 석탄에
더 많이 의존했다. 미국의 값싼 천연가스는 낮은 가격에도 불구하
고 지금까지도 트럭 운송에서 디젤을 대체하지 못한다.

　　이러한 에너지 세계의 관성적 성향은 잘못된 정책에 의해 일
어난 현상은 아니다. 잘못된 정책은 쉽게 바로잡을 수 있다. 이러한
현상은 에너지 세계에서 어떤 것을 바꾸는 것이 얼마나 어려운지
를 잘 보여주는 증거다. 제한적인 기술과 각각 따로 움직이는 산업
이 합쳐진 이러한 상황은 왜 그렇게 오랫동안 기후변화에 대처하려
는 노력에 모든 사람이 북극성으로 삼을 수 있는 지표가 없었는지
를 설명해준다. 이 때문에 풀뿌리 단계에서 동기부여가 제대로 되
지 못했다. 일상생활을 하는 사람들의 관점에서 생각해보자. 사람들
도 어느 시점에서인가는 자신들에게 재앙이 닥칠지도 모른다는 사
실을 깨달았다. 그런데도 사람들에게 엄청난 희생을 요구하지 않는
해결책이 제시되지 않았다.

　　사람들은 이런 상황에 직면하면 어떻게 반응할까? 일반적으로
는 시선을 다른 곳으로 돌린다. 조지 마셜은 사람들은 자신들에게
불안감을 느끼게 만드는 것을 오래 쳐다보기 어려워한다며[7] 그의
책 《생각조차 하지 마Don't Even Think About It》에서 그는 어떻게 우리의
뇌가 기후변화를 무시하도록 프로그램되는지 설명하고 있다. 우리

는 모두 어떻게든 평온한 일상을 누리기 위해 노력한다. 조나단 프랜젠이 말했듯이 이런 이유로 인해 사람들은 죽음을 생각하는 것보다 아침 식사에 대해 생각하는 것을 더 좋아한다.[8] 그런 점에서 볼 때 기후변화는 특히나 사람들이 다루기에 까다로운 문제다. 이 문제 앞에서 우리는 무력감을 느끼게 된다. 기후변화는 너무 거대해서 극복하기 어려워 보이기 때문이다.

계기가 없으면 응집력을 얻기 어렵다. 자전거에 비유해보자. 속도를 내고 있을 때 자전거는 우아하게 전진하는 움직임을 보인다 (그리고 타기도 쉽다). 하지만 앞으로 움직이지 않으면 자전거는 사방으로 비틀거린다. 캠페인도 이와 유사한 특성을 가진다. 캠페인이 추진력을 갖지 못하는 경우 함께 힘을 합쳐 일해야 할 당사자들이 서로 간에 불신감을 가지고 말다툼하게 된다. 기후변화라는 의제는 이미 정치화됐다. 특히 미국의 환경보호론자들은 심하게 정치화되어 있기에 에너지 산업이 서로 손을 잡기 어려운 상태가 된 것이다.

국가들 역시 기후변화라는 공동의 위협을 앞에 두고 함께 힘을 합치는데 철저하게 실패했다. 그들은 탈탄소화에 드는 비용이 자기가 아닌 다른 나라에 떨어지기를 희망하며 내 주변을 가난하게 만드는 근린궁핍화 beggar-thy-neighbour 정책을 폈다. 수년 동안 미국은 교토의정서에 서명하기를 거부해왔다. 미국은 전 세계 탄소 배출량의 약 4분의 1을 차지한다. 그러한 점에서 미국의 불참은 캠페인의 큰 타격이었다. 조지 부시 전 대통령은 이 협약이 미국 경제를 해칠 것이며, 중국과 인도 같은 개발도상국은 제외된 불공평한 조약이라는 이유를 들어 서명하지 않았다.[9] 하지만 개발도상국 사람들은 그런 시각으로 이 문제를 보지 않았다. 그들이 보기에는 지금까지 기후변화 문제를 일으키는 데 있어 자신들이 원인을 제공한 것이 거의 없었다. 그들은 최근 들어서야 생활 수준이 상승함에 따라 에너지 소비를 늘리고 있다. 개발도상국으로서는 기후협약에 따라 자신들의 에너지 비용이 늘어나고, 국가 경쟁력을 잠식하며, 성장 잠재력을 제한할 수 있는 상황을 받아들일 수 있는 상태가 아니었다.

2018년 유럽의 석탄 수도라고 할 수 있는 폴란드 남서부 카토비체에서 열린 COP24(제24차 유엔기후변화협약 당사국총회)에 갔을 때 나는 이러한 국가 간 협력의 부재를 직접 목격했다. 당시를 회상하자면, 이보다 더 우울한 광경은 없을 것 같다. 수백 명에 달하는 협상 대표단들이 몇 주 동안 밤샘 작업을 하며 협상에 나섰지만 결과적으로는 아무것도 얻을 수 없었다. 한 협상 대표는 점심을 먹으면서 협상 실패에 대한 자기 생각을 이야기하기도 했다. 그에 따르면 걸프만 국가들의 고위급 외교관들은 회담에 참여하기를 대놓고 거부했는데, 기후협약에 저항하는 국가들을 참여시키기 위해 그간 당근과 채찍 전략을 사용해왔던 미국이 거의 보이지 않았던 게 원인이라는 것이었다. 미국이 참여하지 않자 여러 국가들은 협상을 질질 끌기만 했다. 이런 이유로 실제 회담에서는 협상을 교착 상태로 몰고 가는 어떤 요인도 해결될 가능성이 보이지 않았다. 마치 빛이 보이지 않는 터널을 힘겹게 뚫고 있는 것 같았다.

탄소배출권 가격에 대한 이슈는 기후변화에 대해 세계가 얼마나 서로 잘 협력할 수 있는지를 테스트하는 일종의 리트머스 시험

수소 자원 혁명

지가 될 것이다. 앞으로 탄소가격 정책은 핵심적인 강점을 가지게 된다. 첫째, 탄소 배출량을 가장 비용 효율적으로 줄일 곳이 어디가 될지를 시장 스스로 결정할 수 있다. 그리고 이것은 전 세계적으로 모든 국가가 각각의 배출 절감 목표를 설정하는 것보다는 훨씬 더 효과적인 방법이 될 것이다. 둘째, 이를 통해 기후변화에 대처하는 데 필요한 자금을 조달할 수 있게 된다. 예를 들면 석탄을 생산하는 지역에서 일하는 근로자와 같이 글로벌 기후정책의 변화로 인해 가장 고통 받을 사람들의 피해를 완화하는데 이 자금을 사용할 수 있을 것이다. 경제학을 전공한 내게 이 아이디어는 매우 매력적이다. 하지만 동시에 우리가 희망하는 시나리오대로 일이 전개되지는 않으리라는 것도 안다. '탄소배출권 가격'이라는 말만 입 밖으로 꺼내도 의미 있는 논쟁은 더 이상 진행되지 않는다. 고위 정책입안자들은 불가능한 해결책이라고 혼잣말로 중얼거리면서 이에 대한 관심을 접으려고 할 것이다.

　중요한 정책을 추진하기 위해 반드시 탄소배출권 가격이 꼭 필요한 건 아니다. 양자 간의 자발적 합의와 빈틈없는 교섭, 혹은 심지어 한쪽에서의 일방적 조치만으로도 세계를 탈탄소화에 더 가깝게 다가가도록 할 수 있다. 예를 들면 유럽연합은 역내 탄소 가격 정책을 이미 운용 중이고 그 외에 추가로 탄소국경세도 고려하고 있다. 이는 어떤 물건을 수입할 때 그 물건을 생산하는 과정에서 배출된 탄소량에 따라 수입국에 그 비용을 지급하는 방식이다. 시간이 지나면 각 국가는 스스로 탄소 가격을 미리 부과해 유럽연합의 탄소국경조정제도를 생략하는 것이 더 나은 방법이라고 생각하게 될 것이다. 이는 느슨한 탄소배출권 체계를 전 세계에 도입할 방법의 하나라고 할 수 있겠다. 또한, 중국은 2021년에 탄소배출권거래제도를 도입했다. 이 변화는 탄소배출권 체계로 가는 길의 중요한 첫 걸음을 내디딘 것이라고 볼 수 있다.

하지만 파리에서 개최된 회의 이후 열린 COP Conference of the Parties(유엔기후변화협약 당사국총회)에서는 우리가 필요로 하는 행동의 발판이 되는 후속 조치가 나오지 않았다. 뚜렷한 목표도 없고, 기술적 도구도 부족하며, 리더십과 추진력도 부재한 상황에서는 그리 놀라운 일은 아니었다.

이미 지구온난화는 계속 진행돼 우리는 어느새 1도의 턱밑까지 도달했다. 기온은 빠르게 상승 중이다. 그런 측면에서 2021년은 기후위기 대처의 전환점으로 역사에 기록될 것이다. 코로나19 이후 경제 회복에 쏟아붓기 위해 마련한 수조 달러의 기금을 우리가 처한 기후위기를 헤쳐 나가는 데 필요한 곳에 정말 잘 활용했던 시기였다. 덕분에 우리가 놓쳤던 기회의 상당 부분이 돌아온 것으로 보인다.

수소 자원 혁명

4

공동의 목표

·

A Common Goal

절망하지 말라. 이제 우리에게는 목표가 생겼다. 넷제로라는 분명한 목표는 우리가 추구하는 캠페인에 명확성과 목적의식을 제공할 뿐 아니라 목표를 달성하는 데 필요한 행동을 촉구하는 촉매 역할도 하고 있다. 기후변화의 원인을 해결하는 데 전념하는 새로운 시대가 시작됐고 정치적 지형도 바뀌었다. 놀랄 만큼 비용이 낮아진 신재생에너지에 그린 투자가 쏟아진다. 그리고 중요한 것은 이 모든 것이 매우 빠르게 일어나고 있다는 사실이다.

지금의 나는 기후변화 문제를 해결할 가능성에 대해 이전보다 훨씬 더 낙관적이다. 나는 우리가 변곡점에 와있다고 생각한다. 미래에 대해 희망을 가질 수 있는 많은 이유와 변화의 징후가 보인다.

먼저 우리는 명확한 목표를 가지게 되었다. 탄소 순 배출량을 '0'으로 만든다는 넷제로가 대유행이 됐다. 이 글을 쓰고 있는 현시점에 2050년까지 넷제로를 하겠다고 발표한 나라는 유럽연합, 영국, 노르웨이, 뉴질랜드, 일본, 한국, 칠레, 남아프리카공화국, 스위스, 코스타리카다. 더욱 놀라운 것은 중국도 2060년까지 탄소 배출량을 사실상 '0'으로 낮추겠다고 약속했다. 중국은 전 세계 탄소 배출량의 29퍼센트를 차지한다. 그런 중국이 내놓은 성명의 중요성은 결코 과소평가할 수 없다. 미국 역시 넷제로를 목표로 설정하기 위한 작업이 잘 진행되고 있는 것 같다. 이미 2030년까지 배출량을 50퍼센트로 줄여 2005년의 배출량 수준 이하로 만들겠다고 약속했다.

넷제로라는 목표를 향한 사고는 우리에게 큰 도움이 된다. 이는 지구 온도 상승 저지선 목표에 대한 사람들의 관심을 과거와는 다른 방식으로 집중시킨다. 유럽에서는 유럽연합 전체를 대상으로 목표를 세우는 종래의 방식으로부터 나라별로 그리고 구역별로 구체적으로 목표를 할당하는 방식으로 전환했다. 이를 통해 나의 어린 딸들조차 넷제로라는 간단하고도 대담한 목표에 주목하고 있다. 이러한 접근 방식이 지금 당장 우리의 생활을 바꾸지는 않지만 최소한 숨을 곳을 없게 만드는 효과는 있다. 가령 2050년까지 탄소 배출량을 '0'으로 줄여야 한다고 하자. 이제 어떤 회사도 자신들의 사업에 넷제로가 아무런 영향을 끼치지 않는다고 주장할 수 없으므로 모든 이들은 각자의 몫을 하게 될 것이고, 해야 할 것이다. 유권자, 투자자, 소비자들은 점점 더 국가와 기업에 책임을 분명하게 물을 수 있게 된다. 또한 과거의 부정적, 제한적, 고비용, 불공정한 논의에서 벗어나 모두 함께 협력할 수 있는 과제로 나아가게 된다. 이런 방식은 실제로 넷제로가 성공할 수 있는 확률을 높인다.

목표를 세우면 이를 달성하기 위한 계획에 더 가까워진다. 넷제로에 도달하기 위해서는 최종 목표를 염두에 두고 해결책을 설계할 필요가 있다. 단지 눈앞에 보이는 순으로 쉬운 문제만 대충 처리하려는 '도움되는 것이면 무엇이든' 방식에서 벗어나 근본적인 해결책을 찾는 것이 중요하다.

이제 우리는 모든 사람이 널리 받아들이고 지지할 목표를 가졌을 뿐만 아니라 삶의 모든 분야에서 카리스마 있는 '기후선도자'들이 등장하고 있다.

도널드 트럼프의 뒤를 이어 백악관에 입성한 조 바이든은 모든 판도를 바꿔놓았다. 그의 첫 행보 중 하나는 트럼프 전 대통령이 탈퇴했던 파리기후변화협약에 다시 가입하는 것이었다. 그는 존 케리를 기후특사로 임명함으로써 다가오는 기후협상에서 미국이 주도적인 역할을 할 것이라는 신호를 보냈다. 버락 오바마 전 대통령 시절 미국 정부가 파리기후변화협약을 체결할 수 있었던 것도 당시 국무장관이었던 존 케리의 정치적 영향력 덕이었다. 존 케리는 바이든 대통령의 기후특사로서 이제 자신이 잘 아는 분야를 지휘하게 됐다. 그가 국가별 참여를 끌어낸다면 과거보다 더 적극적인 반응이 있을 것이다. 특히 전통적으로 미국 행정부에 호의를 표했던 나라들은 새로운 행정부에 대해서도 그들의 지지를 입증하기 위해 앞다투어 몰려들 것이다.

미국이 새롭게 참여하면서 중국의 기후변화 리더십도 되살아나게 됐다. 시진핑 주석의 협조로 파리기후변화협약이 서명되긴 했지만, 그 후로 중국의 열의는 식는 듯 보였다. 하지만 이제 상황이 다시 바뀌었다. 2021년 4월 기후정상회의에서 시진핑은 2026년부터 석탄 사용을 단계적으로 감축하겠다고 선언했다. 그리고 두 초강대국 간의 긴장된 관계에도 불구하고 기후변화 과제만큼은 미국과 협력하겠다고 약속했다.

유럽연합은 기후변화 이슈 위에 구축한 자신들의 경쟁력을 이어가기 위해 애쓰고 있는 것으로 보인다. 2021년 4월, 유럽의회에서는 탄소 배출량을 1990년 배출량의 55퍼센트 수준으로 줄이려는 목표를 법률로 제정했다. 영국은 2035년까지 1990년 탄소 배출량의 78퍼센트까지 줄이는 것을 목표로 하고 있다.

정치인들이 이렇게 적극적인 태도를 보이는 것은 부분적으로는 그간 기후변화에 대한 사회적 시각에 엄청난 변화가 있었기 때문이다. 이에 따라 마침내 우리 아이들이 기후변화에 있어서 중요한 역할을 할 수 있게 됐다. 아이들은 자신들의 부모를 설득하고 부모들이 부끄럽게 느껴 행동에 나서도록 하고 있다. 동시에 아이들 자체도 시위행진에 나설 수 있는 나이가 됐다. 그들은 미래 기후변화의 영향을 정면으로 받게 될 사람들이다. 자신들의 삶을 진정으로 걱정하는 사람들이 이제 정치적 의제에도 영향을 미칠 수 있게 된 것이다. 그레타 툰베리는 기후변화 캠페인의 대변자로서 세간의 이목을 끌었다. 그는 학교에 다니는 학생들의 마음에 파고들어 지지를 얻는 풀뿌리 모멘텀을 촉진하는 역할을 한다.

나도 매일 딸들의 마음속에 싹트고 있는 환경 양심에 마주한다. 코로나19 이전에는 아이들을 학교에 데려다주는 길에 매일 다음과 같은 두 딸의 합창을 들어야 했다.

"왜 전기자동차를 사지 않나요, 아빠?" (그래서 하이브리드 자동차를 샀다)

"왜 우리는 플라스틱 도시락을 쓰나요?" (이제 쓰지 않는다)

"밀라노에는 왜 이렇게 나무가 적죠?" (이산화탄소를 줄이기 위해 스남은 나무 심는 회사를 설립했다.)

난 내 딸들의 미래가 걱정됐고, 그에 따라 기후변화에 대처하는 활동을 도와야 한다는 다급한 마음이 들었다. 기업가들 역시 사람들의 관심을 끌고 신재생 혁명을 멋지게 보이도록 하는 일들을 했다. 전기자동차는 더 이상 지루한 공리주의적 물건으로 보이지 않는다. 거기엔 일론 머스크의 공이 크다. 첨단 기술이 집약된 테슬라는 모든 소비자들의 동경 대상이 됐다(부자들의 특권이기도 하다).

하지만 여전히 이런 태도 변화를 일관성 있는 행동으로 전환할 필요가 있다. 우리는 물건을 만드는 방법, 사람들과 물건을 이동시키는 방법, 난방과 냉방을 하는 방법에 대해 원점에서 다시 점검할 필요가 있다.《파이낸셜 타임스》는 탈탄소화 정책은 전시에 버금가는 수준의 강제적인 동원이 필요하다고 했다.[1] 이는 의심할 여지없이 옳다. 그런데 어떻게 지구에 사는 80억 명의 사람들을 같은 방향으로 조정하고 결집할 수 있을까?

유발 하라리의 책 《사피엔스》[2]를 읽으면서 내가 알게 된 것은 인간이 다른 동물들과 다른 능력이 있다는 것이다. 그 다른 능력은 공통된 믿음, 그리고 집단적 행동양식을 결정하는 정신적 매개체 덕분에 한 번도 본 적 없는 사람들과 협력하는 것이었다. 돈과 시장은 그러한 매개체 중 하나다.

친환경 산업에 대한 투자에 사람들이 몰리는 것이 그 대표적 예다. 오늘날의 투자자들과 펀드 가입자들은 자신들이 가입한 펀드의 펀드 매니저들이 친환경 산업 주식에 투자하기를 원한다. 그들은 그 분야가 전망이 좋은 사업이라고 생각한다. 역사적으로 볼 때도 잘못된 방향으로 가는 기업들은 시장 점유율을 잃고 심지어 시장에서 사라지는 반면 변화를 주도하는 기업들에는 많은 기회가 주어진다. 마찬가지로 투자자들은 현재 전망이 괜찮은 기업들에는 싼 이율의 자본을 제공함으로써 혜택을 주고, 그렇지 않은 기업들을 대상으로는 투자금을 회수함으로써 간접적으로 각 기업이 내릴 결정에 영향을 줄 것이다.

그 결과 대규모 펀드들은 투자 대상을 고르는 데 있어 점점 더 까다로워지고 있으며 그들의 목소리 또한 점점 더 커지고 있다. 100조 달러 이상의 자산을 운용하고 있는 3천 개 이상의 펀드들은 2020년 책임 투자 원칙Principle for Responsible investments에 서명했다. 이는 유엔이 추진하고 있는 캠페인으로서 펀드들이 투자 결정을 내릴

수소 자원 혁명

때 ESG라고 불리는 환경, 사회 및 거버넌스 요소를 고려해야 한다는 것이다. 예를 들어, 3,550억 파운드를 운용하는 아비바 인베스터스는 기후변화의 환경 대처에 더 적극적으로 나서지 않으면 30개에 달하는 석유 회사와 가스 회사에 더 이상 투자하지 않을 것이라고 경고했다.

자산 운용계의 절대 강자라고 할 수 있는 블랙록은 세계 최대 기업들의 주주로, 8조 7천억 달러의 자산을 관리하고 있다. 블랙록의 최고 경영자 래리 핑크는 이렇게 밝혔다.

"2021년에 우리 고객들에게 기후변화보다 더 중요한 우선순위는 없다. 고객들은 우리에게 매일 기후변화 관련 기업에 투자하는지 묻고 있다."

이 내용은 블랙록이 투자한 회사의 최고 경영자들에게 보낸 편지에 들어있다. 따라서 블랙록은 기업들에게 그들의 사업 모델이 넷제로 경제와 어떻게 보조를 맞출 것인지에 대한 계획을 공개할 것을 대놓고 요구한 셈이다. 핑크는 그런 계획에 진전이 없으면 블랙록은 주주총회에서 경영진에 반대표를 던질 것이고 주식을 매각하게 될 가능성이 크다고 경고했다.[3]

이런 환경에서 기업들은 자신들의 사업이 얼마나 친환경적인지를 시장에 명확하고 투명하게 알릴 방도를 모색해야 할 것이다. 이는 먼저 어떤 것이 친환경적인지에 대한 일치된 견해가 공유되어야 함을 의미한다. 여기에 도움이 될 만한 것은 기업 활동의 환경친화성 분류 체계인 EU 택소노미EU taxonomy다.

친환경적임이 분명한 기업들은 매우 잘 나가고 있다. 이런 기업들은 점점 더 큰 친환경 프로젝트에 투자하고 있고 주식 시장에서도 좋은 평가를 받으며 빠르게 성장하고 있다. 태양광과 풍력발전에 집중하는 넥스트에라NextEra의 시가 총액은 2020년 이미 세계 최대의 석유가스 회사인 엑손을 앞질렀다. 또 다른 청정에너지 업계의 기린아는 덴마크 기업인 오스테드Orsted다. 이 회사는 이전에는 동에너지DONG energy라는 이름으로 불리던 석유가스 회사였다. 오스테드는 2016년 이후 화석에너지 사업을 모두 매각하고 세계 최고 수준의 재생에너지 업체로 변신했다. 2021년, 회사의 주식 가치는 5년 전의 4배를 넘었고, 현재 슈퍼메이저급 회사가 됐다. 이 자리는 최근까지만 해도 큰 석유 회사들이 차지했었다. 2021년 4월, 테슬라도 6,500억 달러 이상의 가치를 보유했다.

상황이 이렇게 되자 변화의 흐름에 역행하고 있던 회사들도 서둘러 대응에 나서고 있다. 석유와 가스 관련 기업들에게 2020년은 좋은 해가 아니었다. 이 분야 5대 기업의 대차대조표에서 총 770억 달러가 사라졌다. 코로나19로 얼어붙은 경제로 인해 석유 사용량이 줄어들었고 이들에게는 당연히 평범한 한 해가 될 수 없었다. 반면 같은 해 일부 재생에너지 기업의 주식은 눈부신 실적을 기록했다. 이를 통해 우리는 무엇이 중요한지 알 수 있게 되었다. BP, 쉘Shell, 토탈Total과 같은 석유가스 회사들이 온실가스 총량을 줄이고 저탄소 및 신재생 자원과 관련된 사업 비중을 늘리려고 하는 건 결코 우연이 아니다.

비에너지 분야 대기업들도 이러한 흐름에 동참하고 있다.

2019년 이후 수십 개의 다국적 기업이 탄소배출 넷제로에 동참했다. 애플은 2030년, 유니레버는 2039년, 아마존은 2040년까지 넷제로 달성을 선언했다. 마이크로소프트는 여기서 한 단계 더 나아가 2030년까지 '탄소 마이너스'를 이루겠다고 약속했다. 소니는 재생가능한 기반 시설이 부족한 일본에서 철수하겠다고 일본 정부를 위협했다.

다음 페이지의 그림만 봐도 그렇다. 기후대책을 공개적으로 지지하는 기업들의 시장 가치가 수동적이거나 반대하는 기업들보다 더 높다. 이를 보고 나는 희망을 품었다. 정치계와 기업들이 서로 보조를 맞추어 나갈 수 있을 것이라는 가능성을 보게 됐기 때문이다. 이러면 정부는 국내 및 세계적 기후변화 목표를 협상해나갈 때 기업들로부터 많은 도움을 받을 수 있다. 에너지 정책을 바꿨을 때 직면할 비용 문제 때문에 회의적인 자세를 보이던 많은 기업들이 지금은 넷제로라는 경기장에서 몸을 풀면서 1~2바퀴를 먼저 돌고 있을 정도로 적극적인 태세전환에 돌입하는 모습이다.

이제 넷제로라는 최종 퍼즐을 완성하는 데 필요했던 많은 조각이 제자리를 찾아가는 중이다. 기후변화 목표, 기후리더십, 사회적 국면 그리고 이러한 변화를 이루는 데 필요한 자금은 이미 확보된 상태다. 퍼즐의 마지막 조각이자 다른 모든 것의 근본은 바로 최근 급격하게 증가세를 보이는 재생가능 에너지다. 이전의 재생가능 에너지는 비쌌고 틈새시장에 불과했지만, 지금은 싸고 빠르게 성장하는 시장이 됐다. 이것이 바로 진정한 넷제로 세계를 꿈꾸며 우리가 흥분하게 되는 이유다.

기후변화에 대한 행동을 지지하는 회사

단위: 10억 달러

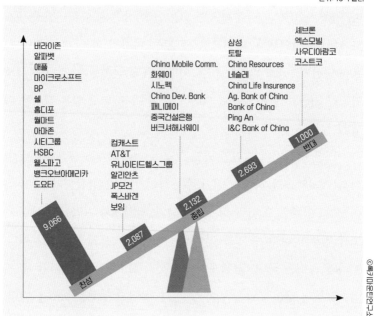

버라이즌
알파벳
애플
마이크로소프트
BP
쉘
홈디포
월마트
아마존
시티그룹
HSBC
웰스파고
뱅크오브아메리카
도요타

컴캐스트
AT&T
유나이티드헬스그룹
알리안츠
JP모건
폭스바겐
보잉

China Mobile Comm.
화웨이
시노펙
China Dev. Bank
페니메이
중국건설은행
버크셔해서웨이

삼성
토탈
China Resources
네슬레
China Life Insurence
Ag. Bank of China
Bank of China
Ping An
I&C Bank of China

셰브론
엑슨모빌
사우디아람코
코스트코

9,066

2,087

2,132
중립

2,693

1,000
반대

찬성

ⓒ특리미터르리서치

햇빛과 바람은 감질나는 에너지원이다. 이런 자원은 자연이 아낌없이 공짜로 제공하고 있지만 그 자체를 곧바로 사용할 수는 없다. 빛과 풍력을 전기로 변환하려면 고도의 전문적인 기술이 필요하다.

1839년 프랑스의 물리학자 에드몽 베크렐Edmond Becquerel은 빛에 노출되면 몇몇 물질들이 전류를 발생시킨다는 것을 발견했다. 하지만 현대의 태양전지 기술은 1940년 벨연구소 연구원 러셀 올Russell Ohl이 실리콘으로부터 전류를 끌어내는 데 성공하면서부터 시작됐다.

수소 자원 혁명

오랫동안 태양열은 엄청나게 비싼 에너지원이었다. 1956년 태양전지판의 가격은 와트당 200달러를 웃돌았다.[4] 태양광 발전으로 1메가와트시를 생산하는 데 약 2만 달러가 들었고 이는 엄청나게 비싼 비용이었다. 이런 비용 때문에 당시 일부 틈새 분야를 제외하고는 태양광 발전은 손댈 수 없는 영역이었다. 그 틈새시장 중 하나는 심지어 지구상에 존재하는 것도 아니었다. 1958년 미국은 뱅가드 1호를 발사했다. 이것은 미국이 발사한 네 번째 인공위성이자 태양열로 움직이는 최초의 인공위성이었다. 항공우주 분야 정도나 이런 돈을 지급할 여유가 있었다. 하지만 당시 태양광 발전은 일상적인 목적으로 응용하기에는 적합하지 않은 기술이었다.

태양광 발전은 미국의 광화학자인 엘리엇 버먼과 같은 수많은 과학자와 엔지니어들의 연구 덕에 우주에서 지상으로 내려올 수 있었다. 버먼은 반도체 산업에서 나오는 폐기물을 이용하면 태양광 전지PV, Photovoltaic를 값싸게 만들 수 있다는 아이디어를 가지고 있다. 불량 실리콘은 전자 공학에서는 거의 쓸모가 없지만 태양전지로는 훌륭하게 작동하기 때문이다. 이러한 발상을 이용해 1970년대 초를 지나면서 태양광 전지의 가격은 와트당 20달러로 떨어졌고, 태양에너지 비용은 메가와트시당 2천 달러 수준으로 낮아졌다. 이 정도만으로도 이전과 비교하면 훨씬 나은 수준이지만 상용화를 위해서는 여전히 갈 길이 멀었다.

태양에너지를 이용하는 분야에서의 또 다른 전환점은 2009년에 왔다. 그 시기에 유럽은 2020년까지 재생가능 에너지로 전체 에너지 수요의 20퍼센트를 채운다는 목표를 설정했다. 당시만 하더라도 굉장한 야심이었다. 유럽 전체의 목표가 설정되자 독일, 이탈리아, 스페인과 같은 나라들은 각자 달성할 재생가능 에너지 목표를 정했다. 그런 후 재생가능 전력 생산자들에게는 생산된 전력에 대해 높은 고정 가격을 지급할 것을 약속했다. 우리는 앞서 이 전력 가격이 엄청나게 비쌌다는 것을 확인한 바 있다.[5] 다행스럽게도 이 정책은 큰 효과를 거두었다. 이런 식으로 국가가 개입한 대규모 성과급 시장이 형성되자 태양전지판 공급업체는 공장과 공급망을 확장함으로써 전체적으로 이 기술의 비용을 낮출 수 있었다.

이러한 공급 확대의 대부분은 국가 지원정책에 힘입은 중국에서 발생했다. 2006년과 2013년 사이에 중국 태양전지 생산량의 전 세계 점유율은 14퍼센트에서 60퍼센트로 성장했다. 같은 시기 글로벌 태양광 시장은 18배 성장했다.[6] 태양광 전지의 가격은 하락했고 결과를 자동으로 재투입시키는 긍정적인 피드백 루프가 생성됐다. 더 효율적인 생산 라인, 더 많은 자금 지원을 받는 연구개발을 비롯해 모든 단계에서 규모의 경제 효과가 나타났다. 평균적으로 용량이 2배 증가할 때마다 가격은 20퍼센트 하락한다(이 수치는 '학습률learning rate'이라는 이름으로도 알려졌다). 2019년에는 태양광 패널 비용이 와트당 0.4달러로 떨어졌다.[7] 태양열 프로젝트의 규모 자체가 더 커진 점도 긍정적인 영향을 줬다. 기가와트 규모의 초대형 프로젝트는 수백만 개의 태양광 패널을 필요로 한다. 이 정도 규모가 되면 설치와 유지보수를 위한 자동화 및 디지털화가 가능하다는 이점을 누릴 수 있다. 따라서 공공시설과 같은 대규모 프로젝트는 소규모 옥상 패널 비용의 4분의 1로도 전기를 생산할 수 있게 된다.[8] 유럽에서 추진했던 이러한 정책은 전 세계적으로 재생가능 에너지의 생산을 산업화함으로써 풍부하고 저렴한 햇빛을 사용할 수 있도록 만드는 중요한 역할을 하게 됐다. 우리가 지구의 온도 상승을 2도 이내로 유지하는 데 성공하면 그것은 15년 전 이 정책을 과감하게 시작했던 정치인들의 결단과 이런 의도는 꿈에도 몰랐던 많은 소비자의 희생 덕분일 것이다.

아직 더 많은 발전의 기회가 남아있다. 태양광 기술 가운데 가장 빠르게 발전하는 것 중 하나는 페로브스카이트Perovskites를 사용하는 것이다. 페로브스카이트는 1839년 우랄산맥에서 처음 발견된 결정 구조다. 이것을 이용하면 태양에너지를 전기로 변환하는 비용을 획기적으로 줄일 수 있는데, 용액공정을 사용해 사람의 머리카락보다 훨씬 얇은 두께의 필름을 값싸게 만들 수 있다. 그렇게 되면 건물, 자동차, 심지어 옷에도 쉽게 태양광 패널을 코팅할 수 있다. 기판 위에 칠하거나 잉크젯 프린터를 사용해 인쇄하는 것만으로도 즉시 태양광 발전 장치를 만들 수 있는 것이다. 또한 페로브스카이트는 흐린 날이나 심지어 실내에서도 실리콘보다 더 잘 작동한다. 만약 이 새로운 기술의 비용이 충분히 떨어진다면 눈에 띄지 않게 태양광발전소가 조용히 도시 안으로 들어오게 될 것이다.

태양광발전의 경우 공급망의 규모가 확대됐지만 풍력발전의 규모가 커진 것은 터빈(유체 흐름으로부터 에너지를 추출해 유용한 일로 변환하는 회전식 기계장치) 그 자체였다. 요즘 풍력발전 터빈의 크기는 어마어마하다.

1887년 글래스고 교수였던 제임스 블라이드James Blyth는 전기를 생산하는 풍차를 처음으로 만들었다. 그가 만든 10미터 높이의 돛을 단 거대한 괴물 풍차는 스코틀랜드 북동부에 있는 그의 별장 정원에 설치됐다. 하지만 이 괴물 풍차가 그에게 친구를 만들어주지는 않았다. 블라이드는 풍차로 그 지역 중심가에 불을 밝혀주겠다고 제안했지만 메리커크Marykirk 마을 사람들은 전기를 '악마의 물건'이라고 불렀다. 그러나 그는 이에 주저하지 않고 지역 정신병원에 전력을 공급하기 위해 또 다른 터빈을 만들었다.

풍력발전이 고립된 지역에 도움을 주는 전력 공급원으로 등장하긴 했으나, 1941년이 지나서야 산업적으로 큰 발전을 이루었다. 그해 버몬트주 캐슬타운Castletown에서 1.25메가와트 용량의 스미스-퍼트넘 풍력 터빈이 지역 배전망에 처음으로 연결됐다. 이 일은 훨씬 더 큰 규모의 개발도 가능함을 보여주는 계기가 됐다. 또한 어떤 기술이든 마찬가지지만 규모가 커질수록 비용이 싸진다는 사실도 증명할 수 있었다.

풍력에너지계에서도 시대를 앞서간 선구자들이 있었다. 그 핵심 인물 중 한 명은 매사추세츠대학교의 토목공학과 교수 빌 헤로네머스Bill Heronemus였다. 그는 풍력 터빈을 배열하기 위한 세부 계획을 1970년대 최초로 작성한 바 있다. '윈드팜wind farm'이라는 용어도 그의 작품이다. 그와 그의 팀이 발표한 수많은 기술 논문은 현대 풍력 터빈 기술의 토대가 됐다. 그는 심지어 풍력으로 얻어진 전기를 이용해 수소를 생산할 거대한 근해 풍력발전소에 대한 아이디어를 제안하기도 했다. 그의 상상은 오늘날 도거뱅크와 북해의 다른 곳에서 진행되는 꿈과 희망에 찬 해상풍력발전소 프로젝트로 현실화됐다.

도거뱅크의 윈드팜에 설치된 풍력 터빈의 규모는 이전과는 완전히 다른 수준이다. 거대한 터빈들은 55킬로미터 떨어진 곳에서도 보일 정도로 거대하다. 터빈은 해저로부터의 높이가 250미터에다 무게는 2,800톤에 달한다. 이는 1만 6천 가구에 충분한 전기를 공급할 수 있는 규모다. 이렇게 터빈의 크기가 대형화되고 그 배후에 거대한 산업이 있다는 것은 풍력발전이 갈수록 더 저렴해질 것임을 의미한다.

현재 재생에너지가 어디까지 발전했는지 궁금하다면 새로운 세기가 바뀌던 시점의 태양광 발전 비용이 메가와트시당 1천 달러였다는 사실을 떠올려라. 2021년에 진행된 사우디아라비아 태양광 프로젝트 입찰의 낙찰가는 메가와트시당 10.4달러였다. 풍력발전의 경우 2000년에 메가와트시당 180달러였던 것이 2021년 스페인에서 메가와트시당 25달러에 낙찰됐다.[9] 이런 종류의 비용 감소를 통한 가격 하락은 우리가 전자 업계에서는 경험해본 적이 있지만 다른 분야에서는 거의 생각할 수 없었던 현상이었다.

오늘날 세계 많은 곳에서는 이미 태양열과 풍력발전이 화석연료보다 더 싸다. 유럽의 석탄 및 가스연소식 발전 비용의 경우 메가와트시당 60달러 정도지만, 2020년 신규 건설된 육상 풍력발전소의 평균 전력 비용은 그보다 낮은 메가와트시당 40달러였고, 태양광 발전 비용은 메가와트시당 35달러였다.

이와 같은 비용 경쟁력은 재생에너지 자원을 점점 더 매력적인 투자 대상으로 만들고 있고, 이에 따라 더 많은 새로운 발전소들이 건설되고 있다. 그동안 풍력발전 용량은 전 세계적으로 거의 5배가 증가해 2020년에는 1,590테라와트시에 달했다. 태양광 발전은 2010년부터 2020년까지 10년 동안 32테라와트시에서 820테라와트시로 25배 이상 증가하며 빠르게 이를 따라잡고 있다.

여기서 문제는 태양광과 풍력을 합쳐도 현재 전 세계 에너지 소비량의 약 2퍼센트밖에 되지 않는다는 점이다. 그나마 10년 전에는 0.25퍼센트 미만이었다. 비록 수치 자체는 여전히 작지만 성장률에 있어서는 매우 고무적이다. 이를 통해 탈탄소라는 큰 꿈을 꿀 수 있는 기초가 다져지고 있다고 할 수 있다.

신재생에너지가 이렇게 성공적으로 성장하고 있는데 왜 굳이 수소가 필요하냐는 질문을 많이 받는다. 물론 지붕에 태양전지판을 설치해서 전기자동차 충전선을 벽에 연결한다고 생각하면 매우 신난다. 나부터 이웃만 동의한다면 직접 설치하고 싶다. 이런 식으로 지금 하는 일을 계속해서 더 많이, 더 빨리하면 된다고 생각할 수 있지만 문제는 재생가능 전력만으로는 충분하지 않다는 데 있다.

수소 자원 혁명

5

재생가능 전력의 한계

•

The Ups and Downs of Renewable Power

재생가능 전력 생산 용량이 놀라운 속도로 증가하고 있는 것은 좋은 소식이다. 하지만 우리가 하는 모든 일에 청정에너지를 사용할 수는 없다. 태양열과 풍력은 공급이 일정하지 않고, 배터리 및 기타 에너지 저장 시스템은 에너지 수요가 계절별로 급증했을 때 이를 메우기에는 제한적이라는 단점이 있다. 일부 산업 분야와 장거리 운송의 경우에는 전기를 바로 공급하는 방법이 마땅히 없다. 따라서 재생가능 전력은 이를 도와줄 협력할 파트너가 꼭 필요하다.

나는 재생가능 전력에 대해 강한 믿음을 가지고 있다. 현재 우리가 사용하는 에너지원의 상당 부분을 전기로 직접 대체할 수 있다. 오늘날에는 전체 에너지의 20퍼센트 정도를 대체하는 수준밖에 되지 않으나 앞으로의 넷제로 경제에서는 에너지 포트폴리오의 50~60 또는 70퍼센트까지도 전기로 대체할 수 있다고 본다. 그런데도 여전히 모든 것을 전기로 대체할 수 없다는 것은 엄연한 현실이다. 전기가 가진 특징인 짧은 수명, 저장과 운송의 어려움, 그리고 재생가능 전력의 불안정성과 같은 조건들이 100퍼센트 전기화를 방해하는 요소들이다.

특수 분야

첫 번째 문제는 탄소 배출을 줄이기 어려운 몇몇 산업 분야의 경우 전기가 적합한 에너지원이 되기 어렵다는 점이다. 더 문제는 이러한 분야가 전기를 에너지원으로 쓰지 않는 한 넷제로는 달성이 불가능하다는 것이다.

우선 에너지를 전기라는 형태로 저장하는 것이 매우 어렵다. 물론 리튬이온 배터리의 경우 그간 많은 발전이 있었다. 리튬이온 배터리는 수백 번 재충전이 가능하고 다른 배터리 기술보다 에너지 밀도가 높은 것은 사실이다. 하지만 여전히 주어진 무게에 비해 많은 에너지를 저장하지 못한다는 한계를 가지고 있다. 1킬로그램의 휘발유에는 13킬로와트시^{KWh}에 해당하는 에너지가 들어있다. 반면

수소 자원 혁명

1킬로그램의 리튬이온 배터리에 저장할 수 있는 에너지는 0.3킬로와트시 미만이다. 따라서 많은 에너지를 필요로 하는 분야에 리튬 배터리는 쓸 수 없다. 예를 들면 장거리를 운행하는 비행기를 전기화한다고 생각해보라. 이 경우 비행기는 이륙할 수 없을 정도로 무거운 배터리가 필요할 것이다. 또한 대양을 횡단하는 화물선도 화석연료와 경쟁이 되지 않는다. 하지만 짧은 거리를 운행하는 배터리 구동 트럭의 경우 충분히 경쟁력이 있다. 다만 장거리 트럭은 배터리가 차지하는 공간과 무게, 그리고 빠른 속도로 충전하는 어려움이 있어서 이 분야에서 배터리의 광범위한 사용을 상상하기는 어렵다.

그다음은 철강 산업과 같은 중공업 분야다. 이 분야를 전기화하기 어려운 것은 기술이 성숙하지 못했거나 정치적 혹은 상업적 의지가 부족하기 때문은 아니다. 진짜 이유는 기초 물리학에서 찾을 수 있다. 화학 산업의 경우 제품을 합성하기 위한 재료로써 화석연료가 필수적이다. 마법처럼 분자 자체를 전기로부터 만들어낼 수는 없다. 그 외의 다른 산업들의 경우에는 높은 열을 내는 데 화석연료가 필요하다. 이를 전기로 만들어 내려면 비용이 많이 든다. 전기는 가열하려는 물체를 둘러싸고 있는 매개체(일반적으로 공기)를 간접적으로 가열할 수 있을 뿐이다. 이는 통닭구이를 만드는 용도로는 충분하지만 아주 높은 온도가 필요한 경우는 역부족이다. 전기를 이용하는 마이크로파나 유도 가열의 경우에도 제품을 직접 가열하긴 하지만 매우 높은 온도까지 도달하기는 어렵다. 고하중 육상 운송, 중공업, 해운 및 항공 산업과 같이 전기로 탄소 배출을 줄이기 힘든 분야가 이산화탄소 배출량의 전체 약 3분의 1을 차지하고 있다는 게 문제다.

햇빛의 장거리 운송

전기와 관련된 또 다른 문제는 매우 먼 거리까지 보내기 힘들다는 데 있다. 기본적으로 오늘날 우리가 사용하고 있는 전력망은 지난 세기로부터 물려받은 유산이다. 고전압 교류HVAC는 전력 케이블을 통해 원거리까지 송전할 수 있다. 이런 케이블은 사람의 통행에 방해되지 않도록 철탑을 사용하거나 높은 비용 때문에 흔하지는 않지만 지하에 매설되기도 한다. 이렇게 사람들이 거주하는 지역까지 전달된 전기는 변전소를 거치며 한 단계 낮은 전압의 전력선으로 옮겨간다. 마지막으로 가정에 설치된 변압기는 가정에서 사용하는 각종 전기제품을 태우지 않고 작동할 수 있는 수준까지 전압을 내린다.

발전소에서 만들어진 전기가 이런 경로를 거쳐 각 가정까지 도달하는 사이에 최대 8퍼센트의 에너지가 손실된다. 고압 송전선 가까이 있으면 실제로 이런 에너지 손실 현상이 일어나는 것을 소리로도 체감할 수 있다. 송전선 주위의 윙윙거리고 갈라지는 것 같은 소리가 그것이다. 그뿐만 아니라 송전 과정에 일어나는 에너지 손실 현상은 눈으로도 볼 수 있다. 금속 케이블이 열 손실로 뜨거워져서 팽창하고 그에 따라 케이블 중간 부분이 아래로 처지는 현상이

수소 자원 혁명

발생한다. 이렇게 사라지는 에너지가 전체 손실 에너지의 약 4분의 1을 차지한다. 나머지 4분의 3에 해당하는 에너지 손실은 낮은 전압의 전선을 통해 각 가정으로 들어가는 과정에서 눈에 보이지 않는 방식으로 발생한다.[1]

이러한 에너지 손실은 우리에게 큰 부담으로 다가오지는 않는다. 우리는 경험적으로 전기를 멀리까지 송전할 수 없다는 것을 알고 있기 때문이다. 이탈리아의 경우 각 가정은 가장 가까운 발전소에서 평균 25킬로미터 정도 떨어져 있다. 그에 반해 주요 천연가스 공급원은 가정으로부터 약 1천 킬로미터 떨어져 있다. 가스의 경우 파이프라인을 통해 그저 밀어내기만 하면 되기 때문에 운송에 드는 에너지가 거의 없다. 석탄과 석유도 장거리 운송에 큰 에너지가 들지 않기는 마찬가지다. 종종 석탄과 석유를 실은 배는 수천 킬로미터를 이동하기도 한다.

그러나 미래에 재생가능 에너지의 수요가 크게 늘어나게 되면, 지역적으로 토지 제약 문제가 있거나 필요 시간 내에 재생가능 에너지 생산이 일정 규모에 도달하기 어려울 경우 에너지 공급원을 점점 더 먼 곳에서 찾아야 한다. 또한 재생에너지를 생산하는 데도 가장 비용이 싼 곳이 어디인지 찾게 될 것이다. 이런 측면에서 볼 때 재생에너지를 직접 생산하지 않고 수입해 사용한다는 아이디어는 흥미로운 발상의 전환이다. 문제는 어떻게 생산된 에너지를 가져올 것인가. 고전압 교류의 경우 우리가 살펴본 것처럼 송전 과정에서 상당한 에너지 손실이 발생한다. 이에 대한 대책으로 고전압 직류 케이블을 사용할 수도 있다. 이 경우 에너지 손실이 적어

장거리 송전에 더 유리하다. 하지만 이 두 가지 방법 모두 파이프라인으로 천연가스를 이동시키는 비용에 비하면 훨씬 비싸다. 자동차나 가정용 조명 시스템에는 전기 형태로 재생가능 에너지를 공급하는 것이 가장 좋은 옵션이다. 하지만 다른 분야는 전기를 사용하는 것이 불가능한 경우가 많다.

전기를 장거리로 보내는 게 어렵기 때문에 풍력발전소와 태양전지판은 전력이 필요한 최종 사용처와 가까운 곳에 있어야 한다. 이런 재생에너지 발전시설은 최종 수요자로부터 수백 킬로미터 내에 있는 것이 유리하다. 하지만 이러한 제약조건은 비현실적임과 동시에 매우 비효율적이다. 해를 보기 어려운 북유럽의 스톡홀름에 설치한 태양전지판은 사하라에 설치한 태양전지판보다 훨씬 적은 양의 전력을 생산할 수밖에 없다. 운송이 어려운 재생 전력을 이용해 세계를 탈탄소화하려는 전략은 에너지 비용이 각기 다른 많은 개별적 에너지 시장을 만들게 될 것이다. 이 경우, 세계 시장에서 경쟁하기에는 너무 높은 에너지 비용을 감당할 수밖에 없는 나라들은 국민의 삶이 더 궁핍해질 것이다.

쉽게 얻은 것은 쉽게 잃는다

그린 전력 생산은 변덕스러운 태양과 바람 때문에 연속적이지 않다는 문제점을 가졌다. 태양은 밤에 보이지 않는다. 나뭇잎이 미동도 하지 않을 정도로 바람이 불지 않는 때도 있다. 독일어로 이런 시기를 둔켈플라우테Dunkelflaute라고 부른다. 이런 기간에는 날씨가 흐리고 바람도 없으며 생산할 수 있는 재생가능 전력이 매우 낮아진다. 하필 날씨가 추워서 난방 수요가 한창 높을 때 이런 일이 일어나기도 한다. 이것이 바로 끔찍한 '저온 둔켈플라우테'다. 보통은 바람이 강해지면 더 많은 전력을 생산할 수 있지만, 바람이 시속 90킬로미터에 도달하면 많은 풍력 터빈들이 안전 문제뿐 아니라 부품의 마모를 최소화하기 위해 작동을 중단한다. 따라서 바람이 너무 강할 때는 오히려 재생에너지의 전력 생산이 감소하는 일이 발생한다.

전력망은 항상 수요와 공급 사이의 균형을 맞춰야 한다. 그래서 재생에너지 생산에 있어서 발생하는 간헐성 문제는 매우 풀기 어려운 숙제다. 이는 전기의 본질과도 관련이 있다. 전선에 전류를 흘리기 위해서는 발전기나 배터리 또는 전선의 양 끝에 전압을 발생시킬 수 있는 여러 장치를 이용해 전자를 밀어야 한다. 전자를 미는 것을 멈추면 전류가 흐르는 것도 멈춘다. 하지만 전력망에 접속한 고객은 전기를 쓰고 싶을 때 언제든 바로 전기가 공급되기를 원한다. 그렇지 않으면 같은 전력 라인으로 공급되는 모든 고객에게 심각한 전압 강하 현상이 발생한다.● 이러한 현상은 가스망과는 대조적이다. 가스 파이프라인의 경우 천연가스를 채울 때 다소 많이 채우거나 덜 채움으로써 압력을 얼마든지 조절할 수 있다. 이를 이

● 엔지니어링 회사 지멘스의 계산에 따르면, 전력망에 물려 있는 사람 10명 중 1명꼴로 동시에 세탁기를 돌리게 되면 적어도 몇 시간 동안은 우리가 누리고 있는 모든 문명의 이기利器가 제 역할을 할 수 없게 된다고 한다.

용하면 전기처럼 추가 발전이나 배터리 저장에 의존하지 않고도 일시적인 수요 변동에 대응할 공급 유연성을 확보할 수 있게 된다. 전력망 시스템의 수요 공급 균형을 유지하는 것을 줄 위를 위태롭게 걷는 것에 비유한다면, 가스 공급망은 공원을 여유롭게 산책하는 것과 같다. 그렇다면 전력망에서는 공급과 수요 사이에 불균형이 발생했을 때 어떻게 해결하는 것일까?

극히 짧은 시간 동안에 발생하는 전력망 그리드의 수요 공급 불균형은 부분적으로는 자체 해결되기도 한다. 발전소는 전기를 생산하기 위해 크고 무거운 터빈을 1분에 약 3,600번 속도로 회전시킨다. 이렇게 빠르게 회전하는 무거운 금속 재질의 터빈은 하나의 거대한 플라이휠처럼 작동하기 때문에 터빈 자체에 저장된 에너지의 힘으로 전력망을 안정시킬 수 있다. 하지만 그 시간은 15초에 불과하다. 그보다 시간이 길어지면 다른 에너지 소스들이 개입해서 그 느슨함을 메꿔야 한다. 이를 보조 전력원이라고 부른다. 가스화력발전소는 순간적인 수요 급증이 발생하면 이를 해결하기 위해 몇 분 안에 전력 생산을 늘릴 수 있다. 만약 운 좋게 노르웨이나 알프스처럼 주문형 재생가능 전력원이라고 할 수 있는 거의 영구적인 수력 발전을 보유했다면 보조 전력 생산을 위한 가스발전소가 많이 필요하지는 않을 것이다. 그렇지 않다면 이러한 준비는 필수적이다.

하지만 이 대처 방법은 이상적인 상황과는 거리가 멀다. 가스와 다른 화석연료발전소의 발전량을 계속해서 올렸다 내렸다 하는 것은 비용이 많이 들 뿐만 아니라 이산화탄소 배출도 동반하게 된다. 또한 이러한 보조 화력발전소는 운영상 최적의 에너지 효율 조

수소 자원 혁명

건을 맞추기 어렵다. 대부분은 발전 용량의 일부만을 사용하는 부분적 가동에 그치게 될 것이다. 이럴 때 자주 가동되지 않는 보조 화력발전소의 주인들은 발전소 사업을 접고 싶어 한다. 하지만 그렇게 내버려 둘 수는 없다. 비록 이러한 보조 발전소들은 전기를 자주 공급하지는 않지만 우리가 꼭 필요로 할 때 중요한 서비스를 제공한다. 이런 시설들이 없다면 우리는 큰 대가를 치르는 정전 사태를 맞게 될 것이다. 보통은 이러한 보조 발전소를 유지하기 위한 부담은 전력망 시스템 전체 그리고 궁극적으로는 소비자들이 떠안는다. 평상시에는 가동하지 않고 있다가 급하게 필요할 때만 전기를 생산할 목적으로 기다리는 가스연소 화력발전소의 운영 비용까지 소비자가 함께 지급해야 하기 때문이다.

반면 재생에너지를 한꺼번에 너무 많이 생산하면 전기 수요가 감소할 때 고객들에게 전기를 팔기 위해 전기생산자가 거꾸로 돈을 지급해야 하는 경우가 생길 수도 있다. 이렇게 되면 전기는 마이너스 가격을 기록하게 된다. 우리는 2020년 코로나19 봉쇄 기간 이런 현상을 여러 번 경험한 바 있다. 당시 기업들의 전력 수요가 많이 감소한 탓에 늘어난 가정 전력 소비량에도 못 미치는 수준이 됐다. 독일에서는 거의 2주 동안 마이너스 가격이 발생하기도 했다. 물론 이러한 현상은 분명히 사용자보다는 생산자들의 문제다. 하지만 이런 현상은 시스템 전체의 문제로 비화한다는 점에서 심각하다. 만약 발전소에 투자한 사람들이 수익을 내는 데 어려움을 겪는다면 이후에 발전소에 투자하는 사람들이 많지 않을 것이기 때문이다. 전력생산자들이 적자를 내면 결국에는 전력 공급 부족으로 이어질 수밖에 없어지는 것이다.

물론 이와 반대되는 시나리오가 벌어지는 것은 훨씬 더 우려스럽다. 바람 없고 흐린 날 갑자기 전력 수요가 증가하면 어떻게 될까? 이 경우 전력망 운영자는 가스연소 화력발전소에 부족한 전력을 보충해달라고 요청할 것이다. 우리는 이미 이런 상황에서 어떤 극단적인 일이 벌어지는지 경험했다. 2021년 1월 영국에서 전력 부족 현상이 발생했을 때 노팅엄셔Nottinghamshire의 가스연소 화력발전소 웨스트버튼B는 일반 도매 전기 가격의 100배인 메가와트시당 4천 파운드에 자신들이 생산한 전기를 팔았다. 영국에서 전력 수요와 공급의 균형을 맞추어 전력망을 보호하기 위해 전력망 시스템 운영자가 풍력·가스업체에 전력 생산량 변경을 요구하면서 지급한 비용이 2020년에만 18억 파운드에 이른다.[2]

지구온난화의 결과, 점점 극단적 기후변화가 나타나고 있으며 이는 전력 공급에 심각한 문제를 일으킬 수 있다. 예를 들어, 극지방 소용돌이 현상으로 인해 2021년 2월 텍사스는 최악의 전력 수요 공급 불균형 사태를 겪었다. 텍사스 지역에서 30년 넘게 경험해보지 못했던 영하의 온도는 급격한 에너지 수요 증가를 초래했다. 하지만 풍력 터빈은 추위로 인해 가동을 중단해야 했고, 발전소와 가스생산시설이 얼어붙는 바람에 화석연료 발전 용량은 40퍼센트 감소하는 상황이 발생했다. 이렇게 되자 전력 가격은 관리 상한선인 메가와트시당 9천 달러까지 치솟았다. 당시 발생한 일련의 전력 부족 사태로 인해 전체 사용자의 34퍼센트(430만 가구)에 전력이 제한 공급되거나 아예 공급되지 않는 일이 발생했다.

재생 전력의 생산 중단이 이 사태의 주원인은 아니었다. 하지만 텍사스 참사는 전력망의 취약성을 드러내는 좋은 사례다. 나도 이탈리아 전력 시스템 운영 회사 테르나를 소유하고 있던 전력 회사 에넬에서 일할 때 이런 사태를 직접 목격했다. 2003년 9월 28일이었다. 아침에 일어나 휴대폰을 보니 부재중 전화 15통이 와있었다. 이탈리아로 전력을 끌어오던 송전 케이블 하나가 근처 나무와 접촉하는 사고가 발생하면서 갑자기 이탈리아 전체가 정전이 돼버렸기 때문이었다. 시간이 지나면서 병원을 비롯한 필수 시설들로부터 조난 신호를 받기 시작했다. 이 사건은 정말 우리 문명이 얼마나 전기에 전적으로 의존하고 있는지, 그리고 모든 계란을 전기라는 한 바구니에 담지 않는 것이 얼마나 중요한지를 깨닫게 해주었다. 나무가 쓰러져 전력선을 건드렸는데 이를 수습할 사람이 전기자동차를 운전하고 갈 수밖에 없는 상황이 되어서는 절대 안 되는 것이다. 이탈리아 정전이 일어난 날, 우리가 가졌던 우려 중 하나는 "가스발전 시스템도 정전의 타격을 받을까"였고, 고맙게도 그 대답은 "아니오"였다. 에니Eni(당시 가스운송 시스템을 운영하던 스남의 소유주)의 담당자는 가스 그리드의 비상 백업 시스템은 완전히 아날로그 스타일이라고 나를 안심시켰다.

　　정전과 긴급한 전력 부족 사태는 개발도상국에서 더 빈번하게 일어나는 문제다. 세계은행에 따르면 이로 인해 연간 1,500억 달러 이상의 비용이 더 들어가고 있다.[3] 그 파괴력은 날이 갈수록 더 커질 것이다. 앞으로 우리는 점점 더 긴밀하게 연결되는 세상에서 살게 될 것이다. 좋든 싫든 간에 우리는 고도로 연결된 데이터와 통신 시스템에 의존하며 살아가고 있고, 이에 따라 우리 사회 구조는 짧은 전력 공급 중단에도 매우 취약해질 수밖에 없게 됐다.

자연환경의 변화로 인해 전력 생산이 간헐적으로 중단될 수밖에 없는 태양열과 풍력발전의 경우 이미 우리에게 상당한 도전 과제를 안겨주고 있다. 전체 수요 전력의 아주 제한적인 양을 이러한 재생에너지원이 담당하고 있고 공급이 모자랄 때 화석연료발전소에 긴급 전력 생산을 요청할 수 있는 상황임에도 쉽지 않은 문제다. 오늘날 유럽 전력의 약 32퍼센트는 재생에너지로부터 나온다. 그리고 우리가 사용하고 있는 전체 에너지에서 전기가 차지하는 비중은 약 20퍼센트다. 이런 상황에서 완전한 넷제로를 달성해 더 이상 화석연료를 재생 전력의 간헐성을 메꾸는 보조 발전 용도로 사용할 수 없게 된다면 어떤 일이 일어날까? 우리로서는 전기를 운송, 저장, 사용하는 방법을 바꿀 필요가 생기게 되는 것이다. 하지만 그것만으로는 여전히 충분하지 않다.

우선 전력망의 공급 범위를 확장하는 것으로부터 시작할 수 있을 것이다. 아마도 어느 곳에선가는 햇빛이 내리비치거나 바람이 불 것이고, 어느 곳에서 수요가 최고조에 달할 때 다른 어딘가에서는 수요가 부족할 수도 있으므로 잘 연결된 대규모의 전력망을 갖출 때 수요와 공급의 균형을 더 잘 맞출 수 있을 것이다. 영국 내셔널그리드의 CEO 존 페티그루John Pettigrew가 말했듯이, 전력망 네트워크가 클수록 상호 간에 더 잘 연결되고 네트워크는 더 안정적으로 형성된다.[4]

수소 자원 혁명

하지만 더 큰 전력망을 확보하는 데 성공한다고 하더라도 우리에게는 여전히 많은 양의 전기를 저장해야 하는 문제가 남는다. 이 문제에 대한 전통적인 해결책은 물이었다. 전력 수요가 적을 때 남는 여분의 전기로 하부 저수지에서 상부 저수지로 물을 펌프질해서 올린다. 그런 후 전력 수요가 급증해 공급을 늘려야 할 때는 상부 저수지에 저장했던 물을 하부 저수지로 흘리면서 터빈을 돌린다. 이러한 양수식 수력발전은 전력 부족 사태에 직면했을 때 대응 능력이 뛰어나다는 장점이 있다. 필요할 때 스위치를 누르면 15초 이내에 전력을 생산할 수 있으며 에너지 효율은 70~80퍼센트에 이른다. 2020년 전 세계 유휴 전력의 저장 방식 중 약 95퍼센트는 이러한 양수식 전력발전에 의존하고 있다. 하지만 여기서 논의되고 있지 않은 점이 있다. 현재 전 세계적으로 최대 9테라와트시의 전기가 양수식 수력발전 방식에 의해 저장되고 있지만 이는 총발전량 2만 7천 테라와트시의 0.03퍼센트에 불과한 양이다.

양수식 수력발전에서는 하부 저수지를 특별한 곳에 둘 필요가 없다. 하부 저수지로 바다를 이용할 수 있기 때문이다. 1999년 일본은 바다를 하부 저수지로 사용하는 발전시설을 오키나와에 설치했고, 현재 네덜란드에서는 이와 반대로 바다를 상부 저수지로 사용하려는 영리한 프로젝트를 계획하고 있다. 이는 네덜란드가 해수면보다 훨씬 아래에 있다는 사실을 이용한 것이다.

그러나 대부분의 양수 시스템에서는 상부 저수지로 사용할 산정 호수가 필요하다. 하지만 산정 호수라는 지형은 흔하게 발견되지 않는다. 그리고 산정 호수 중에서도 양수발전소를 건설하는 데 적합하다고 판단되는 장소는 얼마 안 된다. 보통 양수발전소는 뛰어난 자연 풍광을 가진 산정 호수와는 공존할 수 없다. 양수발전소를 건설하려는 기업들이 산정 호수의 물과 주변의 땅에 의존하며 살아가는 지역 사회로부터 어렵게 허가와 승인을 받는다고 하더라도 여전히 건설비용이 비싸다는 문제가 있기 때문이다.

양수발전소 외에 우리가 쉽게 생각할 수 있는 또 다른 유휴 전력 저장법으로는 배터리를 이용하는 것이 있다. 전기를 배터리로 저장하는 데 있어 주요 문제는 배터리 자체의 가격이 얼마나 비싼지, 그리고 배터리를 얼마나 자주 사용할 것인지에 달려 있다.

리튬이온 기술은 2020년에 메가와트시당 120달러 정도로 비용이 떨어졌다. 이전보다는 훨씬 나은 수준이지만 지하 저장소에 천연가스를 저장하는 비용인 메가와트시당 6달러에 비하면 25배나 비싸다. 이 가격이라면 태양광 발전과 비교해볼 때 엄청난 추가 비용을 지급하게 되는 셈이다. 태양광 발전 비용은 현재 일부 지역에서 최저 메가와트시당 10.4달러까지 내려갔고, 유럽의 평균 비용은 메가와트시당 35달러다. 이 비용에는 재생 전력 생산의 간헐성 문제를 해결하는 데 드는 비용도 포함됐다. 그런 의미에서 이를 '통합 비용integration cost'이라고 부른다.

태양광과 풍력을 화석연료에서 생산된 전력 비용과 비교할 때 종종 통합 비용이라는 개념을 사용한다. 화석연료에서 생산된 전력은 생산 비용 자체는 더 비싸지만 생산 설비를 마음대로 켜고 끌 수 있으므로 재생에너지처럼 추가 배터리를 준비할 필요가 없다. 전체 발전량에서 재생가능 전력이 차지하는 비율이 늘어남에 따라 통합 비용은 증가하게 된다. 전력망에서 태양광과 풍력 같은 재생 전력 비율을 현재로부터 80퍼센트에서 100퍼센트 수준까지 끌어올리려고 할 때 천문학적인 수준의 통합 비용이 들게 된다.

현재의 가격 수준에서는 태양광 발전과 배터리 조합이 가스연소식 발전보다 훨씬 비싸다(대충 메가와트시당 185달러 대 메가와트시당 60달러 정도도). 하지만 '넷제로'를 위해서는 이 조합이 최선의 옵션이다. 실제로 몇몇 배터리저장소는 이미 건설 중이다. 몇 번의 심각한 태풍으로 전력망이 셧다운되는 것을 경험한 사우스 오스트레일리아South Australia는 2017년 전력망 안정을 위해 100메가와트MW와 129메가와트시의 배터리 스토리지 건설 프로젝트를 입찰에 부쳤다. 이 공사를 따낸 것은 테슬라였다. 미국의 전력공급 회사 서던캘리포니아에디슨은 2021년에 캘리포니아 롱비치에서 100메가와트, 400메가와트시의 배터리 스토리지 시설을 가동할 예정이다.

그러나 메가와트시당 약 120달러에 달하는 배터리 저장 비용은 우리가 배터리를 거의 매일 사용한다는 가정하에 계산되며, 이는 높은 배터리 비용을 가구당 전기요금에 분산시킬 수 있을 때에 해당된다. 따라서 배터리 사용 빈도가 낮아질 때 메가와트시당 스토리지 비용은 그에 비례해 증가할 수밖에 없게 된다. 이밖에 다른 단점도 있다. 배터리를 만드는 데 필요한 금속이 매우 제한된 지역에서만 추출되고 가공된다는 사실이다. 게다가 리튬 광산은 건조한 지역에 위치하면서도 채굴공정상 많은 양의 물이 필요해 토양과 강의 오염으로 이어진다. 그리고 배터리의 경우 재활용이 잘 되지 않기 때문에 폐배터리는 메울 수밖에 없다. 이는 더 큰 오염으로 이어질 수 있다.

이러한 상황에서 현재 가용할 수 있는 10억 개에 달하는 여유 배터리를 서로 연결할 수만 있다면 큰 도움이 될 것이다. 이 숫자는 다름 아닌 도로 위를 달리는 자동차의 수다. 앞으로 이 숫자의 대부분을 결국은 전기자동차가 차지하게 될 것이다. 메인 전력망에 남아도는 유휴 전력을 전기자동차에 탑재된 배터리에 저장할 수는 없을까? 영국의 옥토퍼스에너지Octopus Energy사는 혁신적인 청정전력 프로젝트에 손을 대고 있다. 그중 하나가 시험적으로 운영되고 있는 자동차·전력망 그리드 프로젝트다. 이 프로젝트에 참여하는 사람들은 닛산 리프 Nissan Leaf 신차를 리스한 후 특수 충전기를 집에 설치한다. 전력 수요가 많지 않을 때는 전력망에서 전기를 얻고 전력 공급이 부족할 때는 다시 전력망에 전기를 파는 개념이다. 기후 전문가이자 작가인 크리스 구달 Chris Goodall이 회장으로 있는 엔지EV 솔루션Engie EV Solutions이라는 회사가 옥토퍼스에너지와 함께 이러한 것들을 가능하게 해줄 스마트폰 앱을 개발했다. 이 프로젝트는 아직 초기 단계지만 더 연구해볼 가치가 충분히 있다.

더 혁신적인 형태의 에너지 저장 장치가 사용될 수도 있다. 양수발전시설 건설에 필요한 산정호수가 없다면 압축 공기를 빈 곳에 채우는 방식이나 수압으로 무거운 물건을 들어 올리는 방법으로 남는 전력을 저장할 수도 있다. 또한 물이 아닌 다른 것을 들어 올려 남는 전력을 저장했다가 필요시에 중력의 힘을 이용하여 발전하는 방법도 있다. '세상을 바꾸는 아이디어 에니상'을 수상한 스위스의 스타트업 에너지볼트Energy Vault는 6개의 팔을 가진 크레인을 설계했다. 크레인은 전력이 충분할 때 시멘트 블록을 들어 올려 쌓아놓고 전력이 필요할 때는 블록을 내리면서 블록의 하강 운동을 이용해 전기를 생산한다. 그 외에도 유휴 전력을 물탱크, 암반 또는 용융염에 열 형태로 저장할 수도 있다. 그리고 여름철에는 전기가 남는 밤에 에어컨 시스템으로 얼음을 만들어 놓았다가 낮 동안 건물을 냉방하는 데 사용함으로써 전력을 효과적으로 저장할 수 있다. 하지만 이런 기술은 아직 성숙 단계는 아니다.

우리는 전력사용자들에게 수요 발생 측면에서 도움을 요청할 수도 있다. 전력 공급이 부족할 때는 세탁기를 돌리는 것과 같은 행위를 자제하도록 하고, 재생 전력이 전력망에 풍부하게 공급될 때까지 기다려 달라고 요청하는 것이다. 하지만 습관이란 것은 지극히 인간적인 특성이기 때문에 기술의 도움 없이 사람들이 자발적으로 자신들의 행동을 변화시키리라고 기대하기는 어렵다. 사람들이 전기 제품을 켜고 끄는 데 있어 가장 좋은 시기를 고르도록 하려면 전력 가격을 투명하게 공개하고 전력이 가장 저렴한 때를 추천해주는 스마트 계량기와 같은 기술이 필요하다. 이런 변화가 전체 퍼즐을 맞추는 데 있어 중요한 조각이 될 가능성이 크다. 하지만 그런데도 재생 전력이 갖는 근본적 단점인 전력 생산의 간헐성을 메꾸기 위해서는 엄청난 양의 여유 전력을 가진 저장 장치가 필요하다는 사실은 바뀌지 않는다. 그리고 이는 재생 전력의 비용을 추가로 발생시킨다.

설령 우리가 큰 비용을 들여 전력망을 확충하고 이 모든 유휴 전력 저장 시스템을 구축한다고 해도 드물게 일어나는 사건들에 대처하기에는 여전히 충분하지 않다. 2021년 텍사스에 닥친 태풍과 같은 사태에 대응하려면 여전히 즉시 공급 가능한 전력이 필요하다. 이와 같이 거의 일어나지 않는 비상사태에 대처할 목적으로 거대한 배터리 은행을 상비해두는 데는 엄청난 비용이 든다.

난방 대책

하지만 지금까지 이야기했던 그 어떤 대책도 겨울철 난방에 필요한 천문학적 전력량과 유휴 전력 저장량을 해결해줄 수 있을 것 같지는 않다. 겨울 추위가 닥치는 시기에는 상반되는 두 가지 현상이 겹쳐서 일어난다. 우선 겨울에는 일조량이 매우 적다. 유럽이 위치한 위도에서는 겨울 일사량이 여름의 2분의 1에서 5분의 1까지 줄어들고, 반면에 바람은 더 많이 분다. 그래서 겨울에 더 많은 에너지를 사용하고 그 대부분은 난방에 들어간다. 이런 이유로 광범위한 기온 영역대에서 여름과 겨울 사이의 연료 소비량은 약 3배 정도 차이가 난다.

재생 전력 생산의 간헐성 문제만 아니라 계절 변화에 따라 에너지 수요의 변동 폭이 큰 것은 오늘날에는 크게 문제되지 않는다. 계절에 따른 재생 전력의 생산성 변동은 화석연료를 이용한 발전 시스템으로 메꿀 수 있고, 에너지 수요의 계절에 따른 변화는 천연가스로 대응할 수 있기 때문이다. 천연가스의 경우, 지하에 많은 양을 저장해놓고 있다가 필요할 때 가스 공급망 네트워크를 통해 조

달하면 된다.

그런데도 계절에 따른 재생에너지 생산과 에너지 수요가 춤을 추는 현상은 에너지를 완전히 전기화하는 데는 큰 장애물이라고 할 수 있다. 변동하는 계절별 에너지 수요의 균형을 맞추려면 엄청난 양의 에너지가 필요한데, 이런 에너지를 공급하는 데 있어 배터리는 아무 소용이 없다. 이런 목적으로 배터리를 이용하면 에너지 비용이 엄청나게 비싸진다. 유럽은 매년 난방과 냉방을 위해 약 5,300테라와트시의 전력을 소비하며 이 대부분은 겨울에 집중되어 있다.

우리가 재생 전력 생산의 간헐성에 대해 논하면서 살펴보았듯이, 1년에 300회 이상 충전과 방전 사이클을 반복한다고 했을 때 배터리에 유휴 에너지를 저장하는 비용은 메가와트시당 120달러 정도다. 만약 7월에 전기를 배터리에 충전해놓았다가 12월에 쓴다면 1년에 사이클은 1회밖에 안 된다. 배터리의 유휴 에너지 사용 시 들어가는 위의 비용을 생각해봤을 때 거의 수백 배에 달하는 금액이 든다. 배터리가 이런 목적으로 적합하지 않듯 양수식 발전소도 마찬가지다. 계절 변화에 따른 에너지 수요를 감당할 만한 정도로 많은 산정 호수가 존재하지 않기 때문이다.

그렇다면 유휴 전력 저장 시스템을 사용하지 않고도 겨울 전력 수요의 최고치를 감당할 수 있을 정도로 재생가능 전력의 발전 용량을 확대하면 어떨까? 그렇게 하면 여름에 엄청난 규모의 재생 전력 과잉 생산이 발생한다. 이는 곧 돈과 땅의 낭비를 의미하는 것이다.

계절에 따른 전력 수요의 증가는 오늘날의 전력망에도 큰 부담이 된다. 유럽의 에너지 수요는 기온이 떨어지는 겨울에 절정에 달한다. 영국과 같이 극단적으로 춥지 않은 곳에서도 겨울 최고조 시즌의 전력 수요는 평상시 전력망이 감당할 수 있는 용량의 몇 배다. 현재는 겨울철 초과 전력 수요를 천연가스 네트워크에 의존한다. 천연가스 공급망의 경우 이러한 초과 수요를 처리하는 데 필요한 전력 공급을 보장하도록 설계돼있다. 실제로 겨울철 유럽에서의 가스 수요량은 전기 수요의 최대 5배다. 가스의 경우 2,500기가와트고 전기는 590기가와트다.[5] 이 수치에 따르면 모든 에너지를 전기로 감당하기 위해서는 전력망을 엄청나게 확충해야 한다. 또한 이렇게 되면 이미 완벽하게 갖춰진 가스 공급망을 쓰지 않고 놀려야 하는 문제가 발생한다. 소비자들은 이 가스 공급망을 건설하기 위해 이미 큰 비용을 지급해왔다.

이러한 점을 고려하면 난방을 완전히 전기에 의존하려는 생각은 버리는 것이 좋을 것 같다. 물론 모든 곳에서 이런 계절에 따른 수요 변화가 일어나지는 않는다. 호주나 캘리포니아 같은 곳은 1년 내내 상당히 안정된 날씨를 보여준다. 따라서 재생가능 전력을 공급하는 측면에서나 에너지 수요 면에서도 급격한 변화는 없다. 이런 환경이라면 완전한 전기화도 가능할 것이다. 하지만 내가 살았던 미국, 영국, 이탈리아 북부는 상대적으로 추운 지역이라서 겨울에 필요한 만큼의 추가 에너지를 미리 저장할 수 있는 공간이 필요하다.

전적으로 재생가능 전력에 의해 움직이는 경제를 만들고자 하는 비전은 지난 몇 년 동안 꽤 큰 타격을 입었다. 완전한 전기화로 넷제로라는 목표를 달성하려면 극복해야 할 도전이 셀 수 없이 많다. 그렇다고 해서 재생가능 전력 분야에서 일어나는 혁명적인 변화와 커다란 진보가 이루어졌음을 부인할 수는 없다. 확실히 그것은 큰 진보이며 우리가 완전한 탈탄소화를 이룰 수 있도록 하는 중요한 토대를 마련해줬다. 하지만 탈탄소라는 목표를 달성하려면 전기를 도와줄 또 다른 어떤 것이 필요하다.

여름에 남는 여분의 태양에너지를 겨울에 쓰기 위해 저장해두고, 필요할 때 긴급 전력을 공급할 수 있도록 해주는 어떤 것. 지역과 계절 사이의 불균형을 해소하기 위해 천연가스처럼 이송할 수 있고, 재생가능 전력을 가장 효율적으로 생산해 저장할 수 있는 곳이면 어디든 사막의 태양과 대양의 바람을 에너지화 할 수 있도록 해주는 어떤 것. 기존에 존재하고 있는 강력한 천연가스 공급 인프라를 이용함으로써 전력망에 대한 대규모 신규 투자를 줄일 수 있도록 해주는 어떤 것. 화석연료 대신 다른 형태의 에너지가 있어야 하는, 탈탄소화가 어려운 분야에까지 공급할 수 있는 그 어떤 것.

이런 것을 가능하게 해주는 것이 바로 **분자**Molecule**다.**

순간적으로만 전선에 흐르는 전자와 달리 분자는 석유와 같은 액체 형태, 또는 나무, 석탄 조각과 같은 고체 형태, 심지어 기체 형태로도 수백만 년 동안 에너지를 저장할 수 있으며 필요할 경우 몇 초 안에 즉시 동력을 공급할 수 있다. 분자는 장거리 운송에도 적합하며 계절별 수요 공급 균형을 맞추기 위해 필요한 장기간의 저장이 가능하고 갈수록 증가하는 에너지 수요와 공급의 간헐성을 관리하는 데도 이상적이다. 문제는 완전한 넷제로 세상에서는 석유, 가스, 석탄을 사용할 수 없다는 데 있다.

따라서 우리에게 필요한 것은 **올바른** 분자다.

넷제로에 관해 이야기할 때 빠진 연결고리가 바로 다른 형태의 에너지 분야들 사이를 메꿔줄 수 있는 크로스오버 벡터Crossover vector와 같은 것이다. 이는 영단어 뜻 그대로, 전자와 분자의 세계 중간쯤에 걸쳐져 있고, 다른 에너지 시스템을 서로 연결해줄 수 있으며, 증가하는 글로벌 인구가 쓰기에도 충분한 양의 청정에너지를 공급할 수 있어야 한다는 의미다. 또한 지역별로 각기 다른 재생에너지 비용을 균등하게 조정해주고, 더욱 공정한 세계 경제를 만들 수 있어야 한다는 뜻이기도 하다. 우리는 그런 분자가 필요하다.

이러한 연결고리 역할을 할 수 있는 단순한 이 분자에 대해 더 자세하게 살펴보도록 하자.

·

제2부

수소: 사용가이드

THE HYDROGEN

REVOLUTION

6

수소 세계로의 진입

•

Enter Hydrogen

수소는 우주에서 가장 단순하면서도 가장 풍부하게 존재하는 원소다. 수소는 오랫동안 에너지 전달체로서 역할을 할 수 있을 것으로 논의돼왔다. 수소와 관련된 초기 실험들은 수소가 가진 엄청난 잠재력은 물론이고 수소가 전기와 매우 밀접한 관계에 있다는 사실을 밝혀냈다. 이 두 가지 특성 모두 수소를 향한 과학계의 뜨거운 열정을 불러일으키기에 충분했다. 하지만 수소가 약속했던 위대한 에너지 연결체로서의 미래는 아직 실현되지 않았다.

수소의 역사는 우주의 탄생 직후, 뜨거웠던 137억 년 전으로 거슬러 올라간다. 빅뱅 이후 처음 37만 년 동안 우주는 전자와 양성자 그리고 양성자 및 중성자가 뭉쳐져 생긴 핵으로 만들어진 플라스마라고 불리는 뜨거운 입자 수프로 채워져 있었다. 시간이 지나면서 우주 온도가 점점 낮아졌고 전자와 양성자가 결합해 수소 원자가 생성됐다. 원시 우주 용광로에서 수소 원자는 다른 원소들보다 훨씬 많은 양이 만들어져 나왔으며, 심지어 오늘날에도 수소 원자가 우주를 지배하고 있다. 그뿐만 아니라 수소는 별을 구성하는 주요 물질이기도 하다.[1] 태양의 90퍼센트 이상이 수소로 이루어져 있고 우주 전체에는 수소가 옅은 안개처럼 흩어져있다. 거대한 성간 가스구름 내의 수소는 우리가 보통 지구에서 볼 수 있는 분자 형태를 취한다. 2개의 수소 원자인 'H'가 결합해 하나의 수소 분자인 'H_2'를 만든다.

수소는 가장 단순한 원자다. 수소의 구조는 하나의 전자가 하나의 양성자 주위를 도는 형태로 돼있다. 수소의 놀랍고도 때로는 성가신 모든 성질은 이 구조에서 비롯된다. 이 원시 원소가 가진 에너지 연결체로서의 위대한 잠재성은 우리가 수소의 기원과 내적 특징을 알기 훨씬 전부터 나타나기 시작했다.

우리가 처음 수소를 접하게 된 것은 16세기 테오파라투스 봄바스토스 폰 호엔하임Theophrastus Bombastus von Hohenheim의 실험에서였다. 스위스 출신의 물리학자인 그는 자기 홍보에도 뛰어난 인물이었는데, 우리가 자주 쓰는 '폭발적bombastic'이라는 단어도 바로 그의 이름에서 유래된 것이었다. 파라셀수스라는 별명으로 우리에게 더 잘 알려진 호엔하임은 철이 황산에 녹는다는 사실을 처음으로 발견했다. 그리고 그는 이 과정에서 신비스러운 가스가 방출된다는 사실을 알게 됐다.[•] 그의 뒤를 이어 테오도르 투르케 드 메이어 Théodore Turquet de Mayerne가 같은 실험을 반복했다. 드 메이어는 이때 발생하는 신비한 가스에 불을 붙여보고 이 가스가 얼마나 인화성이 강한지 알았다.

이제 시계를 빨리 돌려 1766년으로 가보자. 헨리 캐번디시Henry Cavendish는 런던에 있는 자기 개인 실험실에서 어떤 기체의 거품을 모아봤다. 파라셀수스와 드 메이어가 했던 것과 비슷한 종류의 실험을 통해 생성된 가스였다. 하지만 이전과 달리 이번에는 염산에 아연을 녹일 때 발생하는 가스였다. 그는 이 거품들에 불을 붙여보면서 흥미로운 실험을 이어갔다. 그 과정에서 그가 새롭게 발견한 사실이 있다. 그것은 이 가스를 태우면 예상치 못한 부산물이 발생한다는 것이었다. 바로 물이었다. 1781년 캐번디시는 오늘날 우리가 잘 알고 있는 사실, 즉 물이 두 가지 기체가 합쳐진 것이라는 사실을 증명해냈다. 프랑스 혁명 중에 목숨을 잃었던 천재적인 프랑스 귀족 앙투안 라부아지에Antoine Lavoisier는 이 기체들에 **수소(물을 형성한다는 의미다)**와 산소라는 현대적 이름을 붙임으로써 근대 화학 시대를 열었다.

물리학 지식을 바탕으로 이러한 사건들을 뒤돌아보면 더 깊

● 우리가 지금 알고 있는 바와 같이 철은 황산과 반응해 황화철과 수소 분자 가스를 만든다. 철(Fe) + 황산(H_2SO_4) → 황화철($FeSO_4$) + 수소(H_2).

이 이해할 수 있다. 수소 내의 고립 전자는 다른 원소들에 의해 쉽게 포집돼 새로운 물질을 형성하는 성질을 가졌는데, 물이 바로 그중 하나다. 캐번디시의 흥미를 끌었던 연소 현상은 수소 분자 'H₂'가 산소 원자 'O'와 결합해 물 'H₂O'을 형성하면서 에너지를 방출하는 과정이었던 셈이다.

드 메이어, 캐번디시, 라부아지에는 수소가 가진 가연성에 매료됐다. 이 사건들은 수소가 가진 에너지원으로서의 엄청난 잠재력을 드러내는 일들이었다. 이 에너지 잠재력은 라부아지에와 대석학 피에르 사이먼 라플라스^Pierre-Simon Laplace가 공동으로 벌인 실험에서도 확인됐다. 그들은 수소에 불을 붙이면 얼마나 뜨거워질지 측정하는 실험을 진행했다. 실험 결과, 온도는 측정 가능 범위를 벗어났다. 수소 1킬로그램을 연소하면 일반적인 자동차의 경우 130킬로미터를 주행할 수 있다. 또한 일반 가정에서는 이틀간 난방하기에 충분한 에너지를 얻을 수 있다.

뒤이어 그런 미래를 위한 비전의 핵심이라고 할 수 있는 수소와 전기와의 친밀성을 보여주는 증거가 발견됐다. 1792년 어느 일요일, 발명가 알레산드로 볼타^Alessandro Volta는 코모 호수의 둑에서 시행한 실험에서 2개의 금속판을 소금물이나 수산화나트륨에 적신 종이나 천으로 분리하면 그 사이에서 전류가 발생한다는 사실을 발견했다. '볼타의 전지'는 최초의 배터리라고 할 수 있다.● 볼타가 이 결과를 발표하고 6주가 채 지나지 않은 시점에 영국 과학자 윌리엄 니컬슨과 앤서니 칼라일은 역사책에서는 자주 다뤄지지 않지만 실제로는 매우 중요한 의미를 갖는 어떤 실험을 수행했다. 1800년 이들은 볼타의 실험을 다른 방식으로 재현해봤다. 두 명의 과학자가 볼타의 전지에 전선을 연결한 후 전선의 양 끝을 물이 담긴 용기 속에 넣자 물속에 잠긴 전선 사이에서 거품이 발생하는 것이 보였다. 물을 통과한 전류가 물을 2개의 기체로 분리한 것이었다. 그들은 이 실험을 통해 전기분해 장치를 발명했다. 오늘날 우리는 이 장치를 이용해 재생가능 전력으로 수소를 만들고 있다.

처음으로 전기분해 현상에 관해 분명하게 설명한 것은 독일의 화학자 요한 빌헬름 리터Johann Wilhelm Ritter였는데, 그는 독립적이고 활기찬 사람이었고 괴테와 대석학 알렉산더 폰 훔볼트의 친구이기도 했다. 다음은 리터가 만든 전기분해 장치에 관한 간단한 설치법이다. 용기를 하나 고른 다음 물을 채우고 금속 막대 2개를 약간의 거리를 두고 물속에 담근다. 그런 후 물 위로 드러난 금속 막대를 배터리에 연결하면 전극 2개가 만들어진다. 그러면 배터리로부터 가해지는 전압에 의해 전극에서는 화학 반응이 유도된다. 한쪽

● 우리에게 새로운 눈을 뜨게 해준 볼타의 발견은 꽤 기괴한 기원을 가졌다. 1780년부터 1790년대 초까지 10여 년 과학자들은 동물은 '생체 전기'라고 불리는 생명에너지에 의해 구동된다고 생각했다. 이 개념은 볼로냐 출신의 의사 루이지 갈바니가 1780년 아내 루시아와 함께 발견한 현상을 설명하기 위해 제안했던 내용이었다. 그들은 전기 스파크를 가하면 죽은 개구리의 다리 근육이 경련한다는 사실을 발견했다. 이런 실험을 토대로 갈바니는 살아있는 동물들은 각자 자신들만의 전기를 가지고 있다고 결론지었다. 하지만 생체 전기와 금속 전기 사이의 이러한 구별은 오래가지 못했다. 갈바니의 설명에 의구심을 품은 볼타는 서로 다른 금속판 사이에 자신의 혀를 넣었다. 당연히 전기를 통했고 전기 충격이 느껴졌다. 볼타는 두 금속판 사이의 전기가 생체 조직을 통과하여 흐를 수 있다는 것을 몸소 보여주었다.

전극에서는 물 분자가 갈라져 산소, 양성자, 전자가 생성된다. 이때 전자는 전선을 따라 양극으로 이동하고, 산소는 기체로 변하고, 양성자는 액체 안을 떠돌아다니게 된다. 이렇게 액체 안을 떠돌아다니던 양성자들은 음극에서 제공되는 전자와 만나 수소 분자 가스가 된다. 물이 가득 찬 유리 용기 2개를 각 전극 위에 뒤집어 엎어놓으면 전기분해 과정에서 발생한 가스가 유리 용기 안의 물을 밀어내며 채워질 것이다.

리터의 실험에는 일반적인 전기분해 장치에 필수적인 격막이 없다. 리터로서는 격막이 필요하지 않다고 느꼈거나 혹은 생각해내지 못했을 것이다. 격막은 물속에 흐르는 전류를 차단하지 않으면서도 산소 기포와 수소 기포가 만나서 반응(폭발이라고도 한다)하는 것을 방지하는 역할을 한다.

마지막 디테일: 순수한 물에는 전기가 잘 흐르지 않는다. 그래서 우리는 물에 전해질을 첨가해준다. 즉, 전해질은 전기분해를 일으키는 데 필요한 또 다른 화학물질이다. 소금을 넣어도 되고 혹은 황산을 조금 첨가해도 된다. 실제 생활에서는 그 외에도 전기분해 속도를 높이기 위해 많은 다른 전해질들이 사용된다.

니컬슨과 칼라일이 전기분해 장치를 발명한 지 얼마 되지 않아 그 과정을 거꾸로 해보려는 시도가 있었다. 전기분해는 원리상 역방향으로도 작동해야 한다는 아이디어에 근거한 시도였다. 이것이 오늘날 우리가 연료전지라고 부르는 것이다. 수소 원자가 음극으로 들어가면 화학반응을 통해 전자를 잃게 된다. 이렇게 형성된 양전하를 띤 양성자는 격막을 통과해 양극으로 이동하게 되고 음전하를 띤 전자는 회로를 통해 흐르게 된다. 최종적으로는 공기 중에 있는 산소와 양성자가 전자와 같이 결합해 연료전지의 부산물인 물과 열이 만들어진다.

최초의 연료전지를 만든 공로는 독일계 스위스인 화학자 크리스티안 프리드리히 쇤바인Christian Friedrich Schonbein과 웨일즈 판사 윌리엄 그로브William Grove 경이 나눠 가져야 할 것이다. 이 두 사람은 거의 같은 실험을 통해 동일한 사실을 발견해냈다. 1839년 발명된 그로브의 두 번째 전지는 현대적 연료전지의 전신이라고 할 수 있다. 그는 백금 전극 2개를 황산 용액에 담근 다음, 각 전극의 다른 쪽 끝을 별도의 용기에 넣어 밀봉했다. 하나는 산소를, 다른 하나는 수소를 담고 있는 용기였다. 두 전극을 전선으로 연결하자 즉시 전류가 흘렀다.[2]

이런 실험 결과가 발표되자 많은 작가들에게 수소는 미래 세상

전기분해 장치 및 연료전지

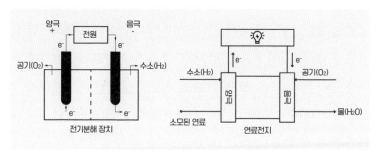

의 연료가 됐다. 1874년 소설《신비의 섬》에서 쥘 베른은 물이 언젠가는 연료로 사용될 것이라고 상상했다. 물을 전기분해할 경우 그것을 구성하는 원소인 수소와 산소로 쪼갤 수 있고 이를 이용하면 열과 빛을 무궁무진하게 얻을 수 있기 때문이다.

얼마 지나지 않아 한 선각자에 의해 쥘 베른의 꿈이 실현되는 것처럼 보였다. 풀 라 쿠르Poul la Cour는 1870년대 교육계에 몸담기 전, 전신 분야에서 일했던 덴마크의 발명가였다. 그는 특히 중공업이 출현하고 도시가 확장되는 와중에 농촌에서 자라는 젊은이들이 처했던 어려움에 대해 걱정이 많았다. 라 쿠르는 농촌공동체도 현대화될 필요가 있다고 봤다. 이를 위해서는 농촌에서도 도시들이 풍요롭게 누리는 두 가지에 접근할 수 있어야 한다고 생각했다. 바로 교육과 풍부한 에너지다.

라 쿠르는 이 두 가지를 동시에 해결하고자 함으로써 그의 천재성을 발휘했다. 그의 가르침과 당시의 계몽 사상에 일부 힘입어 인근 지역에서 한 세대의 기술자들이 육성됐다. 그가 제안했던 아이디어는 덴마크의 시골 마을을 대도시로부터 독립해 자생하는 하나의 기업으로 만들자는 것이었다.

라 쿠르는 덴마크의 풍부한 풍력에 눈을 돌렸다. 산업혁명이 유럽을 휩쓸고 있는 시기에 덴마크가 이웃 국가들과 경쟁하려면 믿을만한 에너지원이 필요했다. 덴마크의 경우 석탄은 부족했지만 풍력은 충분했다. 그가 풍력에 관심을 가진 것은 확실히 선견지명이 있었다고 볼 수 있지만 그렇다고 해서 그런 아이디어가 갑자기 나타난 것은 아니었다. 당시 네덜란드에서는 풍차를 발전에 이용하려는 시도가 있었다. 하지만 여기에는 두 가지 어려움이 있었고, 이로 인해 거의 포기 상태였다. 첫째, 네덜란드의 전통적인 풍차는 전기를 생산하는 데 있어서 절망적일 정도로 효율이 낮았고, 누구도 이것을 개선할 뚜렷한 대책을 가지고 있지 않았다. 둘째, 일단 전기의 특성상 생성되면 바로 사용해야 하는 제약조건이 있었다. 바람이 잠잠해지면 전기 공급도 끊어지므로 나중에 사용할 수 있도록 전기를 저장하는 수단이 필요했지만, 당시에는 배터리 가격이 터무니없이 비쌌다.

라 쿠르는 이 어려움을 해결하기 위해 노력했다. 우선 그는 전통적인 네덜란드 풍차를 다시 디자인했다. 전기를 생산하는 발전기를 돌리기 위해 돛을 새롭게 디자인한 것이었다.● 두 번째 과제인 발전된 전기를 저장하는 문제를 해결하기 위해 애스코브Askov 마을 근처의 오래된 물방앗간을 풍차로 개조한 다음 여기서 발전된 전기로 물을 전기분해해서 수소를 생산했다. 그런 다음 이탈리아의 물리학자 폼페오 가루티와 협력해 탱크에 수소를 채웠고 이 수소를 연료로 직접 사용했다. 이런 일련의 시도는 결코 쉬운 일들은 아니었다. 당시 수소 생산량은 1시간당 1천 리터에 달했다.

1895년부터 1902년까지 라 쿠르가 재직했던 애스코브의 포크고등학교는 그가 제작한 풍차 덕분에 늘 환하게 불을 밝힐 수 있었

●　그를 후원하던 정부 관계자들은 뭔가 대단한 것을 기대했으나 라 쿠르가 만든 장치가 흔하게 주위에서 볼 수 있는 풍차임을 발견하고는 자금 지원을 중단하겠다고 위협했다. 다행히도 라 쿠르의 기술로 달성할 수 있었던 수소 생산의 효율성 덕분에 자금 지원 중단을 재고하도록 설득할 수 있었다.

다. 풍차에 설치된 수소탱크에 저장된 12입방미터의 수소 덕분이었다. 애스코브의 풍차는 1902년 마을 전체에 전기를 공급하는 발전소의 원형이 됐고 1958년 배터리와 석유 엔진으로 긴급 전력을 공급하게 될 때까지 사용됐다.

이렇듯 1세기도 더 전부터 수소가 가진 잠재력은 이미 증명된 바 있다. 1킬로그램의 수소 분자 속에는 엄청난 양의 에너지를 담을 수 있다. 이미 오래전부터 우리는 전기를 수소로 바꾸고 나중에 필요에 따라 다시 수소를 전기로 되돌리기 위한 기본적인 도구들을 갖추고 있었다. 적어도 덴마크의 한 마을에서는 1902년 초에 수소를 에너지원으로 사용하고 있었다. 하지만 수소는 전 세계적인 인기를 끄는 데 실패했다. 이유가 무엇일까?

근본적인 문제가 있었다. 첫째, 수소는 밀도가 너무 낮아 다루기가 힘들었다. 둘째, 편하게 사용할 수 있고 양도 풍부한 화석연료와 달리 수소는 지구상의 다른 원소들로부터 분리해내는 것이 극도로 어려웠다.

수소 자원 혁명

7

환상적 비행:
수소의 초기 사용

•

Flight of Fancy: Hydrogen's Early Uses

하나의 양성자 주위를 전자 하나가 공전하는 구조로 이루어진 수소는 우주에서 가장 단순할 뿐만 아니라 가장 가벼운 원소다. 이런 이유로 수소는 밀도가 높은 화석연료보다 저장과 취급 면에서 훨씬 어렵다. 오랫동안 우리는 수소의 에너지적 측면은 외면해왔다. 대신 다른 원소와는 비교할 수 없을 정도로 가벼운 수소의 성질을 이용해 하늘 위로 올라가는 용도로만 사용해왔다. 하지만 그것은 수소가 가진 진정한 소명은 아니다.

1입방미터의 수소는 표준 대기압 및 온도에서 무게가 89그램밖에 나가지 않는다. 이에 따라 같은 양의 에너지를 얻는 데 휘발유보다 3천 배나 많은 공간이 필요하다. 처음 1세기 이상 동안은 수소를 얻는 것 자체가 너무 어려울 정도로 귀했다. 그 때문에 수소가 가진 에너지적 잠재력은 무시한 채 가벼움을 이용하는 데만 집중했다.

몽골피에Montgolfier 형제는 1783년 여름 첫 번째 열기구를 타고 하늘로 올라갔다. 당시에는 아무도 왜 풍선이 하늘 위로 올라가는지 정확히 알지 못했다. 몽골피에 형제는 젖은 건초에서 나오는 연기가 열기구를 하늘로 올리는 역할을 한다고 생각했다. 그들 형제는 재능 있는 발명가이긴 했지만 과학자는 아니었다.

그 시대 다른 사람들처럼 열기구 마니아였던 앙투안 라부아지에는 수소가 뜨거운 공기보다 훨씬 가볍다는 사실을 깨닫고 이 엄청나게 가벼운 수소가스를 이용해 하늘을 나는 열기구를 디자인하기 위해 펜을 들었다. 하지만 이때는 전기분해 장치가 발명되기 전이라서 라부아지에는 물을 쪼개는 자신만의 방법을 찾을 필요가 있었다. 1783~84년경 겨울 라부아지에는 수소를 만드는 자신만의 방법을 발견했다. 붉게 달아오른 대포 안으로 증기를 통과시켜 수소를 생성시키는 방법이었는데, 이는 육군 장교 장 바티스트 뫼스니에와 함께 개발한 것이었다.

물리 및 화학 교사였던 장 프랑수아 필트레 데 로지어Jean-François Pilâtre de Rozier는 수소에 매료돼 몽골피에와 함께 열기구 비행을 하기도 했다. 열기구 비행에서 풍선의 고도를 조절하는 것은 매우 중요한 일이다. 하지만 그때까지만 하더라도 이는 다소 운에 좌

우되는 일이었다. 필트레 데 로지어는 풍선의 고도를 조절하는 멋진 아이디어를 내놓았다. 열기구가 하늘을 나는 데 필요한 대부분의 양력은 외층에 채워진 수소로부터 받고, 가운데 코어 부분에는 뜨거운 공기를 채워 열기구의 비행 고도를 조절하도록 하는 이중 구조의 열기구를 설계한 것이었다.

필트레 데 로지어와 그의 동료 피에르 로맹 Pierre Romain은 자신들의 열기구 설계가 혁명적이라고 확신했고, 1785년 6월 15일 열기구로 영국 해협을 건너기 위해 프랑스 불로뉴쉬르메르 Boulogne-sur-Mer에서 출발했다. 그런데 출발한 지 약 30분 후 바람이 막무가내로 풍선을 해안으로 다시 돌려보내자, 이들은 '위험 신호'를 내보내면서 열기구의 격자를 화로 위로 내리기 위해 안간힘을 썼다. 하지만 이미 때는 늦었었다. 큰 공 모양의 열기구를 채우고 있던 인화성 물질이 금방 실크 내의 빈 공간으로 내려왔고, 열기구의 목 부분을 형성하고 있던 튜브가 빠르게 밑으로 떨어지면서 화로 근처까지 내려왔다. 이어서 인화성 물질이 용광로의 하단에 퍼지면서 열기구에 불이 붙었다.[1]

그 폭발은 엄청난 사건이었고 그로 인해 이중 구조의 열기구 디자인은 조용히 사라졌다. 이후 공기보다 가벼운 불활성 기체인 헬륨을 사용할 수 있게 될 때까지 이 디자인은 세상 밖으로 나오지 못했다. 그러나 놀랍게도 이 사고로 인해 수소에 관한 연구가 멈춘 것은 아니었다. 그렇다. 수소는 인화성 물질이다. 하지만 그래서 어떻다는 것인가? 당시 버드나무 잔가지로 엮은 바구니 속에 매달아 놓은 화로에서 짚을 태워 공기를 뜨겁게 데우는 원리를 이용하는 열기구는 위험하기로 따지면 훨씬 더 했다. 그래서 150년 동안 많은 발명가와 모험가들이 수소를 열기구에 부력을 제공하는 수단으로 사용하자고 주장해온 것이다.

독일 장교 페르디난드 폰 체펠린Ferdinand von Zeppelin은 1891년 군대에서 퇴역한 후 수소로 채워져 공기보다 가벼운 철골 프레임의 비행 무기를 만들기 시작했다. 페르디난드 백작의 아이디어에서 시작된 체펠린 비행선은 처음에는 우편물 운반에 이용됐다. 하지만 1차 세계대전에서 이 비행선은 2톤의 폭탄을 싣고 시속 85마일로 이동하며 서유럽을 공포에 떨게 했다. 하늘을 나는 비행선을 격추하기는 매우 어려웠다. 일반적인 총알로는 체펠린 비행선에 구멍을 낼 수는 있지만 수소는 매우 가볍고 빠르게 흩어지는 성질을 가지고 있어서 비행선 내의 수소에 불을 붙일 수는 없기 때문이었다. 영국의 하늘에 위협이 되던 이 비행선을 제거하기 위해서는 수소를 폭발시킬 있는 특수 총탄이 개발돼야 했다.

전쟁이 끝나고 평화가 찾아오자 체펠린이 디자인했던 비행선은 극지탐험에서 세계일주에 이르는 전율 넘치는 프로젝트에서 그 역할을 찾았다. 그 후 LZ-129힌덴부르크와 그의 자매 비행선 LZ-130그라프체펠린 2호는 대륙 간 정기 상업비행 시대를 열었다.

안전은 그들이 내세우던 비행선의 가장 큰 마케팅 포인트였다. 그라프체펠린의 경우 단 1명의 사망자도 없이 160만 킬로미터 이상을 비행했다며 비행선을 선전했다. 이것은 그 당시 어떤 비행기도 따라올 수 없는 기록이었다. 그러나 이 비행선은 악천후에 제대로

수소 자원 혁명

대응하지 못한다는 단점도 가지고 있었다. 당시 날씨와 관련된 비행선 사고가 증가하는 추세였다. 그러던 중 1937년 5월 6일 미국 뉴저지주 레이크허스트 해군 비행장의 계류탑에 정박하려던 **힌덴부르크**에서 불길이 치솟으며 지상으로 추락하는 사고가 발생했다. 탑승자 97명 중 33명은 비행선에서 떨어지거나 뛰어내리다가 사망했으며 다른 2명은 섬유와 디젤연료에 붙은 불에 화상을 입어 사망했다. 지상 근무자 중 1명은 떨어지는 모터에 맞아 사망했다.

화재가 **힌덴부르크**의 수소 공급 장치로부터 시작됐는지는 여전히 논란이 있다. 하지만 논점은 이게 아니었다. 중요한 것은 수소 비행선이 더 이상 하늘을 날 수 없게 됐다는 점에 있었다. 끔찍한 사건 장면을 찍은 영상과 현장에서 생중계된 생생하고 가슴 아픈 라디오 방송으로 인해 여객 비행선 시대는 빠르게 종말을 고했고, 사고는 사람들의 마음속에 수소와 활활 불타는 지옥 같은 장면 사이에 강한 연결고리를 심어놓았다.

열기구는 수소가 그 가능성을 시험한 하나의 우회로였을 수는 있다. 사실 수소가 가진 진정한 강점은 공기보다 가벼운 성질보다는 거대한 에너지 잠재력에 있다. 그동안 수소의 이러한 장점을 살리는 데 너무 오랜 시간이 걸렸다. 풍부하고 값싼 화석연료에 비해 수소의 경쟁력은 한참 부족했다.

8

석유의 유혹

•

The Allure of Oil

지구에 존재하는 수소는 모두 다른 분자 내에 갇혀 있다. 반면 화석연료는 우리가 자유롭게 사용할 수 있도록 노출돼있다. 이 때문에 수소는 화석연료와 경쟁하기 어렵다. 이 둘은 기울어진 운동장에서 경쟁하고 있다. 하지만 석탄, 석유, 가스에는 우리가 미처 고려하지 않았던 숨겨진 비용이 있다. 이 숨겨진 비용을 정확하게 파악해야만 분자 족쇄로부터 수소를 해방하는 것이 얼마나 중요한지 드러날 것이다.

취급하기 힘든 성질을 가지고 있다는 사실과는 별개로, 수소의 상용화가 어려운 이유는 화석연료와 달리 수소는 그냥 파내서 태울 수 없다는 데 있다. 지구에서는 순수한 형태의 수소를 자연 상태에서는 보기 어렵다.[1] 수소는 반응성이 높은 고립 전자인 까닭에 늘 다른 원소들과 결합한 상태로 존재한다. 따라서 우리가 보는 수소는 늘 다른 원소들과 화학적으로 결합해있는 상태로 있다.

수소 대부분은 지구 표면의 75퍼센트를 덮고 있는 물, 즉 'H_2O'의 형태로 존재한다. 우리 몸을 구성하는 원자의 60퍼센트도 수소다. 대부분의 유기화합물에서 수소는 탄소와 결합한 상태로 존재한다. 이름에서 알 수 있듯 탄수화물은 수소와 탄소의 결합물이다. 또한 유기물질이 오랜 세월을 거치면서 만들어진 화석연료(다양한 양의 수소와 탄소로 만들어진 탄화수소)에서도 수소는 탄소와 함께 발견된다. 탄소와 수소 모두 산소와 결합하는 과정에서 에너지가 생성된다는 점에서는 같다. 하지만 이 과정에서 탄소는 이산화탄소를 생성하지만 수소는 물을 생성한다. 따라서 수소를 많이 함유한 연료가 더 친환경적이다.

수소는 자기들끼리 결합하는 것을 좋아한다. 화학반응 도중 수소가 생성될 때는 일반적으로 단일 원자가 아니라 한 쌍의 수소 원자인 'H'가 결합해 수소 분자 'H_2'의 형태로 존재하게 된다. 수소는 현존하는 분자 중에서 가장 가벼워 매우 빠른 속도로 움직이고 대기권 상층부에 있는 수소 분자는 지구를 탈출할 수 있는 속도에 도달해 우주 밖으로 빠져나가게 된다. 이것이 우리 대기권에 수소가 존재하지 않는 이유다.

수소 자원 혁명

연료별 수소 함량

	탄소 함량	수소 함량	메가와트시당 이산화탄소 배출량
석탄	>90%	5%	900kg
원유	84~87%	11~13%	565kg
천연가스	75%	25%	365kg
수소	0%	100%	0kg

따라서 지구에서 수소를 얻기 위해서는 다른 원자와 결합한 상태의 수소를 분리해야 한다. 수소를 다른 원소로부터 분리해내는 데 들어가는 에너지는 그만큼의 수소를 태웠을 때 우리가 얻는 에너지와 비슷하다. 수소가 가진 이러한 한계 때문에 한동안 수소는 에너지 시장에서 변방으로 밀려났다. 그렇다면 이런 의문이 들 수 있다. 우리가 가진 전기를 이용해 굳이 물에서 수소를 분리해내는 이유는 무엇인가? 그 전기를 그냥 쓰면 되는데 말이다. 또한 전기가 없을 경우는 밀도 높은 고체 형태이며 이동이 가능하고 즉시 사용 가능한 에너지가 화석연료의 형태로 지천에 깔려 있지 않은가? 화석연료는 수백만 년 전 태양에너지를 몸에 저장하기 위해 활동했던 식물과 동물들로부터 만들어졌다. 그 유기물들은 땅에 묻힌 후 천천히 열과 압력에 의해 석탄, 석유, 천연가스가 됐다. 인간이 이렇게 자연에서 풍부하게 구할 수 있는 화석연료를 이용하는 것은 전혀 놀라운 일이 아니다. 추출하기 위해 들이는 조금의 노력을 제외

하면 화석연료는 공짜 자원인 것처럼 보인다. 하지만 여기서 설명하지 않은 두 가지 사실이 있다.

첫째, 화석연료는 양이 한정돼있다. 화석연료는 사용하면 사라진다. 지속 가능한 에너지 시스템을 만들지 않고 화석연료를 아무 생각 없이 되는대로 태워버리는 것은 대대로 내려온 가문의 소중한 재산을 팔아 치우는 것과 같다. 석유 자원이 얼마나 귀중한지 알려면 이렇게 생각해보라. 1리터의 휘발유를 만들기 위해서는 선사 시대부터 매장된 식물 25톤 정도가 필요하다.[2] 현재 포플러 목재 1톤의 가격은 90유로다. 휘발유 1리터를 만들려면 우선 2,250유로를 지급하고 25톤의 목재를 준비해야 한다. 그런 다음 목재가 고압에서 석유가 될 때까지 몇백만 년을 기다려야 한다. 이런 맥락에서 본다면 주유소에서 넣는 휘발유는 크게 저평가된 셈이다. 우리는 20마일 떨어진 할머니 댁에 갈 때마다 40에이커의 땅에 있는 나무를 베어버리고 있다. 이러한 환산법은 퍼듀대학교의 생태학자였던 제프리 S. 듀크스Jeffrey S. Dukes가 생각해냈다. 그는 이렇게 말했다. "하루에 사람들이 소비하는 화석연료는 1년 내내 육지와 바다에서 자라는 모든 식물과 맞먹는 양이다."

둘째, 우리가 지금 잘 알고 있듯이 오래된 탄소를 태워서 대기 중으로 뿜어내는 것은 결코 현명한 일이 아니다. 화석연료를 태움으로써 드는 환경 비용은 어느 면에서 보나 매우 비싸다고 할 수 있다. 이산화탄소의 가격을 결정하는 방법이 한 가지 있다. 화석연료를 사용하는 대신 현재 사용할 수 있는 가장 저렴한 청정에너지 대안을 사용했을 때 지급해야 하는 비용을 화석연료에 부과하는 것이다. 이러한 방식으로 계산해보면 오늘날 이산화탄소 가격은 톤당 약 30달러 정도다. 사실 이 비용만큼을 배럴당 13달러인 현재의 석유 가격에 더해야 공정한 가격이 된다. 현재로서는 이렇게 탄소 가격을 계산하더라도 이는 꽤 낮은 편이다. 탈탄소화 여정의 시작 단계에 있는 우리로서는 쉽게 따먹을 수 있는 낮게 매달린 과일들이 많다. 하지만 탈탄소화하기 어려운 분야로 점차 옮겨가면 에너지 전환을 유도하기 위해 우리가 화석연료에 부과해야 하는 이산화탄소 비용이 점점 커져서 2050년경에는 톤당 약 120~130달러가 될 것이다.[3]

이산화탄소가 배출되기 전 혹은 배출된 이후에 이산화탄소를 다시 포집하는 데 드는 비용이 얼마인지 살펴보는 것도 이산화탄소 비용을 산출하는 또 다른 방법이다. 오늘날 탄소 포집 및 저장 기술 CCS Carbon Capture and Storage에 드는 비용은 천연가스발전소의 경우 톤당 약 90달러다.[4] 현재로서는 공기로부터 이산화탄소를 포집하는 직접공기포집에 드는 비용이 톤당 약 200달러지만[5], 2040년 이후에는 톤당 60달러 수준으로 떨어질 것으로 예상된다.[6] 이 정도 비용이라면 대기 중에서 직접 이산화탄소를 제거하는 직접공기포집이 다른 방법으로 이산화탄소를 제거하는 것보다 비용 측면에서 훨씬 저렴하다. 앞으로 넷제로를 위한 툴박스에서 정말 유용한 도구가 될 수 있다.

물론 우리가 탄소 배출량을 줄이지 않는다면 갈수록 지급해야 할 탄소 비용은 더 높아지게 될 것이다. 지구온난화로 인해 농업, 어업, 목재 분야에서 홍수방지 시스템과 같은 것을 구축해야 할 때 발생하는 비용을 생각해보라. 더불어 탄소 비용에는 다른 생물종과 생태계를 복원하는 데 필요한 비용도 포함된다. 지구온난화의 가장 극단적 시나리오에서는 이 비용이 무한대가 된다. 2020년 기준으로 이산화탄소 배출의 생태학적 비용을 계산하는 모델에 의하면 1톤의 이산화탄소 당 160달러의 비용이 드는 것으로 추정된다. 이 계산에 따르면 현재의 이산화탄소 배출량을 금액으로 환산하면 연간 6조 달러 이상에 해당하고 이것은 전 세계 국내총생산GDP의 약 8퍼센트에 해당하는 금액이다. 이러한 비용을 고려할 때 가장 효과적인 방법은 2050년까지 전 세계가 넷제로 상태에 도달함으로써 기온 상승폭을 1.5도 이하로 유지해야 한다는 것이 연구의 결론이다.[7]

우리는 화석연료를 사용함으로써 발생하는 비용에 대해서는 오랫동안 무시해왔다. 그랬기에 석탄, 석유, 그리고 최근에는 천연가스를 에너지원으로 선택할 수 있었다.

오늘날의 수소는 비료의 원료로 쓰이거나 석유를 정제하는 과정에 사용하는 것과 같이 주로 비 에너지적인 목적으로 사용되고 있다. 이런 종류의 수소는 주로 화석연료로부터 만들어진다. 현재 우리가 생산하는 수소의 16퍼센트는 석탄에서, 또 다른 30퍼센트는 석유로부터 만든다. 상대적으로 석탄보다는 석유가 환경 측면에서 청정한 수소 공급원이라고 할 수 있으나 둘 사이에 큰 차이는 없다. 현재 우리가 생산하는 수소의 절반은 증기 개질(열이나 촉매의 작용으로 탄화수소의 구조를 변화시켜 휘발유의 품질을 높이는 석유 정제 공정)이라고 불리는 과정에서 나오는 천연가스(대부분 메탄)로부터 만들어진다. 천연가스를 증기와 혼합한 후 고온과 고압 하에서 니켈 촉매를 통과시키는 공정을 거친다. 니켈 촉매는 천연가스와 증기의 혼합물을 수소, 일산화탄소, 이산화탄소와 물로 분해한다. 여기에 추가로 스팀을 공급해 또 다른 촉매를 통과시키면 일산화탄소는 이산화탄소로 변환된다. 높은 에너지 비용이 드는● 이런 과정을 통해 물과 수소가 얻어진다. 그리고 동시에 수소 1톤당 약 11톤의 이산화탄소가 발생한다. 업계에서는 이렇게 생성된 수소를 '그레이수소'라고 부른다. IEA에 따르면 현재 그레이수소를 얻는 공정에서 전 세계 탄소 배출량의 2.2퍼센트가 발생하고 있다.

우리는 수소가 가진 에너지로서의 잠재력과 전기와의 관계에 대해서는 오래전부터 알고 있었지만, 화석연료에 비해 너무 비쌌기 때문에 사용할 수 없었다. 하지만 현재 기후변화는 화석연료가 없는 세상에 대해 심각하게 생각해볼 것을 우리에게 강요한다. 물론 재생가능 전력은 화석연료를 대체하는 데 있어 핵심적인 역할을 할 것이다. 하지만 살펴보았듯이 모든 부문을 직접적으로 전기로 대체하는 데는 한계가 있다. 수소는 분자적 특성으로 인해 잠재적으로 재생 전력의 훌륭한 파트너로 자리매김하게 됐다. 하지만 분명한 것은 그레이수소로는 그런 임무를 수행할 수 없다는 것이다. 고맙게도 그간 우리는 청정하게 수소를 만드는 많은 방법을 개발해놓았다.

● 이 반응을 촉진하기 위해서 사용한 천연가스의 4분의 1 정도를 제거할 필요가 있다.

9

수소,
어떻게 추출할 것인가

The Hydrogen Rainbow: Extraction Methods

그간 우리는 탄소를 다량 배출하지 않고도 수소를 추출할 수 있는 많은 방법을 알아냈다. 그린, 블루, 다크그린, 핑크, 청록과 같은 다양한 색깔의 수소 추출 방법을 갖고 있다는 것은 매우 좋은 일이다. 더 많은 공급원을 가지고 있다는 것은 더 큰 유동성, 공급의 안정성 그리고 이들 간에 경쟁이 이루어짐을 의미할 것이다.

화석연료와 달리 수소는 땅에서 파낼 수 없다. 대신 다른 분자로부터 강제로 분리해야 한다. 희망적인 것은 우리는 이런 작업에 점점 더 능숙해지고 있다는 것이다. 실제로 우리는 수소를 추출하는 다양한 방법을 보유하고 있다. 수소를 추출하는 과정을 표시하는 방법의 하나로 산업계는 색으로 구별되는 느슨한 코드 시스템을 채택했다. 여러 수소 추출 방법을 광범위한 그룹으로 분류한 것이다.

먼저 앞 장에서 언급했던 **그레이수소**가 있는데, 이는 증기 개질을 통해 천연가스나 석탄에서 수소를 추출하는 것이다. 오늘날 사용되는 수소 대부분은 이 방법을 통해 만들어진다. 하지만 이 과정에서 대기중으로 이산화탄소가 방출된다는 문제가 있다. 만약 이산화탄소를 대기 중으로 방출하는 대신 포집해서 저장하면 그레이수소는 **블루수소**가 된다. 반면 재생가능 전력과 같은 재생가능 에너지원으로 물을 분해해서 수소를 만들면 **그린수소**가 된다.●

다크그린수소는 바이오메탄으로부터 수소를 얻고 이 과정에서 발생하는 이산화탄소를 포집함으로써 얻어진다. 이산화탄소 배출 기준으로 보면 음의 방출에 해당한다. 원자력 발전에서 얻어진 전기로 물을 분해할 때는 **핑크수소**를 얻게 된다.

마지막으로 **청록**turquoise**수소**는 천연가스를 열분해해서 만들어지는 수소를 일컫는다. 열분해라는 것은 무언가를 태우지 않고 가

●　또한 바이오메탄의 증기 개질이나 고체 바이오매스의 가스화를 통해 수소를 얻을 때도 그린으로 분류하기도 한다. 하지만 이것이 수소의 주요 공급원이 될 가능성은 작다. 이 책에서 그린이라는 색상을 전기분해와 재생에너지를 합성한다는 의미로만 사용할 것이다.

　　　　　　　　　　　　　　　　　　수소 자원 혁명

열함으로써 물질을 이루고 있는 구성 성분으로 분해하는 것을 말한다. 이 과정에서 부산물로 수소와 고체 탄소가 생성된다. 이 수소 제작법은 환경 측면으로는 매우 유망해보이지만 아직 기술 수준은 초기 단계다. 블루수소와 청록수소의 탄소 발자국은 사용되는 천연가스가 공정 중 소실되는지에 달려있다는 점에 주목할 필요가 있다.

나는 계속해서 새로운 기술이 등장함에 따라 곧 더 많은 수소 추출법이 실용화될 것이라고 확신한다. 다양한 종류의 수소를 만드는 기술과 도구들은 서로 다른 수준의 성숙도를 보인다. 그린수소와 핑크수소를 만드는데 필요한 전해질은 현재 어렵지 않게 만들 수 있는 상태다. 이산화탄소를 포집하고 저장하는 것 또한 충분히 입증된 기술이다. 열분해는 처리하기 성가신 이산화탄소를 포집해 저장할 필요 없이 메탄을 사용할 수 있도록 해주는 방법이고 이는 매우 큰 잠재력을 가지고 있다. 하지만 이 기술은 여전히 실험 단계에 있다. 폐플라스틱을 열분해해서 수소를 얻는 기술도 마찬가지다.

여러 산업계의 기득권자들은 기존 사업의 수명을 연장하거나 자신들의 제품에 가치를 더하기 위해 각자 선호하는 색상의 수소들이 있다. 가령 화석연료 산업계는 블루수소를 편애한다. 반면 재생가능 전력생산자들은 그린수소를 좋아하고, 원자력 업계는 핑크수소를 선호한다. 이러한 경쟁 구도는 우리에게 희망을 보여주기보다는 서로 싸우는 과정에서 여러 부작용을 유발한다.

2050년까지 청정수소를 만드는 주요한 방법은 그린수소와 블루수소가 될 것이다. 내기를 한다면 나는 그린수소가 대세가 되는 쪽에 돈을 걸겠다. 그린수소는 진정한 의미에서의 재생가능 에너지

이며 언젠가는 매우 값싸고 쉽게 만들 수 있을 것이다. 하지만 그렇다고 해서 내가 그린수소만을 맹목적으로 고집하는 것은 아니다. 블루수소 역시 중요한 역할을 할 것이다.

예를 들어 적어도 수 세기 동안 저렴한 가격으로 공급할 수 있는 천연가스 생산지를 보유하고 있는 러시아는 아마도 천연가스를 이용해 수소를 제조하고 공정 중에 방출되는 탄소를 포집하고 저장하는 블루수소가 현실적으로 더 합리적인 선택이 될 것이다. 블루수소는 또한 그린수소로 가기 위한 발판으로서 의미도 있다. 블루수소는 이른 시일 내에 대량 생산이 가능하기 때문이다. 그렇게 되면 많은 소비자가 자신이 사용하는 에너지원을 수소로 바꿀 환경이 조성되고 이에 필요한 수소 인프라를 구축할 가능성도 커진다. 이런 상태에서 그린수소의 생산량이 증가하면 사용자들로서는 훨씬 더 친환경적인 수소로 매끄럽게 전환할 수 있게 될 것이다.

다양한 색상의 수소원에 접근할 수 있다는 것은 그들끼리 경쟁한다는 것을 뜻하기도 한다. 이러한 경쟁은 필연적으로 수소 생산 단가의 인하로 이어질 것이다. 이는 어떤 이유에 의해 그린수소의 생산이 중단되는 상황이 발생할 때 즉시 블루수소 공급원으로 전환할 수 있음을 의미한다. 블루수소(또는 예외적인 상황에서는 그레이수소)는 현재 각 국가들이 보유하고 있는 전략적 석유 매장량Strategic Reserve을 대체할 수도 있다. 이에 따라 에너지 공급 안전성도 강화된다.●

제법과 관계없이 모든 수소는 같은 분자고 이는 석유에 비해 중요한 강점이다. 원유의 경우 생산지별로 다른 특성을 가졌고, 그

수소 자원 혁명

때문에 지역별로 화학적 성분이 다르다. 이에 따라 디젤, 휘발유, 등유 및 연료유와 같은 최종 제품을 생산하기 위해서는 원산지별로 원유를 정제하는 과정이 다 달라야 한다. 지역별로 각기 다른 비율의 중질유heavy, 경질유light, 저황유sweet, 고황유sour가 섞여 있다. 반면 수소는 제작법에 무관하게 모두 같은 'H$_2$'인 수소 분자이므로 시장에서 거래하기 훨씬 쉽고 더 높은 유동성을 가지게 된다.

그런데 화학적으로 전혀 구별되지 않는다는 것이 오히려 문제가 되기도 한다. 예를 들어, 여러분이 쓰는 수소가 암시장으로부터 유입된 그레이수소가 아니라 진짜 그린수소라는 것을 어떻게 알 수 있을까? 그린수소를 만드는 데는 다른 수소들보다 더 많은 비용이 들고 그 가치는 훨씬 더 높다. 그러므로 우리가 구매하는 수소가 진짜라는 것을 증명할 수 있는 원산지 보증이 필요하다. 또한 재생가능 수소 혹은 저탄소 수소를 정의하는 적절한 기준을 세우는 것도 매우 중요하다. 다행히도 국제표준화기구 ISO를 포함해 해당 분야의 표준을 제공하는 많은 기구와 기업들이 있다. 수소가 높은 관심을 받기 시작하면서 수소를 생산하는 기술 개발에도 큰 진전이 나타나고 있다.

● 미국의 전략적 석유 매장량은 7억 9,700만 배럴(1,350테라와트시 상당의 에너지에 해당)로서 약 500억 달러의 가치에 해당한다. 만약 같은 양의 에너지를 배터리에 저장해야 한다면 배터리에 투자해야 하는 자본 비용이 400조 달러는 될 것이다.

그린수소

지난 3년 동안, 나와 나의 팀은 많은 시간을 들여 전기분해 설비업체와 부품업체들을 방문했다. 나는 이 분야가 커질 것을 예상하고 여기에 투자하고 싶었다. 2020년 한 해 동안만 영국의 에너지 그룹 ITM파워의 시장 가치는 6배 상승했고, 경쟁사인 노르웨이 기업 넬의 시장 가치는 3배 이상 상승했다. 전기분해 설비 시장은 2030년까지 매년 10~15퍼센트씩 성장할 것이다. 나는 수소 생태계를 관장하는 신경망의 중심이라고 할 수 있는 전기분해 장치에 투자함으로써 이 시장의 성장 과정을 이해하고 이 유망한 기술이 확장되도록 지원하고 싶었다. 우리의 분석 결과에 따라 스남은 2020년에 ITM파워와 이탈리아 기업인 드노라 De Nora에 투자해 주주이자 산업 파트너가 됐다.

전기분해 설비 제조 분야에서의 성공은 비용, 성능, 내구성이라는 세 가지 상충되는 목표 사이에서 어떻게 적절한 균형을 찾느냐에 달렸다고 본다. 전기를 수소로 변환하는 전기분해 설비의 효율성이 올라갈수록 더 많은 귀금속 재료가 필요하다. 이는 전기분해 설비의 제조 원가를 비싸게 만드는 요인이다. 설비의 성능이 좋아질수록 재료는 더 빨리 닳아 없어진다. 수십만 시간의 연구 개발을 수행한 경험이 있는 기업들은 이런 종류의 문제 해결에 능하다.

오늘날 생산되는 전기분해 설비는 알칼리성 전기분해 장치와 PEM(고분자전해질막) 전기분해 장치의 주요 유형 두 가지가 있다. 알칼리성 전기분해 장치는 100년 이상 수소를 만드는 데 사용된 우리의 오랜 친구다. 20세기 초 유럽에서는 400대가 조금 넘는 산업용 전기분해 장치가 수력 발전으로 얻어진 전기로 가동되고 있었다. 여기서 얻어진 수소는 유럽 내에서 밀을 원활하게 공급하기 위한 밀 농사용 비료를 만드는 데 쓰였다. 이 설비들은 요한 리터가 디자인했던 설비의 개선 버전으로 내부에 들어 있는 알칼리 전해질 때문에 알칼리 전기분해 장치라고도 불렸다. 이 전기분해 설비들의 수는 많지 않지만 규모는 컸다.

일반적으로 전기분해 장치의 용량은 수소를 만들기 위해 소비되는 전기를 기준으로 구분된다. 1927년 초에 노르웨이 회사인 노스크하이드로(오늘날의 넬)는 1메가와트 이상의 전력 소비 용량을 가진 전기분해 장치를 개발했다. 오늘날 제조되고 있는 가장 큰 컨테이너형 알칼리 전기분해 장치의 경우 최대 2.5메가와트의 전력을 소비한다. 이 설비를 더 크게 만들지 못할 기술적 이유는 없다. 기계들을 겹쳐 쌓은 다음 배선으로 연결만 하면 되기 때문이다. 1953년부터 1991년까지 노르웨이의 글롬피오르Glomfjord에서 가동되고 있었던 전기분해 장치의 용량은 135메가와트의 거대한 괴물이었다.

알칼리 전기분해 장치에서 더 큰 일은 염화나트륨 용액을 쪼개 염소와 수산화나트륨을 생산하는 것이었다. 이러한 반응 공정은 이제 화학 부문을 먹여 살리는 거대한 산업으로 변모했다. 수산화나트륨은 그 자체로 300억 달러 시장이다. 이 산업의 선구자 중 한 명이 오론지오 드 노라Oronzio De Nora다. 그는 작은 실험실에서 자신의 이름을 딴 회사(현재 스남이 지분을 소유하고 있다)를 설립했고 이 회사를 업계의 선두 주자로 만들었다. 드 노라는 수산화나트륨공장에 쓰이는 전극을 만들었고, 현재는 스택이라고 불리는 알칼리 전해질의 핵심 구성 성분을 만들고 있다. 스택을 컴퓨터 내부에 있는 프로세서에 비유하자면 드 노라는 이 업계에서 인텔과 마찬가지다.

알칼리 전해질은 많은 이점을 가지고 있다. 그중 하나는 상대적으로 저렴하다는 것이다. 날이 갈수록 값은 더 싸지고 있다. 안정적인 전기 공급만 가능하다면 우리로서는 수소를 공급할 수 있는 좋은 수단을 가지게 되는 것이다. 하지만 설비의 부피가 크고 내부의 액체가 부식성이라는 단점도 있다. 또한 생산 용량을 확장하거나 축소하는 데 시간이 걸린다.

양성자 교환막 혹은 PEM 전기분해 장치와 같이 새롭게 등장한 기술들도 있다. 이 기술들은 1960년대 중반 제너럴일렉트릭이 나사의 제미니 우주 프로그램에 필요한 전기를 생산하기 위해 고안해낸 방법으로 1987년 ABB사에서 최초로 고출력 상용 모델을 내놓았다. PEM 전기분해 장치에서는 분리막의 양쪽에 직접 전극을 위치시킨다. 분리막은 보통의 주방용 플라스틱 랩처럼 생겼고, 특수 처리가 된 분리막은 양전하를 띤 이온만 통과시키고 음전하를 띤 전자는 차단한다.

막의 외부를 감싼 외부 회로를 통과해 전자가 흐르면 전류가 형성된다. 반면 양성자는 막을 가로질러 양극에서 음극으로 흐른다. 이렇게 통과한 양성자는 음극에서 전자와 만나 수소가 된다. 이런 디자인에서는 부피도 크고 부식성이 있는 액체 타입의 전해질이 필요 없다. 하지만 막 자체를 항상 습하게 유지해야 하는 한계도 있다.

PEM 전기분해 장치는 알칼리 전기분해 장치보다 더 빨리 발전하고 있다. 태양과 바람 같은 간헐적인 에너지원을 수확하는 데 있어 훨씬 이상적인 설비기 때문이다. 동급의 알칼리 전기분해 장치보다 크기가 작고, 겹쳐서 쌓을 수 있고, 유지 보수가 쉽다. 높은 신뢰성을 가지며 조작이 간단하다는 장점도 있다. 또한 사용된 전력의 약 80퍼센트가 수소 변환에 사용돼 효율적이다. 이 수치는 시간이 지남에 따라 계속 증가할 것이다.

물론 몇 가지 단점도 있다. 약 4만 시간을 계속 가동하면 이 마법의 막은 더 이상 사용할 수 없게 된다. 이러한 현상은 기계 부품에서 흔히 발생하는 일이지만, 문제는 이 막을 교체하는 비용이 정말 많이 든다. 그리고 한쪽 전극을 코팅하는 데 사용되는 백금은 막보다 훨씬 더 비싸다. 백금은 주로 남아프리카 공화국, 러시아, 캐나다에서 생산되며 가격 등락이 매우 심한 귀금속이다. 기술 발전으로 이 장치를 만드는데 필요한 백금의 양이 빠르게 감소하고 있지만 근본적으로 대체물을 찾기 위한 연구들은 아직 별 성과가 없는 상태다. 다른 쪽 전극을 코팅하는 데 필요한 이리듐iridium 역시 저렴하지 않다. 그럼에도 PEM 전기분해는 빠른 속도로 발전하는 신생 기술이니 이 분야에 주목하기를 바란다.

지멘스는 2015년부터 6메가와트 PEM 전기분해 장치를 마인츠에서 가동하고 있으며, ITM파워는 쉘과 합작으로 독일 라인란트 정유단지에 10메가와트 수전해 설비를 건설하는 프로젝트를 진행하고 있다. 프로젝트는 세계에서 가장 큰 PEM 전기분해공장인 레프하인에서 현재 가동 중이다. 이 공장에서는 재생가능 전력으로 매일 약 4톤, 매년 약 1,300톤의 수소를 생산하고 있다.

앞으로 알칼리 전기분해 장치와 PEM 전기분해 장치는 모두 나름의 틈새시장을 확보할 확률이 크다. PEM 전기분해 장치는 신속한 대응 능력으로 인해 간헐적 재생에너지원을 관리하는 데 널리 사용되고, 알칼리 전기분해 장치는 비용과 신뢰성이 중요한 산업적 용도에 더 많이 사용될 것이다.

세 번째 유형의 전해질은 다양한 고체산화물이다. 이것은 모든 PEM 전기분해 장치에 사용되고 있지만 섭씨 500~900도의 매우 높은 온도가 필요하다. 잠재적으로는 가장 효율이 높다는 장점을 가지고 있지만 기술은 아직 초기에 머물러 있다. 고체산화물 전해질 기술의 선두 주자는 선파이어Sunfire라는 독일 회사다. 하루 250킬로그램의 수소를 생산할 수 있는 시제품을 만들고 있는 퓨얼셀에너지FuelCell Energy를 포함해 여러 회사가 고체산화물 전해질 기술에 뛰어들고 있다.

핑크수소

태양광이나 풍력이 아닌 원자력발전소에서 나오는 에너지를 이용해 만든 수소를 핑크수소라고 부른다. 이 기술의 비밀은 원자력발전소에서 과열된 증기 형태로 나오는 폐열을 이용한다는 것이다. 적절한 종류의 전기분해 장치를 사용하면 이를 이용해 수소를 만들 수 있다. 또는 원자력발전소에서 나오는 증기를 메탄과 섞어 개질을 통해 그레이수소를 만드는 방법도 있다. 만약 고체산화물 전기분해 장치를 이용해 직접 원자력발전소에서 나오는 증기를 쪼개어 수소를 만들 수 있다면 훨씬 더 좋을 것이다. 1천 메가와트급 원자로 하나는 연간 20만 톤 이상의 핑크수소를 생산할 수 있다.[1] 이 정도 규모의 원자로 10개면 오늘날 미국 수소 수요의 약 20퍼센트를 충당할 수 있다.

핑크수소는 현재 새로운 프로젝트를 시작하거나 기존 프로젝트를 계속 가동하기 위해 고군분투하고 있는 원자력 업계의 새로운 수입원이다. 저탄소의 전기를 대규모로 제공할 잠재력을 가진 원자력발전소에는 좋은 기회다. 특히 새롭게 건설되는 소규모 모듈식 원자로나 더 낮은 비용으로 운영할 수 있는 토륨 원자로 같은 진보된 기술의 장점을 설명하는 데도 도움이 된다. 핵에너지를 수소로 변환하면 사용상의 유연성이 높은 수소의 장점을 이용하여 원거리까지 이송할 수 있고 변동하는 수요에 대응한 안정적인 공급이 가능해질 것이다.

블루수소

블루수소는 천연가스를 원료로 만들어진다는 점에서는 그레이수소와 같다. 하지만 이 공정의 경우 CCUS Carbon Capture Utilization and Storage 기술을 이용해 이산화탄소를 포집함으로써 공기 중으로 이산화탄소를 배출하지 않는다는 점이 다르다. CCUS는 일련의 테스트를 통과한 탄소 포집 기술에 붙여진 이름이다. 시멘트, 제철공장, 화석연료발전소와 같은 대규모 이산화탄소 발생원 혹은 공기에서 직접 이산화탄소를 포집하는 것을 의미한다. 이 기술의 원리는 매우 간단하다. 배기가스를 용매에 통과시켜 이산화탄소를 용매에 흡수시키는 것이다. 그런 다음 용매를 가열하면 거품이 생기면서 이산화탄소를 다시 모을 수 있다. 이 과정에서 포집된 이산화탄소를 '어딘가'에 가두어 대기 중으로 다시 돌아갈 수 없도록 하거나, 유용한 물건을 만드는 원료로 사용할 수도 있다. 다만 이 '어딘가'라는 것이 많은 나라에서 정치적 쟁점이 되고 있다. 수집된 이산화탄소는 합성연료, 화학약품, 건축자재 등을 생산하기 위한 원료가 될 수도 있고, 탄산수나 맥주 거품을 만드는 용도로 사용될 수도 있다. 혹은 온실에 투입돼 농작물의 성장을 도울 수도 있다.

CCUS 비용은 이산화탄소의 순도에 따라 1톤당 적게는 15달러에서 많게는 145달러까지 들어간다. 비용의 대부분은 이산화탄소를 포집하는 과정에 들어간다.[2] 이렇게 포집된 이산화탄소를 운송하고 저장하는 데는 각각 이산화탄소 1톤당 10달러의 추가 비용이 발생한다. 여기서 관건은 어떻게 이 전체 프로세스의 규모를 현재의 메가톤 수준에서 기가톤 수준으로 확대하고 이산화탄소의 운송과 저장 과정을 통합해 전체 비용을 절감할 것인지다. 사용할 수 있는 인프라와 저장고가 많아질수록 해당 비용은 낮아진다. 이산화탄소는 선박을 통해 운송될 수 있으며 기존 저장고에도 비축할 수 있다.

국제CCS연구소에서는 매년 4천만 톤의 이산화탄소를 포집할 능력을 갖춘 전 세계에서 운영되고 있는 26개의 시설과 현재 건설

혹은 개발 중인 37개의 시설을 모니터링하고 있다. 이 중 많은 프로젝트가 미국에서 진행 중이다. 이 프로젝트들은 세 가지 방법으로 수익을 창출하고 있는 것으로 조사됐다. 세액 공제(미국 세입법 제45Q조에 근거)와 같은 연방 성과급, 캘리포니아의 저탄소연료표준 프로그램에 따라 의무적으로 지급하게 돼있는 지역 성과급 그리고 석유회수증진공법Enhanced Oil Recovery, EOR에 사용되는 이산화탄소를 석유 회사에 판매하는 방법이다. 석유회수증진공법은 유전 내에 이산화탄소를 주입해 압력을 증가시킴으로써 유전 내에 남아 있는 원유를 뽑아올릴 수 있는 시추구(광산 탐사, 지질 조사 등을 위해 땅에 깊숙이 뚫은 구멍) 쪽으로 이동하도록 만드는 방법이다.

이산화탄소에는 여러 용도가 있지만 포집된 이산화탄소 사용법에는 한계가 있다. 가장 좋은 방법은 회수된 많은 양의 이산화탄소를 폐쇄된 공간에 넣고 격리하는 것이다. 이산화탄소의 격리 규모를 늘리는 가장 좋은 방법은 더 이상 사용하지 않는 유전 내에 이산화탄소를 채우는 것이다. 일부 산업 단지 내의 기업들은 단지 내에서 발생한 이산화탄소를 포집해 대규모 지층 구조 내에 격리하기 위해 조직적으로 움직이고 있다. 이러한 활동을 하는 곳으로는 잉글랜드 동북부 지역의 험버Humber(제로탄소 험버)와 티스사이드(넷제로 티스사이드)가 있다. 이 두 곳 모두 산업 단지 내에서 발생하는 이산화탄소의 최종 목적지를 북해로 삼고 있다.

앞으로 지역에 따라 몇 년 내에 블루수소는 킬로그램당 약 2.5달러밖에 들지 않는 가장 저렴한 형태의 청정수소가 될 수도 있다. 블루수소를 생산하기 위해 필요한 CCUS 공법을 개발하는 과정에서 많은 다른 장점들도 파생될 것이다.

CCUS는 제철, 철강, 화학 제품 제조 산업에서 탄소 배출을 억제하는 가장 비용 효율적인 방법이다. 내가 아는 한 CCUS는 시멘트 생산 시 탄소 배출을 억제하는 유일하게 성숙된 기술이다. 다른 분야에서도 혼합 에너지 사용 시 화석연료로부터 배출되는 이산화탄소를 흡수하는 매우 중요한 역할을 수행하고 있다. 기후과학자들은 이산화탄소의 순 배출량을 줄이려면 이 기술이 필요하다고 오래전부터 주장해왔다. 지구가 버틸 수 있는 탄소 배출 여유분을 소진해버리는 최악의 상황에 부딪힌다면 우리는 어쩔 수 없이 대기 중에서 이산화탄소를 포집하기 위해 CCUS 기술을 사용해야 할 것이다. 업계에서는 이 기술을 발전시키기 위해 고군분투하고 있다. 하지만 불행히도 청정에너지 및 에너지 효율성 향상 기술에 대한 전 세계 투자에서 CCUS 분야에 대한 연간 투자 규모는 0.5퍼센트를 넘지 못하고 있다.

CCUS 기술은 비용을 낮추는 것뿐만 아니라 기술 자체도 더 발전시켜야 한다는 과제를 안고 있다. CCUS 시스템을 통과하는 이산화탄소의 약 10퍼센트는 여전히 대기 중으로 빠져나가고 있다. 즉, 증기-메탄 개질 공정에 CCUS를 사용했을 때 배출되는 이산화탄소 중 약 90퍼센트는 제거할 수 있지만 여전히 10퍼센트의 이산화탄소는 대기 중으로 빠져나간다는 뜻이다. 이 때문에 블루수소는 상대적으로 깨끗한 에너지원이지만 탄소 배출이 제로인 에너지라고 할 수는 없다. CCUS 대신 이미 화학 산업에서 사용되고 있는 다른 기술들을 적용해볼 수도 있다. 가령 자가열개질공정auto thermal reforming 같은 기술을 이용하면 이산화탄소 포집률을 95퍼센트까지 높일 수 있을 것이다.

기후운동가들이 CCUS 기술을 반대한 것도 이 기술이 제대로 발전하지 못했던 또 다른 이유이기도 했다. CCUS는 투자 자금을 놓고 재생가능 에너지와 경쟁할 때 종종 화석연료 기술의 일종으로 간주되기도 한다. 하지만 우리는 손에 넣을 수 있는 모든 탄소 저감 도구를 동원해야 하며, 이 맥락에서 CCUS는 꼭 필요한 기술이다. 그런데도 여전히 CCUS 공법은 일종의 위장 친환경 혹은 그린워시 Green Wash로 여겨지곤 한다. CCUS에 대한 나의 관심은 가브리엘 워커에 의해 촉발됐다. 그에 따르면 CCUS는 가장 사랑받지 못하고, 바람직하지 않다고 생각되며, 비난받는 기후기술인데, 이런 저신뢰 장벽이 CCUS가 직면하고 있는 큰 장애물이라고 한다. 기후운동가들은 CCUS를 석유와 가스 산업계가 자신들이 배출하는 탄소 문제를 해결하려는 방법의 하나로 간주하기 때문에 이의 사용을 지지하기 어렵다는 것이다.

비록 느리긴 하지만 모든 것이 움직이고 있다. 2017년 이후 주로 미국과 유럽에서 CCUS 시설을 건설하겠다는 발표가 수십 건 있었다.³ 그러나 이러한 프로젝트가 진행되더라도 전 세계 이산화탄소 포집량은 여전히 전체 탄소 배출량의 약 0.3퍼센트에 불과하다. 탄소 포집이 기후변화를 억제하는 데 매우 중요한 역할을 하게 될 것이라는 점을 고려해보자. 그럼 이를 수소 생산과 연계시킴으로써 CCUS를 다시 추진할 수 있다는 희망을 품어볼 수 있을 것이다.

청록수소

산소가 없는 상태에서 천연가스를 가열하면 천연가스 분자가 분해 돼 탄소와 수소 원자만 남는다. 이 과정에서 탄소는 순수한 형태의 그을음으로 남고, 이런 방법으로 수소를 만들면 이산화탄소가 전혀 배출되지 않는다. 이는 애초에 천연가스를 대상으로 개발된 기술이므로 수 세기 동안 공급할 수 있는 천연가스 매장량을 가진 러시아, 이란, 캐나다, 카타르와 같은 나라들에 매력적인 청정에너지 대안이 될 것이다.

　메탄 분해 공정이 안고 있는 기술적 어려움은 메탄 분자의 특성인 고도의 안정성에 기인한다. 메탄 분자의 안정성을 깨뜨리기 위해서는 많은 에너지가 필요하기 때문이다. 이러한 분해 과정은 섭씨 550도를 넘어야 시작된다. 가장 바람직한 온도는 섭씨 800~1,200도인데 이 정도 온도에 도달하기 위해 플라스마 토치를 사용하는 경우도 있다. 물론 천연가스를 추출하는 과정에 약간의 생태학적 비용을 지급해야 하지만 플라스마 용해로를 재생가능 전력을 사용해 가동한다면, 전체 공정은 상당히 친환경적일 것이다. 이 방법으로 메탄을 분해하면 같은 양의 수소를 전기분해 장치에서 생산하기 위해 드는 전기의 3분의 1만으로도 충분하다. 일단 열분해 반응이 시작되면 여기서 생산되는 수소의 15퍼센트 정도를 태움으로써 동력을 얻을 수 있다.

　모두가 만족할 만한 조건으로 이 과정을 거치면 청록수소를 얻을 수 있다. 청록수소는 블루수소보다 더 친환경적이다. 아마도 어떤 회사의 미디어 담당 부서가 성과를 내기 위해 만든 이름인 듯하다. 물론 청록수소는 모든 것을 해결하는 마법의 총알은 아니다. 이 또한 생성된 고체 탄소로 무엇을 할 것인가 하는 문제가 여전히 남는다. 물론 고체 탄소가 이산화탄소보다는 훨씬 저장하기 쉽다.

메탄의 열분해를 산업적으로 발전시키려는 초기 시도의 싹을 자른 것은 바로 열분해 과정에서 생성되는 그을음이었다. 석유 회사 UOPUniversal Oil Products의 화학자들이 사용했던 니켈-철-코발트 촉매의 표면을 그을음이 덮어버렸기 때문이다. 그들이 찾을 수 있었던 유일한 해결책이라고는 그을음을 태워 이산화탄소로 만드는 것이었다. 현재 개발되고 있는 새로운 용해로 설계는 이 문제를 해결하려는 시도가 반영됐다. 노르웨이의 크바너오일가스컴퍼니Kværner Oil&Gas Company가 개발한 카본블랙 및 수소 생산공정은 이 그을음을 분리하는 데 성공했고, 그을음은 카본블랙 형태로 판매할 수 있었다. 카본블랙은 고무와 페인트 제조공정에 유용하게 사용된다. 노벨 물리학상을 받은 입자 물리학자 카를로 루비아Carlo Rubbia가 개발한 또 다른 방법은 메탄을 용해된 금속혼합물 속으로 통과시키는 것이었다.[4] 이 경우 금속 표면에 카본이 응집되므로 이를 쓸어 모을 수 있게 된다. 응집된 카본은 강철과 시멘트를 대체하는 매우 유용한 고성능 건축 재료로 사용될 수 있다.

메탄 분해는 수많은 열분해 중 하나에 불과하다. 다시 이야기하자면 열분해라는 것은 어떤 물질을 태우지 않고 가열함으로써 그 원래의 성질을 잃게 하고 구성 성분으로 쪼개지게 하는 모든 공정을 일컫는다. 또 다른 열분해 기술로는 폐기물을 섭씨 540~1천 도까지 가열함으로써 가스를 생산하고 이를 발전이나 동력 수송에 사용하는 방법이 있다.

로스앤젤레스 바로 북쪽에 있는 캘리포니아 주 랭커스터에 건설될 한 열분해공장은 플라스틱과 재활용 종이를 원료로 사용해 수소를 생산할 계획이다.[5] 이 책의 집필 시점을 기준으로 공사는 2021년 시작돼 2023년 일사분기에는 일간 11톤, 연간 380만 톤의 수소를 생산할 것으로 예측된다. 캘리포니아에는 이미 수소에 대한 수요가 많이 있으며, 랭커스터 열분해공장에서 생산된 수소는 캘리포니아 주의 수소연료충전소 42곳에 공급될 것이다.

이 아이디어의 배후에는 미국 기업 SGH2에너지 글로벌이 있다. 그들의 주장으로는 이런 방법으로 생산된 수소는 재생가능 에너지와 전기분해로 생산된 그린수소보다 5~7배 더 저렴할 것이라고 한다. 그러나 이 기술에는 한계가 있다. 다른 폐기물 기반의 기술과 같이 공급되는 원료가 우리가 버리는 쓰레기의 양에 의해 결정된다는 것이다. 확실한 것은 앞으로 우리는 더 적게 쓰레기를 버릴 것이다.

만약 우리가 열분해를 사용해 메탄, 플라스틱, 종이로부터 수소를 얻을 수 있다면 왜 물로는 그렇게 하지 않을까? 물은 메탄을 분해하는 것보다 더 많은 에너지를 소모한다. 수소는 탄소보다 산소를 더 꽉 잡고 있다. 순수한 열로 물을 분해하기 위해서는 약 섭씨 2,800도의 고온이 필요하다. 이를 달성할 수 있는 가장 유력한 에너지원은 헬리오스탯heliostat이다. 이 장치는 매우 큰 면적의 거울로 이루어져 있는데, 흡사 영화 〈블레이드 러너 2049〉에 나올 것처럼 보이는 연소실에서 거울로 햇빛을 반사해 모은다. 이런 식으로 수소와 산소를 만들고 난 뒤, 극도로 과열된 상태로 있는 수소와 산소가 만나는 것을 막아야 한다. 그렇지 않으면 폭발이 일어날 것이다. 이 아이디어는 겉으로 보기에는 단순하지만, 기술적으로는 매우 어려운 도전을 요구한다. 그래서 젊은 학자들은 이 연구에 한 번 빠지면 마치 덫에 걸린 것처럼 쉽게 헤어 나오지 못한다. 물분리 사이클 연구는 300개 이상의 문헌이 발표됐으며, 이들이 서술한 작동 조건, 공학적 과제, 수소 생산 기회는 모두 각각 다르다. 물을 열분해하는 기술은 깨끗한 수소를 만드는 다른 아이디어들과 마찬가지로 유망하긴 하지만 여전히 초기 단계에 머물러 있다.

만들어내는 방식이 어떻든 간에 수소의 종류는 하나뿐이다. 그러므로, 다양한 생산공정은 각기 다른 에너지 시스템, 다른 지역들, 상품들과 서비스들 사이에 연결을 만들어낸다. 바람이 많은 북해와 같은 곳에서 생산되는 그린수소의 가격이 매우 저렴하다고 해보자. 그러면 당연히 유럽의 고객들은 북아프리카나 호주 사막에서 생산되는 그린수소나 러시아에서 생산되는 블루수소, 프랑스에서 생산되는 핑크수소는 덜 구매하게 될 것이다. 자연히 그들 지역에서 생산되는 가스, 핵에너지, 비료 그리고 심지어 빵 가격까지 모두 내려갈 것이다. 이것이 바로 모든 고객을 다양한 수소 공급원에 연결하는 인프라가 매우 중요한 이유다. 수소가 가진 유동성과 가격에 대한 장점 덕분에 수소는 에너지 분야에서 훌륭한 연결자 역할을 할 수 있다. 다양한 색깔의 수소 종류는 에너지 분야에서 얼마나 활기 넘치는 다양한 시도들이 일어나고 있는지를 보여주는 좋은 증거가 될 것이다. 미래에 우리가 필요로 하게 될 막대한 수소량을 고려한다면, 수소를 생산하는 방법이 다양할수록 더 좋을 것이다.

수소 자원 혁명

10

수소의 취급

•

Handling Hydrogen

압축되지 않은 수소가스는 엄청난 양의 공간을 차지한다. 이 문제의 해결법으로 수소를 압축한 다음 파이프라인을 통해 이송하거나 아예 액화시킨 다음 배로 운송하는 것이 있다. 대부분의 경우 기존 천연가스 인프라를 통해 공급할 것이다. 이럴 때 수소는 화석연료만큼 저렴할 뿐만 아니라 쉽게 운송하고 저장할 수 있는 에너지원이 된다. 또한 공급량에 있어서도 전기보다 훨씬 커진다.

2019년 4월, 아주 특별한 일이 일어났다. 스남이 이탈리아의 가스 전송망에 수소를 주입하기 시작한 것이다. 이 실험은 유럽에서 처음으로 시행된 것으로서 살레르노Salerno 지방의 콘투르시 테르메 Contursi Terme에서 시행됐다. 우리는 천연가스에 5퍼센트의 수소를 섞어 혼합물을 만든 뒤 그 지역의 물병공장과 파스타 제조업체인 오로기알로에 공급했다. 계속해서 12월에는 그 혼합물의 수소 비중을 10퍼센트로 높이는 실험도 했다. 결과가 어떻게 됐는지 궁금한가? 탈탄소연료로 만들어진 맛있는 파스타가 탄생했다.

수소를 10퍼센트 혼합했음에도 불구하고 모든 것이 완벽하게 작동했다. 우리는 이 과정에서 수소 혼합이 파스타공장의 파이프라인, 밸브와 장비에 미치는 영향을 테스트했다. 결론적으로 장비는 교체할 필요가 없었다. 이 실험은《뉴욕타임스》1면을 장식했고, 오로기알로 파스타의 판매량은 급증했다.

콘투르시에서의 실험 결과는 천연가스 공급망 전체에 수소를 혼합하거나 심지어 기존의 파이프라인으로도 순수 수소를 운반할 수 있다는 가능성을 열어줬다. 천연가스에 수소를 혼합하는 일은 올바른 방향으로 나아가는 첫 번째 단계였다. 천연가스 혼합물로 천연가스 공급처를 조금 더 친환경적으로 만들 수 있었고 동시에 수소의 수요를 늘리면서 세계 수소경제를 활성화할 수 있는 최고의 방법이 될 수 있었다. 물론 일부 고객에게는 메탄과 수소가 혼합된 가스가 적합하지 않을 수 있기 때문에 혼합 비율은 지역마다 달라질 가능성은 컸고, 분리막을 사용해 수소 분자와 메탄 분자를 완전히 분리해야 할 수도 있다. 분리막의 경우 산업용 가스 분리 공정에 지금도 사용되고 있지만 가스 공급망에 대규모로 실행된 적은 아직 없다.

하지만 수소를 혼합하는 것은 단지 과도기적 방법에 불과할 공산이 크다. 이것으로는 넷제로에 도달하지 못할 것이기 때문이다.● 넷제로를 위해서는 순수 수소를 운반할 공급망이 반드시 필요하다.

수소가 파이프라인을 구성하고 있는 탄소강(철과 탄소의 합금이며 0.05~2.1퍼센트의 탄소를 함유한 강)에 침투하면 재질은 어느 정도 시간이 지나면 부서질 수 있다. 이 점이 우려되는 부분이다. 부식 시기는 탄소강의 재질에 달렸다. 탄소강이 부드러울수록 원자 격자가 무질서하기에 수소 원자가 추가로 주는 피해는 적다. 다행히도 유럽의 천연가스 공급망의 파이프라인 대부분은 연성 강철 등급의 재료로 만들어져 있고, 이 등급의 탄소강에서는 수소에 의해 일어나는 취성 저하embrittlement 속도가 매우 느리다. 또한 파이프라인의 두께도 매우 두꺼워서 이런 취성 저하를 막는 데 큰 도움이 된다. 스남의 엔지니어들은 이탈리아의 천연가스 공급처의 경우 적어도 70퍼센트는 현재 천연가스에 사용하는 압력 혹은 약간 더 낮은 압력으로도 100퍼센트의 순수 수소를 운반할 준비가 됐으며 앞으로 50년 동안은 안전하게 사용할 수 있을 것으로 계산했다. 실제로 이미 전 세계적으로 존재하는 4,500킬로미터에 달하는 수소 이송 파이프라인[1]의 기술 스펙은 이탈리아의 천연가스 파이프라인을 만드

●   수소를 재생가능가스로 분류할 수 있는 바이오메탄 등과 혼합하지 않는 한에는 그렇다. 모든 바이오연료가 그렇듯이 바이오메탄의 양도 제한적이다.

는 데 쓰이는 재질과 크게 다르지 않은 것으로 드러났다.

또한 꼭 필요한 경우는 파이프 재질을 바꿀 수 있다. 물론 이러한 작업에는 비용이 든다. 하지만 원래부터 파이프라는 것이 영구적인 것도 아니고, 현재도 가스 공급망의 오래된 파이프 부위들은 계속해서 교체되고 있다. 이미 몇몇 장소에서는 실제 수소를 이송할 수 있는 파이프 재질로 교체하기도 한다. 예를 들어, 영국의 가스 공급망은 우리가 이야기한 대로 연철 파이프에서 순수 수소를 이송하는 데 사용할 수 있는 폴리에틸렌 파이프로 대체되고 있다.

1입방미터의 수소에는 1입방미터의 천연가스가 보유한 에너지의 3분의 1밖에 안 들어있다. 다행스러운 것은 이러한 이유로 파이프라인을 3배로 늘릴 필요가 없다는 것이다. 수소는 점성이 낮아 천연가스보다 유속이 빠르기 때문이다. 여기에 추가로 압력을 좀 더 높이면 순수 수소 파이프라인의 최대 에너지 용량은 천연가스를 이송할 때의 80퍼센트까지 높일 수 있다.

가스 흐름을 조절하는 거대한 볼 밸브도 순수 수소를 견딜 수 있어야 한다. 더불어 공급망의 다른 구성 요소들도 수소 이송을 위해 교체될 필요가 있다. 교체가 필요한 품목 중 가장 비용이 많이 드는 것으로 압축 스테이션을 들 수 있다. 그러나 전체 프로세스 측면에서 수소는 전반적으로 다루기 쉬운 편에 속한다. 천연가스 파이프라인을 수소 이송에 적합하도록 개조하는 비용은 가스 파이프라인을 새로 건설하는 비용의 약 10~25퍼센트에 불과하다.[2] 23개 유럽 가스운송 회사가 참여한 연구 결과에 따르면, 2040년까지 유럽에 깔리게 될 약 4만 킬로미터의 파이프라인 중 70퍼센트는 개조가 필요한 상태다. 기존의 천연가스 공급망을 사용해 수소를 운반할 수 있다는 사실은 수소에너지로의 전환을 논하는 데 있어서 놀라운 소식이다. 이는 전체 퍼즐 중에서 핵심적인 부분을 우리가 이미 보유하고 있음을 의미한다. 이것은 스남과 같은 파이프라인 사업자에게도 중요한 이슈인데, 이는 천연가스가 사라지더라도 현재 스남이 보유하고 있는 자산이 미래 수소에너지 시스템에서도 중요한 역할을 한다는 의미이기도 하다.

수소 보관방법

자, 우리가 수소를 압축한 다음 천연가스 파이프라인 시스템에 투입해 이송했다고 치자. 그러면 이송된 수소는 어디에 보관해야 하는 것일까? 우선 생각할 수 있는 해법은 다음과 같다.

파이프에 보관한다.

파이프 자체에 저장되는 가스양을 뜻하는 '라인팩linepack'은 가스 공급망을 운영하는 데 있어 상당한 유연성을 제공한다. 라인팩을 약간만 변동하면 공급과 수요 사이에 상당한 불균형이 발생하더라도 수 시간 동안은 공급에 큰 영향을 주지 않고도 견딜 수 있다. 하지만 겨울에 사용할 수소를 여름에 미리 만들어 놓는 것과 같이 대규모의 수소 수요가 생길 때까지 그것을 저장해놓을 수 있어야 한다.

얼핏 듣기에는 지구상에서 가장 가벼운 원소인 수소를 지하에 고압으로 대량 저장해놓는 것은 어리석기 그지없는 일 같다. 하지만 우리는 이러한 일을 수십 년째 해오고 있다. 텍사스의 석유화학 업계는 정유공장에 필요한 수소를 지속해서 공급해야 하는 문제를 안고 있다. 이를 위해 그들이 발견한 해결책은 지하동굴에 수소를 저장해놓는 것이었다. 예를 들어, 텍사스의 셰브런필립스클레멘스 터미널은 1980년대부터 사용되지 않는 소금동굴에 수소를 저장하고 있다. 영국만 해도 수소를 안전하게 저장하는 소금동굴이 3곳이나 있다.

지하에 가스를 저장하려면 가스를 압축한 후 특정 공간에 주입하는 과정을 거친다. 이렇게 저장한 가스는 필요할 때 저장됐던 압력을 이용해 배출하면 된다. 불용지不用地의 지하 저장소에 천연가스를 보관하는 비용은 1년에 한 번만 사용하는 경우에도 메가와트시당 10달러 정도로 매우 저렴하다.

일부 지역의 경우 소금동굴은 수소를 보관하기에 가장 이상적인 선택이 될 수 있다. 동굴 내부의 크기가 수만 입방미터에서 백만 입방미터에 달하는 소금동굴은 200기압이 넘는 높은 압력의 수소가스를 보관할 수 있을 만큼 매우 견고하다. 이런 소금동굴은 풍력과 태양열이 들쭉날쭉 만들어내는 수소를 그때그때 저장할 수 있는 이상적인 보관장소가 된다.

하지만 늘어나는 수소 생산량을 감당하려면 기존의 소금동굴만으로는 한계가 있으므로 새로운 소금동굴을 만들어야 한다. 새로

수소 자원 혁명

운 소금동굴은 적합한 지형의 동굴에 물을 주입하고 소금을 용해하며 만들 수 있다. 하지만 쉽게 할 수 있는 작업은 아니다. 이런 용해채광법은 많은 양의 염수를 발생시키는데, 이 과정에서 생긴 폐수는 친환경적인 방법으로 폐기돼야 한다.

소금동굴은 미국, 영국, 독일, 그리고 지질학적으로 소금 퇴적물이 많은 나라에서 활용할 수 있는 방법이다. 이럴 때 연간 사용횟수에 따라 다르기는 하지만 메가와트시당 10유로 미만으로 저렴하게 수소를 저장할 수 있다. 반면 다른 지역의 경우 지하 저장소에 수소를 보관하면 복잡한 문제를 일으킬 수 있다. 가령 이탈리아에는 고갈된 가스전(지하의 가스층에서 천연가스를 산출하는 지역)들이 많이 있고, 이러한 공간들을 충분히 활용할 수 있을 것이다. 저장소의 벽면과 수소가 화학적으로 반응하지 않을 것이라는 확신만 있다면 말이다. 하지만 이러한 가정은 실제로는 충족하기 어려운 조건이다. 수소는 반응성이 매우 큰 원소다. 가스전에 존재하는 미생물, 유황과 같은 화학물질, 심지어 암석에 있는 미네랄과도 수소는 반응할 확률이 매우 높다. 그뿐만 아니라 가스전에 남아 있는 탄화수소 잔류물과도 반응할 수 있다. 가스전만 아니라 고갈된 유전에서도 마찬가지 반응들이 일어날 수 있다.

현재 수소를 천연가스와 혼합해 고갈된 가스전에 저장할 수 있을지 다양한 프로젝트를 통해 시험하고 있다. 오스트리아의 가스사업자인 래그RAG는 고갈된 가스전들이 10퍼센트 혼합 수소를 견딜 수 있을지 입증하는 것을 목표로 프로젝트를 진행 중이다. 또한 래그는 지하태양변환Underground Sun Conversion이라는 프로젝트도 추진하고 있다. 실험은 다음과 같다. 수소와 이산화탄소를 같은 저장소에 가둬놓고 건강한 박테리아를 주입한다. 그리고 이런 환경에서도 천연가스가 형성되는 메탄화methanation 과정이 박테리아에 의해 일어나는지를 관찰한다. 쉽게 말하면 수소 저장고를 천연 바이오 반응기로 사용한다는 콘셉트다. 이 책을 집필하는 현재, 이 프로젝트의 결과는 아직 나오지 않았다. 하지만 지질학적 저장소를 통해 지속 가능한 탄소 순환 사이클을 만든다는 아이디어는 정말 흥미롭다. 수소를 메탄 분자로 바꿔 저장하면 주어진 부피 안에 훨씬 더 많은 에너지를 저장할 수 있으며 저장 비용 또한 크게 절감할 수 있을 것이다. 이게 실현된다면 기존의 고갈된 가스전을 수소 저장고로 조건 없이 마음대로 사용할 수 있다. 이미 메탄은 같은 가스전에서 수백만 년 동안 아무 문제 없이 저장돼있던 분자이기 때문이다.

그렇다면 메탄의 형태로 저장된 수소를 다시 지하 저장소에서 꺼내 사용할 때는 어떻게 할 것인가? 포집된 이산화탄소로 만든 메탄은 순 탄소 배출량을 추가로 생산하지 않기 때문에 그냥 사용하면 된다. 하지만 새로운 메탄을 계속 만들기 위해서는 이산화탄소를 계속 포집해야 한다는 문제가 있다. 또 다른 아이디어로는 메탄 분자를 저장고에서 꺼내 블루수소를 생산하는 것과 같은 방식으로 쪼개어 수소를 분리하는 것이다. 이 과정에서 발생하는 이산화탄소는 포집해 다시 메탄을 만들면 계속해서 이산화탄소가 순환되는 사이클을 만들 수 있다.

하지만 편리하게 사용할 수 있는 소금동굴이나 고갈된 가스전이 세계의 많은 지역에 존재하고 있지 않다는 것이 문제다. 다행스럽게도 이 외에도 많은 다른 수소 저장 옵션들이 있다. 그중 하나는 지상 또는 지하에 설치된 특수한 목적으로 제작된 금속 용기들을 이용하는 것이다. 흥미로운 옵션으로는 기존에 존재하고 있는 파이프라인 내에 저장하는 것도 있다. 앞에서 우리는 고압의 수소가스를 기존의 천연가스 공급처에 보관하는 아이디어에 대해 살펴본 바 있다. 값싸고 표준화된 재질로 만든 파이프라인의 끝부분을 막아서 수소 저장소로 사용하는 방법이다. 이 방법도 시도하지 못할 이유는 전혀 없다. 천연가스 이송 용도로 사용하던 파이프라인 1킬로미터에는 같은 지름과 압력 아래에서 약 12톤의 수소를 저장할 수 있다.[3] 또 다른 영리한 아이디어로는 동굴에 얇은 강철을 입히는 것이 있다. 이 아이디어는 천연가스를 저장하는 하나의 방법으로 스웨덴 스콸렌Skallen에서 증명됐다. 이 방법을 사용하면 저장 압력을 200기압까지 높일 수 있다. 이 정도의 고압이 걸릴 때 견뎌야 하는 하중 대부분은 암석이 구조적으로 감당한다. 이 방식은 거대한 수소 저장탱크를 만드는 것보다는 훨씬 저렴하고 손쉬운 방법이 될 것이다.

액체태양

1898년 5월 10일, 스코틀랜드 화학자 제임스 듀어James Dewar는 수소를 냉각시켜 기체에서 액체로 바꾸는 데 성공했다. 그는 이 과정에서 진공 플라스크를 발명했고, 이 아이디어는 후에 독일의 유리

세공업자인 라인홀드 버거와 앨버트 아셴브레너에 의해 상업화됐다. 오늘날에는 이를 이용해 보온병을 만들고 있다.

듀어는 우선 180기압이라는 압력으로 수소를 압축한 다음 액체 질소를 사용해 수소를 77켈빈(섭씨 마이너스 196도)의 온도로 냉각시켰다. 그런 후 냉각된 수소가 밸브를 통해 빠져나가도록 해 수소 온도를 더 내릴 수 있었다. 여러분도 입술을 살짝 열고 그 틈으로 숨을 불어 내쉬면 이러한 현상을 체감할 수 있다. 이렇게 입술 사이로 불어내는 바람은 평소 내쉬는 숨보다 훨씬 시원하다고 느낄 것이다. 듀어는 이 과정을 통해 약 20켈빈(섭씨 마이너스 253도)까지 수소를 냉각시킬 수 있었다. 이 온도는 수소가 통상적인 대기압에서 응결되는 온도다. 그는 이런 과정을 거쳐 약 20입방센티미터의 액체수소를 생산할 수 있었다. 이는 처음 수소 부피의 약 1퍼센트에 해당하는 것이었다.

다행스럽게도 그 후로 냉각 공정의 효율은 많이 향상됐다. 그런데도 여전히 액체수소를 다루는 것은 기술적으로 어렵다. 우선 냉각 공정에는 많은 비용이 든다. 액체수소는 열을 흡수하면 기화하기 때문에 냉각 탱크는 잘 절연돼있어야 하고, 매우 낮은 온도에 노출된 금속은 부식이 잘 되므로 탱크 재질 또한 문제였다. 비슷한 냉각 공정이 오늘날 천연가스를 액화, 운반, 저장하기 위해 사용되고 있다. 액화천연가스Liquefied Natural Gas, 즉 LNG를 액화, 재기화하는 터미널이 수백 개에 달하고, LNG 유조선들은 바다를 누비고 있다. 그뿐만 아니라, 과냉각된 LNG를 극저온 트럭이 주유소까지 실어 나르고 있다. 우리는 이 모든 방법을 동원해 LNG 문제를 해결해가고 있다. 따라서 수소는 처음부터 아무것도 없는 상태에서 시작하는 것은 아닌 셈이다. 기존 LNG 설비를 수소용으로 전환하면 되고 이에 대해서 많은 사람이 고민 중이다.

하지만 여전히 남아있는 문제는 있다. 수소의 경우 액화시키더라도 무게가 여전히 가볍다. 액체수소는 1입방미터당 약 70킬로그램이다. 액체수소 1리터는 약 2.4킬로와트시의 에너지를 담을 수 있는 반면, 휘발유 1리터는 9.4킬로와트시를 담을 수 있다. 수소를 액체로 바꾸어도 여전히 에너지 밀도 문제가 있다.

수소의 밀도를 높이는 또 다른 대안이 있긴 하다. 수소를 다른 원소들과 화학적으로 결합하는 것이다. 이 경우 수소는 운반과 저장이 훨씬 쉬운 화학물질로 바뀐다. 이 물질을 유기 액체수소 운반

연료의 에너지 밀도 비교

단위: 리터당 킬로와트시

연료	에너지 밀도
대기압에서의 수소	0.003
200기압에서의 수소	0.5
700기압에서의 수소	1.4
액체수소	2.4
암모니아	4.3
휘발유	9.4

체 또는 합성연료라고 부른다. 합성연료는 항공 및 다른 업계가 저탄소 미래 비전을 달성하는 데 도움을 줄 수 있다. 그러나 연소 과정에서 탄소가 배출된다는 문제가 있고, 이를 처리하는 데 제약이 있다. 넷제로를 달성하려면 합성연료를 연소하는 과정에서 배출된 탄소를 다시 공기 중에서 빨아들여 제거해야만 한다.

이런 의미에서 암모니아는 가장 유망한 수소 운반체 중 하나다. 암모니아는 수소와 질소의 화합물로서 현재는 비료를 만드는 데 사용하고 있다. 이 책에서 우리는 어떻게 수소가 세상을 구할 수 있을지에 관해 이야기하고 있다. 하지만 암모니아는 사실 이미 세상을 구한 것이나 다름없다. 암모니아가 없었다면 현재 우리 중 많은 사람이 굶주림에 시달리고 있을 것이다.

식물의 성장에는 질소가 필요하다. 대기의 78퍼센트가 질소이긴 하지만 공기 중의 질소 분자는 서로 단단하게 묶여 있다. 이는 식물에는 쓸모가 없다. 엽록소 같은 식물의 구성 요소를 합성하기 위해서는 먼저 질소가 다른 원소들과 결합해야 한다.

지구상에서 첫 번째로 질소가 다른 원소와 결합해 만들어진 분자는 질산염이다. 번개에 의해 생산된 질산염은 공기를 과가열시키고 이는 질소와 산소를 결합시켜 이산화질소가 형성되게 한다. 이렇게 만들어진 공기 중의 이산화질소는 비나 눈의 형태로 땅에 떨어진다. 이산화질소는 지구상에 나타난 첫 번째 비료라고 불러도 무방할 것이다. 반면 지표면의 박테리아는 초고온에 이르지 않고도 같은 종류의 화학적 변화를 일으킬 수 있도록 오랜 시간에 걸쳐 진화했다. 클로버, 콩과 식물, 그리고 그 외 몇몇 다른 식물들은 이런 종류의 질소 고정 박테리아를 자신들의 개체 내에 받아들이는 식으로 진화하면서 스스로 질소를 자급할 수 있게 됐다.

하지만 100년 전 화학자들은 이런 과정을 통해 만들어지는 질소가 인류에게 필요한 식량을 제공하기에는 충분하지 않다는 사실을 깨달았다. 1902년, 그들은 이 문제를 해결하기 위한 시도로 인공 번개를 발생시켰다. 실험은 나이아가라 폭포에 건설된 최초의 수력 발전소에서 진행됐고, 공기 중에서 번개가 칠 때와 같은 과정을 재현하고자 했다. 수력 발전으로 생산된 전력을 이용해 만든 수천 개의 전기 아크로 공기를 과가열해 질소를 산소와 반응시키려는 것이었다. 그 결과 질소 고정 효과는 분명히 있었지만, 공정의 수율이 너무 낮고 비용도 너무 비쌌다.

이산화질소는 식물이 질소를 고정하기 위해 사용하는 화학물질 중 유일한 것은 아니었다. 암모니아는 'N'인 질소 1개와 'H'인 수소 3개의 분자, 즉 'NH₃'로 표시된다. 카를스루에Karlsruhe의 대학 교수인 프리츠 하버Fritz Haber가 최초로 실험실에서 암모니아를 만드는 방법을 발견했다. 하버는 글로벌 화학 회사인 BASF의 실험실 기술자들과 함께 고압 수소와 질소를 고온의 촉매 위로 통과시켜 암모니아를 만드는 공정을 개발했으며, 그는 이 업적으로 1918년 노벨 화학상을 받았다.

암모니아는 비료로 이용되는 것뿐만 아니라 수소의 이송 문제를 해결할 수 있는 연료로도 유망하다. 심지어 내연기관과 연료전지에서도 잘 작동하는 것으로 밝혀졌다. 액체 암모니아에는 리터당

4.3킬로와트시의 에너지를 담을 수 있는데, 디젤의 거의 절반에 해당하는 에너지 밀도며, 수소와 비교하면 2배에 해당한다. 내연기관용 연료로 사용하기에도 충분한 에너지 밀도다.

암모니아는 상온에서 압력을 가하면 액체 형태로 저장할 수 있다. 따라서 수소를 저장하는 방법의 하나로 암모니아를 생각해 볼 수 있다. 수소를 암모니아로 바꾸는 이유가 다시 암모니아로부터 수소를 분리하기 위한 목적이라고 하면 이상해보일 수도 있다. 하지만 현재 현실적으로 수소를 저장하는 유일한 방법이 액체 상태로 과냉각시키는 것이므로 그 대안으로 수소를 암모니아 형태로 저장하는 방법은 충분히 고려해볼 만한 가치가 있다. 많은 에너지를 오랫동안 저장해야 할 필요가 있는 경우, 암모니아는 매우 매력적인 해결책이 될 것이다.

지금까지 살펴보았던 수소를 다루는 세 가지 방법은 다음과 같은 생성물을 통해서다.

1. 압축가스수소
2. 냉각액체수소
3. 질소와 수소를 반응시켜 만든 암모니아

각각의 생성물은 각자 다른 틈새시장을 갖게 될 것이다. 다음 도표는 2050년경에 수소를 각기 다른 방법으로 독일까지 운반해오는 데 얼마나 많은 비용이 들지 보여준다. 수소를 압축하는 것이 액

수소 자원 혁명

화시키는 것보다는 훨씬 저렴하다. 따라서 햇볕이 많이 나는 지역에 이미 파이프라인이 존재한다면 실행 가능한 선택지가 될 수 있을 것이다. 이 방법을 사용하면 독일에서 해상 풍력을 이용해 직접 수소를 생산하는 비용보다 훨씬 저렴해진다. 반면 장거리 운송용 자동차에 사용하려면 액체수소가 더 낫다. 액체수소는 압축가스보다 동일 부피에 추가로 에너지를 더 많이 저장할 수 있으므로 일부 트럭 제조 회사에서 충분히 연료로 선택할 수 있는 안이 될 것이다.

그러나 미래의 자동차와 트럭은, 예를 들면 고체와 같은 형태의, 완전히 다른 방식으로 수소를 저장하게 될 것이다. 이 기술의 뿌리는 19세기 초로 거슬러 올라간다. 1803년 영국의 화학자 윌리엄 하이드 울러스턴William Hyde Wollaston은 금속 팔라듐을 발견했다. 그는

2050년까지 독일에 수소를 공급하는 비용

단위: 킬로그램당 달러

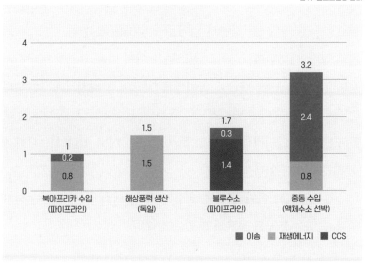

이 금속이 많은 양의 수소를 흡수할 수 있는 매우 특이한 성질을 가지고 있다는 것을 알아냈다. 당시에 이 발견은 과학적 호기심 이상의 주목을 받지는 못했지만 팔라듐의 이러한 특성이 오늘날에 와서는 유망한 신기술의 기초가 되고 있다.

여러분이 차에 싣고 다니기에 이상적인 수소의 저장 재료는 최소 무게 기준 6.5퍼센트의 수소를 저장할 수 있어야 한다(즉, 75킬로그램의 수소탱크는 최대 5킬로그램의 수소를 저장할 수 있어야 함을 의미한다). 그래서 화학자들은 많은 양의 수소를 저장하고 있다가 그다지 어렵지 않은 조건에서 그것을 기체로 방출하는 합성물질을 만들려고 연구 중이다.

1970년대 과학자들은 실온에서 약 2퍼센트의 수소 저장 용량을 보여주는 유망한 물질들을 찾아냈다. 일부 응용 분야의 경우에는 이 정도의 수소 저장 용량이면 충분히 현실적이다. 메탈하이드라이드metal hydride라는 이름으로 불리는 이 재료들은 이미 가정용 및 상업용 옥상 태양전지판에서 얻어온 에너지를 저장하는 용도로 쓰이고 있다. 메탈하이드라이드 시스템은 이미 비용 측면에서 배터리 스토리지 솔루션인 테슬라 파워월과 비교해도 뒤지지 않고, 부피 측면에서도 리튬이온 배터리보다 훨씬 더 많은 에너지를 저장할 수 있다. 그뿐만 아니라 내구 수명도 30년으로, 어떤 배터리도 따라올 수 없는 장점이 있다.

결론적으로 이미 우리는 수소를 압축, 액화, 화학적으로 결합시킬 수 있는 도구를 보유하고 있는 상태다.

11

수소의 사용

●

Using Hydrogen

우리는 수소에 저장된 에너지를 사용할 수 있는 다양한 도구들을 개발해왔으며, 이를 통해 수소는 매우 다용도로 이용할 수 있는 연료가 됐다. 이제 우리는 수소를 청정하게 생산할 방법을 알고, 이렇게 생산된 수소를 편리한 형태로 저장하고 운반한다. 그렇다면 우리는 수소에 저장된 에너지를 어떻게 사용할 수 있을까?

먼저 그냥 태워도 된다. 수소는 그 자체로 훌륭한 연료다. 많은 가정에서 현재 천연가스를 사용하는 방식으로 수소를 태우며 집을 따뜻하게 하거나 요리를 준비할 수 있다. 가스를 연료로 쓰는 발전소가 천연가스 대신 수소를 사용할 경우 핵심 설비인 터빈을 크게 개조할 필요도 없다. 수소를 연료로 태우는 일은 우리가 계절적 요인으로 태양에너지나 풍력을 거의 얻을 수 없는 기간에 전력 공급망의 불균형이 위험한 수준까지 이르는 것을 막아줄 수 있다. 제트 엔진은 가스 터빈과 가까운 사촌 관계라고 할 수 있다. 따라서 수소를 이용하면 우리는 탄소 배출 없는 청정한 비행기를 타고 대륙 사이를 이동할 수 있다. 이 경우 연료전지와 마찬가지로 비행기가 내뿜는 주요 배기가스는 수증기가 될 것이다.●

수소를 암모니아와 같이 콤팩트한 화학 구조 속에 가두었더라도 이것 역시 태우기만 하면 된다. 암모니아는 컨테이너선과 같은 장거리 운송 선박의 연료로 사용할 수 있다. 12장에서는 수소의 응용 분야에 대해 살펴보도록 하겠다.

열이 필요하거나 어딘가로 이동해야 하거나, 근처에 있는 발전소를 가동하는 용도라면 수소는 여기에 딱 맞는 연료다. 하지만 수소를 훨씬 더 다양하게 사용할 수 있도록 만들어주는 또 다른 방법

● 수증기도 온실가스이긴 하지만 기후변화의 큰 걱정거리는 아니다. 대기 중 수증기 농도가 낮을 때는 강력한 효과가 없고, 수증기는 이산화탄소와는 다르게 수십 년, 수 세기에 걸쳐 대기 중에 축적되는 일도 없다. 평균 10일 정도 공기 중에 머물다가 다시 비와 눈의 형태로 지상으로 내려갈 뿐이다. 따라서 설사 우리가 엄청난 양의 수증기를 배출한다고 하더라도 대기 중에서의 수증기 농도는 배출 분량 10일에 해당하는 만큼만 상승하게 된다.

수소 자원 혁명

이 있다. 수소에 저장된 에너지를 전기로 변환하는 것이다. 연료전지의 원리는 본질적으로는 전기분해 장치를 거꾸로 작동시키는 것이다. 전기분해 장치가 물과 전기를 사용해 수소를 만드는 장치라면, 연료전지는 수소를 사용해 전기와 물을 만든다. 이 과정은 본질적으로는 수소를 태우는 것과 같은 화학적 원리에 의해 작동한다. 수소는 산소와 결합해 물을 만들고 이 과정에서 에너지를 방출한다. 연료전지 경우에는 수소에 축적된 에너지를 열이 아닌 전기로 변환한다.

이러한 원리에 의해 연료전지는 배터리와도 경쟁할 수 있다. 연료전지의 셀로 화학물질들이 흘러 들어가는 이상 전기는 거의 무한정 생산된다. 이와 달리 배터리는 모든 화학물질이 내부에만 저장돼있어 화학물질이 일단 전기로 변환되면 재충전해 다시 쓰거나 내다 버리는 수밖에 없다(물론 버리는 것은 철저히 금지돼있다).

우리는 크리스티안 쇤바인과 윌리엄 그로브에 의해 고안됐던 연료전지 기술의 초기 버전을 경험한 바 있다. 하지만 초기 연료전지는 그다지 실용적이지 않았다. 초기 연료전지는 작동될 때 발생하는 엄청난 열과 압력 때문에 고장이 많이 났다. 1932년, 프랜시스 베이컨(유명한 철학자와 동명이인)은 최초의 실용적 연료전지를 만들었다. 엔지니어였던 베이컨은 오늘날 사용되고 있는 알칼리 연료전지의 전신이라고 할 수 있는 장치를 만들었다. 이 장치는 고온과 압력에 견딜 수 있도록 튼튼하게 설계됐다. 그가 만든 '베이컨 셀Bacon cell'은 부식성 수산화칼륨으로 가득 찬 장치였는데, 처음에는 용접기에 전기를 공급하는 용도로 사용됐다. 같은 해, 앨리슨 차머스 사의 엔지니어 해리 카를 아이릭^{Harry Karl Ihrig}은 20마력짜리 트랙터를 최초의 연료전지 구동자동차로 선보였다.

오늘날의 연료전지는 훨씬 더 발전됐다. 주로 새로운 소재의 적용 덕분이다. 연료전지의 전극이 어떻게 진화해왔는지만으로도 책을 하나 쓸 수 있을 것이다. 마그네슘 산화물을 전극 위에 눌러 얹어놓은 형태의 용융탄산염 전지. 그 등장은 다른 어떤 것보다 연료전지 분야의 발전에 크게 이바지했다. 곧 이 전극은 아주 얇은 테플론과 결합한 탄소-메탈 하이브리드 전극으로 대체됐다. 이 분야에서의 발전은 계속되고 있다. 현재는 주로 연료전지에 필요한 희귀 금속의 양을 줄이는 데 연구의 초점이 맞춰지고 있다.

알칼리 연료전지는 전력망에서 전기를 얻을 수 없을 때 매우 유용하게 사용된다. 예를 들면 낮에는 태양전지판이 수소를 만들기 위한 전기분해 장치를 작동시키고, 해가 진 후에는 연료전지가 전기를 계속 공급하는 것과 같은 방식이다. 따라서 전력 인프라가 거의 없는 후진국 지역에서 특히 중요한 역할을 하게 될 것이다.

더 많은 전력이 소요되는 작업에는 고체산화물 연료전지를 쓸 수 있다. 이미 공장과 도시에 전기를 생산해 공급하는 목적으로 고체산화물 연료전지에 대한 수요가 있다. 이 연료전지는 작동 온도가 섭씨 700~1,000도 사이로 매우 높다. 또한 장치를 켜거나 끄는 데 8~16시간이 소요되기 때문에 항상 켜져 있는 상태로 기본 전력을 공급하는 데 사용하는 것이 훨씬 합리적이다. 이 연료전지의 경우 높은 작동 온도를 최대한 활용하는 것이 핵심이다. 연료전지의 높은 작동 온도로 인해 발생하는 증기를 터빈에 연결하면 더 많은 전기를 생산할 수 있기 때문이다. 이러한 이유로 고체산화물 연료전지는 현재 나와 있는 열병합 발전CHP 장치 중에서 가장 중요한 위치를 차지하고 있다. 또 다른 기술인 용융탄산염 연료전지도 고온에서 작동되며 에너지 효율도 높다. 용융탄산염 연료전지는 전 세계에 열병합 발전과 전력 공급망 지원을 위해 260메가와트 이상의 장치가 설치돼있다.

양성자 교환막 혹은 PEM 연료전지는 알칼리 및 고체산화물 전지를 보조하는 역할을 한다. 이 전지의 경우 압력을 받은 수소가스가 양극으로 흘러 들어가서 촉매와 만나는 구조로 돼있다. 촉매는 보통 작은 백금입자로 코팅된 천 조각이나 탄소 페이퍼로 만들어진다. 수소 분자가 촉매와 접촉하면 2개의 양성자와 2개의 전자로 분열된다. 이때 발생한 전자는 양극을 거쳐 외부 회로를 통해 자동차에 전기를 공급한 후 음극으로 들어간다. 그곳에서 전자는 공기 중의 산소 및 양성자와 반응해 물을 형성한다.

PEM 연료전지는 알칼리전지보다 훨씬 작고 가볍다. 정해진 출력을 내기 위해 수소자동차에서 충분히 선택할 수 있는 기술이다. 현재의 수소자동차는 PEM 연료전지에 사용할 촉매로 약 30그램의 백금이 필요하다. 이는 기존 자동차에서 배기가스 저감을 위해 촉매 변환기로 사용되는 백금의 양보다 5~10배 많은 양이다. 따라서 해당 산업의 규모가 커져 백금 수요가 급격하게 증가할 때 심각한 문제가 될 수도 있다. 일부 연구원들은 백금을 적게 사용하기 위해 더 미세한 입자 크기의 백금을 사용하면서 활성 표면적을 증가시키려고 노력하고 있다. 다른 연구 그룹들의 경우 금속 산화물

나노 입자를 포함하고 있는 탄소 나노 섬유와 같은 물질을 대체 촉매로 쓰려는 연구를 진행하고 있다.

PEM 연료전지는 결코 싸지 않다. 백금과 같은 귀금속, 가스 확산층, 분리막이 시스템 전체 비용의 70퍼센트를 차지하기 때문이다. 더구나 이러한 부품들이 영원히 지속되는 것도 아니다. 반복적으로 배터리를 켜고 끄면 결국은 분리막이 열화될 것이다. 제품의 설계적인 문제도 있다. 배터리 셀의 경우 약 섭씨 80도에서 작동하지만, 분리막은 습한 상태를 항상 유지하고 있어야 한다. 분리막이 건조해지는 것을 막기 위해 수분 공급 시스템이 꼭 필요하다.

PEM 연료전지의 제조업체들에게 좋은 소식이 있다. 전 세계적으로 데이터 센터 시장이 빠른 속도로 성장 중이다. 미국의 경우 현재 데이터 센터의 운영을 위해 거의 40기가와트의 백업 전력 용량이 필요하다. 이 분야는 수년 동안 두 자릿수 성장을 보여왔으며, 이러한 추세는 앞으로도 당분간 계속될 것으로 보인다. 이에 맞춰 배터리 용량은 2020년에서 2025년 사이에 2배로 늘어나야 한다. 동시에 기술을 주도하는 대기업들은 필사적으로 탄소 배출량을 줄이려 하고 있다. 따라서 수소는 데이터 센터의 백업 전력 공급을 위한 가장 친환경적이고 저렴한 옵션이 될 것이다. 그리고 연료전지는 일단 설치되면 꼭 백업 전력을 공급하는 용도에만 그치지 않는다. 오히려 연료전지를 주 발전기로 사용하고, 연료전지에서 나오는 폐열을 이용해 열펌프를 작동시키면 서버 건물의 냉방에 필요한 전기를 얻을 수 있을 것이다.

2030년까지는 미국 데이터센터의 약 45퍼센트가 수소 연료전지를 백업 전력으로 사용할 것으로 추정된다. 그때쯤이면 아마존, 애플, 페이스북, 구글, 마이크로소프트와 같은 업계의 선두업체들은 1,500메가와트의 전력을 연료전지로부터 조달하게 될 것이다. 나아가 2050년경에는 데이터센터의 3분의 2가 연료전지로 운영될 것으로 예상된다.

연료전지는 수소뿐만 아니라 메탄, 천연가스로도 작동할 수 있으며 발전소보다 더 효율적으로 전력을 생산할 수 있다. 따라서 다양한 최종 사용 분야를 전기화할 수 있다. 이렇게 에너지 전환장치를 갖춰 놓고 가정과 공장에까지 수소가 공급되는 날이 오기를 기다리는 방법도 있다. 이는 오늘날의 기술적 한계에 구애받지 않고 자신들의 에너지 시스템을 화석연료보다 업그레이드하기를 원하는 사람들이 선택할 수 있는 옵션이다. 나도 집에 연료전지 시스템을 설치할 계획이다. 메탄가스의 경우 보통 가정용 전기료의 3분의 1 가격에 불과하다. 이런 에너지 전환을 가능하게 해주는 설비를 설치하면 많은 돈을 절약할 수 있을 것이다.

또한 고체산화물을 이용해 연료전지와 전기분해 장치의 양방향으로 작동되도록 설계된 가역 연료전지도 있다. 앞으로 우리가 목격하겠지만 이러한 가역 연료전지는 우주탐사에 매우 중요한 역할을 할 것이다. 우주선에 동력을 공급할 뿐만 아니라 우주비행사들이 행성 간 여행을 할 때 생존을 돕는 장치로도 사용할 수 있다. 더불어 가정에서도 전기, 열, 수소 사이를 마음대로 오고 갈 수 있도록 해줄 것이다.

이것으로 우리는 수소를 사용하는 데 필요한 도구를 세트로 완성한 셈이다. 수소를 생산하고 사용하는 많은 방법과 함께 수소를 이송하는 데 필요한 펌프, 파이프, 선박 그리고 수소 저장에 필요한 탱크와 동굴을 확보하게 됐다.

가장 중요한 것은 우리가 보유한 전기분해와 연료전지 도구 세트를 통해 수소와 전기 사이를 오갈 수 있게 됐다는 점이다. 싸고 풍부한 재생가능 전력으로 만들어진 수소가 화석연료와 맞서 경쟁력을 가질 수 있으면 그 결과 새로운 시장이 열리고 재생가능 에너지 부문이 확장하게 될 것이다. P2G Power to Gas(전력으로 수소가스를 생산) 혹은 P2L Power to Liquid(전력으로 액화수소를 생산) 공정과 함께 이렇게 생산된 수소를 이용해 다시 전력을 얻어내는 역반응이야말로 우리가 갖추게 될 탈탄소에너지 시스템의 핵심 기능이다.

이것이 수급의 불균형에 취약하고 개별적으로 쪼개져서 운용되고 있는 오늘날의 에너지 시스템을 수소가 혁명적으로 변화시킬 방법이다. 이 놀라운 분자를 우리가 마음대로 다룰 수 있다면, 재생에너지가 공급되는 영역을 크게 확장할 수 있을 것이다. 사막의 태양과 해양의 바람을 이용하고, 가스와 전기를 묶어 강력하고 유연한 하이브리드 전력 공급망을 만든다. 여행, 가정, 산업에서 탄소 배출을 하지 않게 된다. 마침내 세계는 넷제로 상태가 되고 인류는 기후위기에서 벗어날 것이다.

　　　　　　　　　　　　　　　　　　　　　수소 자원 혁명

제3부

수소는 어떻게
도움이 될까

THE **HYDROGEN**

REVOLUTION

12

수소와 전기: 환상의 에너지 커플

Hydrogen and Electricity: A Power Couple

수소와 전기는 서로 협력하며 강력한 하이브리드 에너지망을 구축할 수 있다. 이를 통하면 좀 더 친환경적이고, 매끄럽고, 저렴한 비용으로 에너지 공급이 이루어질 것이다. 분자와 전자의 결합은 태양과 바람의 힘을 먼 거리까지 전달할 수 있게 해줄 것이다. 이것이 가능해지면 우리는 재생 전력을 얻기에 가장 적합한 장소에 발전 설비를 건설할 수 있다. 동시에 전력 생산의 간헐성에 대한 불안감도 해소할 수 있을 것이다. 이를 통해 전력 공급망은 더 유연해지고 강해질 것이다.

북해에는 대양의 바람을 이용하기 좋은 장소들이 많이 있다. 그중 한 곳은 영국 해협의 동쪽에 있는 요크셔 해안으로부터 125킬로미터 떨어진 도거뱅크다. 육지에서 보이지는 않지만, 이곳의 바다는 15~36미터 깊이에 불과하다. 이렇게 얕은 수심은 전통적인 고정식 풍력 터빈을 설치하기에 적합하다. 그리고 이곳 날씨는 놀라울 정도로 험하다. 거의 항상 강풍이 불고 있다고 보면 된다.

넷제로 에너지망을 구성할 첫 번째 단추는 도거뱅크에 곧 완성될 것이다. 투자자들은 이곳에 대형 풍력발전소를 건설하고 짧은 거리의 저렴한 케이블을 이용해 인근의 인공섬과 연결할 계획이다. 그런 다음 인공섬으로부터 영국, 네덜란드를 거쳐 벨기에, 독일, 덴마크까지 1~2개의 거대한 고압 직류 케이블로 전기를 공급할 것이다.

이 프로젝트에서 정말 흥미로운 것은 육지에 도달한 전기가 맡은 역할이다. 이때 전기는 유럽의 메인 전력망에 투입되지 않는다. 대신 전기분해를 통해 연간 80만 톤의 수소를 만드는 데 사용될 예정이다. 이렇게 만들어진 수소는 기존에 쓰고 있던 천연가스 파이프라인을 통해 주로 독일 루르Ruhr 지역으로 보내져 철강과 시멘트 제조 등의 중공업 분야에 사용된다. 이런 용도로 쓰고도 남는 수소는 수소전기 자동차를 위한 충전소 네트워크에 제공될 것이다.

이 계획만으로도 꽤 혁명적인 비전이라고 할 수 있을 것이다. 하지만 아쿠아벤처스Aqua Ventures는 여기서 한 걸음 더 나아갔다. 수소를 만들기 위해서는 전력이 공급돼야 한다. 따라서 아쿠아벤처스는 해상풍력발전소에서 육지까지 전기를 끌어오는 DC 케이블을 설치하는 대신 아예 전기분해 장치를 바다에 직접 설치하자는 아이디어를 냈다. 이러한 아이디어를 토대로 아쿠아벤처스는 10기가와트 규모의 거대한 해안 풍력 수소 전환 허브를 독일의 작은 섬 헬리골랜드Heligoland에 건설할 계획이다. 이 섬에서 직접 해안 풍력을 이용해 그린수소를 생산한 후 전용 파이프라인을 통해 육지로 운송하는 것이 프로젝트의 목표다.

그렇다면 전기분해 장치를 바다에 설치하는 대신 풍력 터빈과 전기분해 장치를 통합해버리면 어떨까? 이것이 바로 풍력발전 회사 오스테드, 지멘스가메사, ITM파워, 컨설팅 회사 엘리멘트에너지가 오이스터 프로젝트를 중심으로 뭉친 이유다. 이들은 해양 환경에서도 살아남을 수 있도록 설계된 메가와트급 소형 전기분해 장치를 개발하고 시험할 것이다. 그리고 이것을 담수화 시설이 탑재된 단일 터빈에 통합하여 바닷물을 바로 전기분해한다는 계획도 가지고 있다.

이 세 가지 프로젝트는 분자와 전자가 서로 협력할 수 있다는 것을 보여주는 시도가 될 것이다. 유럽에서 가장 저렴한 재생가능 에너지원 중 하나로부터 얻어진 재생가능 전력을 운송하고 저장하기 위해 분자와 전자 에너지 커플이 협력하게 되는 것이다. 기존의 천연가스 파이프라인이 이미 존재하고 있는 곳에서는 기존의 인프라를 사용하면 된다. 이런 방식으로 전력망에 수요가 몰리는 것을 억제하면서도 값이 싸고 탈탄소화된 방법으로 생산된 수소를 필요한 고객에게 공급할 수 있게 될 것이다.

날씨를 잡아라

장거리 송전 과정은 비용이 많이 들고 에너지도 낭비된다. 이러한 문제를 피하려면 재생에너지발전소를 집 근처에 설치하는 것이 가장 좋지만 이 경우에는 원거리에 있는 최상의 재생에너지 자원들은 놓치기 쉽다.

해상풍력발전을 예로 들어보자. 만약 송전 비용을 절약할 목적으로 풍력발전소를 해안에서 가까운 곳에 건설한다면 풍속은 낮아지고 발전소를 건설할 공간은 줄어들 것이다. 반면 해안에서 멀리 떨어진 곳에 건설한다면 더 믿을 수 있는 강풍을 이용할 수 있고 대규모 풍력발전소를 지을 공간도 충분히 확보할 수 있다. 하지만 이 경우, 해안까지 전력을 송전하는 데 큰 비용이 든다는 단점이 있다.

이러한 딜레마를 해결할 수 있는 것이 바로 수소다. 파이프를 이용해 수소를 이송하면 전기 케이블을 설치하는 것보다 훨씬 더 저렴한 비용으로 더 많은 에너지를 운반할 수 있다. 기존의 천연가스 공급망을 이용할 수 있다면 더욱 유리할 것이다. 유럽에는 이미 약 20만 킬로미터에 달하는 고압 천연가스 파이프라인이 있고, 북아프리카와 남유럽을 연결하는 가스 파이프라인은 북해에 설치된 유전과 가스전까지 연결됐다. 이런 인프라들은 조금만 손보면 수소를 운반하는 데 쉽게 이용할 수 있다.

기존의 천연가스 공급 인프라를 이용할 수 있다면 수소를 그다지 비싸지 않은 비용으로 운반하는 것도 가능하다. EHB^{European Hydrogen Backbone} 프로젝트에 의하면 우리가 이미 보유하고 있는 기존의 파이프라인 인프라를 이용할 경우 수소를 수송하는 데 드는 비용은 1천 킬로미터 기준 약 0.10~0.2유로에 불과할 것으로 추정된다. 이는 전력선을 통해 동일한 양의 에너지를 전송하는 데 소요되는 비용의 약 8분의 1에 불과하다. 이 비용은 현재 킬로그램당 4~5유로 정도 수준인 그린수소 생산 비용에 비해서도 현저하게 낮은 편이다.

사실 재생가능 전력을 사용해 그린수소를 생산하면 전기분해 장치에 투입했던 에너지 일부를 잃을 수밖에 없게 된다. 현재의 전기분해 효율이 약 70퍼센트 수준이기 때문이다. 그런데도 여전히 재생에너지를 수소로 바꾸는 것은 비용 측면에서 효율적인 방법이다. 특히 기술적으로 전기화가 어렵거나 전기화 비용이 많이 드는 분야에 수소를 사용하고자 할 때 더욱 유리하다. 추가 송전선 건설이 어렵거나 지역 주민들이 송전선 건설을 원하지 않는 곳에서는 가스관을 통해 수소를 이송하는 것이 매우 매력적인 대안이 될 것이다.

우리가 재생에너지를 수소로 전환해 원거리까지 보낼 수 있게 된다면 세상에서 가장 우수한 에너지 보고인 북해와 사막을 개발하는 길이 열리게 된다. 1986년 체르노빌 사고가 발생한 이후, 독일의 물리학자이자 지중해 횡단 재생에너지협회의 설립자인 게르하르트 니스Gerhard Knies는 지속 가능한 에너지원을 찾기 위해 노력해 왔다. 그의 계산에 의하면 세계 곳곳에 있는 사막들을 모두 합하면 6시간 안에 인간이 1년 동안 소비하는 것보다 더 많은 에너지를 태양으로부터 받을 수 있다고 한다. 특히 사하라 사막은 세계에서 가장 햇빛이 잘 드는 지역이다. 유럽 연합의 2배 이상의 크기에 해당하는 920만 제곱킬로미터의 면적에 연간 3,600시간 햇빛이 내리비치고 있다. 그뿐만 아니라 사하라 사막은 지구상에서 가장 바람이 많이 부는 지역이기도 하다. 모로코, 알제리, 튀니지, 리비아, 이집트 지역의 풍속은 지중해, 발트해, 북해의 일부 지역에 버금간다.

따라서 이 지역들이 가진 재생에너지 잠재력은 어마어마하다고 할 수 있다. 하지만 이 지역에서 재생 전력을 생산해 유럽에 수출하려는 프로젝트는 착수 단계에서부터 어려움을 겪고 있다. 데저테크Desertec라는 이름의 이 프로젝트가 어떻게 바뀌어 왔는지 그 변천 과정을 살펴보자. 2009년 구상된 이 프로젝트는 처음에 북아프리카에서 4천억 유로의 비용을 들여 100기가와트의 재생가능 전력을 생산한다는 계획이었다. 당시로서는 매우 복잡하고도 큰 규모의 프로젝트였다. 하지만 높은 송전 비용 때문에 성공하지 못했다. 이후 프로젝트는 세 번의 변화 과정을 거쳤다. 두 번째 단계에서는 북아프리카 지역의 전기 수요를 충족시키는 것에 주로 초점을 맞췄고, 세 번째 단계인 현재는 에너지를 수소 형태로 운송하는 것을 고려하고 있다.

이것은 내 생각에도 매우 좋은 아이디어로 보인다. 우리가 앞에서 살펴보았듯이 이 방식으로 에너지를 수송하는 것이 송전하는 것보다 훨씬 싸다. 하지만 전기를 수소로 전환하는 과정에서 에너지가 손실되는 문제점도 고려해야 한다. 이후에 수소를 다시 전기로 전환하려면 이 과정에서 더 많은 에너지를 잃어버릴 것이다. 단기적으로 이 문제를 해결하기 위한 아이디어로는 가상현실을 이용하는 것이 있다.

가상현실

스남에서는 이 계획을 PPWS put the panel where it's sunny(햇빛이 내리비치는 곳에 태양전지판을 설치하라)라고 한다. 북아프리카에서 생산된 재생가능 전력을 기존의 천연가스 파이프라인 인프라를 이용해 유럽으로 수출하는 데 있어 가상현실을 이용한다는 개념이다. 이 프로젝트는 어떻게 작동하는 것일까? 첫 부분은 데저테크 개념과 유사하다. 북아프리카에 태양광 패널을 설치하는 일에서 출발하기 때문이다. 이 지역에 설치한 태양광 패널들은 같은 비용으로 독일에 설치한 것보다 약 80퍼센트 높은 생산성을 보여주게 될 것이다. 훨씬 햇볕이 잘 들고, 땅값이 싼 곳에 넓은 면적으로 대규모의 태양광 패널을 설치할 수 있기 때문에 설치비용은 물론이고 유지비도 훨씬 저렴하다.

하지만 이렇게 저렴한 비용으로 생산된 재생가능 에너지를 물리적으로 유럽까지 송전하거나 수소로 변환해 수출하는 일은 일어나지 않을 것이다. 대신 낡고 비효율적으로 운영되는 지역 발전소가 전력 생산을 위해 사용하는 천연가스의 대체물이 될 가능성이 높다. 사용하지 않은 천연가스는 추가 인프라를 건설하지 않아도 유럽으로 운송할 수 있다. 운송된 천연가스는 유럽 발전소의 전력 생산에 이용된다.

이 프로젝트가 실행되면 놀라운 비용 절감효과를 거두게 될 것이다. 서유럽에 투자할 경우 100억 유로가 드는 태양광에너지 설비를 북아프리카로 옮겨 설치하면 같은 비용으로 80퍼센트 더 많은 재생에너지를 생산할 수 있다(즉, 10테라와트시에서 18테라와트시로 늘어난다). 반면 이 지역의 전력생산에 쓰이는 43억 입방미터의 천연가스를 유럽에서 사용하면 유럽 발전소들은 같은 양의 천연가스로 북아프리카 발전소 대비 7테라와트시 더 많은 전기를 뽑아낼 수 있다. 서유럽에 태양광발전소를 짓는 데 100억 유로를 투자하려던 원래 시나리오에 비해 같은 비용으로 탄소 배출을 약 40퍼센트까지 줄일 수 있는 훌륭한 거래가 성립되는 것이다. 또한 이는 유럽연합 국가들의 경제 발전을 촉진하고자 하는 유럽의 전략에도 부합한다. 이 프로젝트가 유럽연합 전체의 핵심 에너지 부문 성장에 이바지하게 될 것이기 때문이다.

이 가상전력 스와프를 이용하면 별로 힘을 들이지 않고도 쉽게 소기의 성과를 얻을 수 있다. 하지만 이는 넷제로로 가는 여러 길 중 하나일 뿐이다. 여전히 이 방식에는 화석연료를 태우는 과정이 포함된다. 그다음 단계는 재생에너지를 수소로 바꾸어 물리적으로 수출하는 것이다. 유럽과 북아프리카는 비교적 간단하게 실행할 수 있다. 앞에서 살펴보았듯이 지중해 해저에 매설된 기존의 천연가스 파이프라인을 조금만 손보면 수소를 100퍼센트까지 수송할 수 있을 것이다.

아직 몇 가지 운영상의 문제는 있다. 모래 폭풍이 휩쓸고 간 후에는 태양광 패널 청소를 어떻게 할까? 전기분해를 위한 물은 어디서 구할까? 이 질문에 대한 답은 우리가 생각하는 것보다 어려울 수도 있고, 어떤 것들은 더 쉬울 수도 있다. 예를 들어, 전기분해를 위한 바닷물의 담수화는 수소의 최종 비용(소금 처리 비용 포함)에 킬로그램당 0.01달러를 추가하기만 하면 된다.

가스전력 스와프 방식으로 사막의 태양을 천연가스로 바꾸거나 수소로 바꾸어 수송하는 것이 세계에서 가장 훌륭한 재생에너지 원에 접근하는 좋은 방법이 될 것이라는 점은 분명하다. 북아프리카 국가들의 정책입안자들도 이런 방향으로 생각하기 시작했다는 것을 나는 직접 나눈 대화를 통해 알게 됐다. 이제 우리는 이와 같은 프로젝트가 엑셀 시트를 떠나 실제 건설 현장으로 옮겨갈 수 있도록 투자 결정을 기다리고 있다.

균형적 조치

가스 공급망 그리드의 규모와 유연성을 이용하면 재생가능 전력이 지닌 간헐성의 한계를 관리할 수 있다. 오늘날 유럽의 대부분 나라가 천연가스로 전력을 생산하고 있어서 전력의 간헐성이 큰 문제가 되지는 않는다. 전력의 수요 공급 균형을 유지하기 위해 천연가스 발전시설의 발전기를 켜고 끄는 것은 쉬운 일이기 때문이다.[1] 하지만 우리가 탈탄소화에 가까워질수록 비상시 대응이 유연한 화석연료 발전의 도움을 받기는 매우 힘들어질 것이며 화석연료를 대체할 새로운 수단이 필요하다. 우리는 안정된 전력 공급을 통해 계속 불을 밝힐 다른 방법을 마련해야만 한다.

재생 전력은 간헐성이라는 한계를 안고 있다. 그리고 이와 상관없이 앞으로 재생 전력에 대한 의존도가 높아질 것으로 보인다. 그만큼 우리는 수요 곡선이 각기 다른 여러 부문에 더 많은 전력을 공급해야 하는 상황에 놓일 것이다. 이러면 재생에너지를 수확할 수 있는 시기와 재생에너지 사용이 필요한 시기 사이의 불일치가 점점 더 커지게 된다.

전력 공급망 내에서 이 문제를 해결하려면 배터리나 양수발전소 등의 형태로 유휴 전력을 저장하는 공간을 늘려야 한다. 또한 급증할 전력량에 대처하기 위해 더 많은 송전선을 추가 건설하는 등의 전력 공급망 강화 방안도 필요하다. 이를 위해 추가로 들어갈 케이블과 배터리 비용만 해도 엄청날 것이다. 그나마 이것도 낮과 저녁 시간에 발생하는 재생에너지 생산량 차이를 보완하기 위한 목적으로 사용할 때에만 투자할 가치가 있다. 그보다 덜 빈번하게 일어나는 사태에는 어떻게 대처할 수 있을까? 예를 들면 일주일간 바람이 불지 않는 때는? 갑자기 한파가 닥쳐 태양전지판이 눈에 덮일 때는?

이런 틈을 메우는 방법으로 분자 그리드molecule grid가 있다. 분자 그리드 중 가스 그리드는 화학적 형태가 아니라 기계적 방법으로도 재생가능 에너지 일부를 저장할 수 있다. 간단히 말해 스프링 원리인데, 기체의 경우 5~70기압의 압력 범위 내에서 압축을 줄였다 늘렸다 할 수 있다. 이렇게 압축된 가스로 전력을 생산하면 전력 공급망 그리드에 추가적인 유연성을 줄 수 있게 된다. 예를 들어, 남부 이탈리아의 어느 화창한 정오에 재생가능 전력이 초과 생산됐다고 해보자. 이럴 경우 공기나 그 밖의 기체를 압축하는 컴프레서의 압력을 높여 더 많은 가스를 파이프라인에 채워 놓는다. 전력이 부족해지면 그냥 컴프레서를 끄면 된다. 그러면 자동적으로 가스가 빠져가면서 파이프라인 내 가스 압력이 낮아질 것이다. 이때 사용되는 컴프레서를 가스와 전기 양쪽에서 다 작동할 수 있도록 이중 연료 시스템으로 만들면 추가적인 유연성을 부여할 수 있다.

기존의 가스 공급망을 통해 수소를 운반하면 전기와 분자는 훨씬 더 효과적으로 결합한다. 재생에너지를 그린수소로 바꾼 다음 가스 공급망을 통해 이송하고, 최대 전력수요가 발생할 때는 천연가스처럼 수소를 발전소에서 연소시키거나 거대한 규모의 연료전지를 사용해 수소를 전기로 다시 변환하면 되기 때문이다. 물론 이런 과정을 거치는 중에 많은 전력이 소실되는 것은 사실이다. 처음 시작했던 전력의 60퍼센트까지 소실될 수도 있다. 얼마나 자주 사용되느냐에 따라 다르겠지만 그렇다고 하더라도 배터리와 양수발전시설, 그리고 값비싼 새 송전선을 설치하는 비용보다는 저렴할 것이다.

이 과정에서 비용이 어떻게 늘어나는지 알아보려면 다음 도표를 살펴보라. 이 도표는 재생에너지 생산의 간헐성을 메꾸기 위해 배터리를 사용하는 것과 전기를 수소로 변환해 저장한 다음 나중에 연료전지를 통해 다시 전기로 변환하는 것 사이의 비용을 비교한 것이다. 왼쪽의 막대그래프는 재생에너지 생산에서의 간헐성이 일

간격일 때 이 두 가지 옵션의 경쟁력 차이를 보여준다. 반면 오른쪽의 막대그래프는 간헐성이 주 간격일 때다. 가장 큰 차이점은 배터리 비용에 있다. 일 간격일 때는 메가와트시당 120달러였던 것이 주 간격일 때는 메가와트시당 700달러가 된다. 수소를 수송하고 저장하는 데는 비용이 별로 들지 않지만 매일 배터리를 사용해야 할 때는 재생에너지를 수소로 전환했다가 다시 전기로 되돌리는 과정이 비싸므로 장점이 상쇄된다. 하지만 일주일에 한 번 정도 사용할 때는 충분히 경제성이 있다. 이것이 전력 공급망에 발생하는 간헐적 수요 집중을 배터리와 양수 발전만으로 대응할 수 없는 이유이

유휴 전력의 저장을 수소와 전기로 할 때의 비교

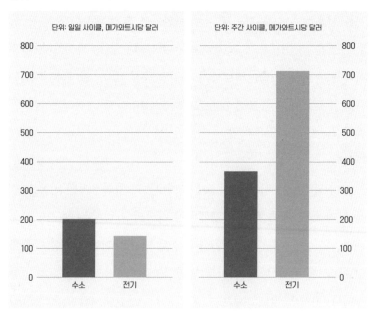

다. 그다지 자주 발생하지 않는 계절적 전력수요 집중에 대응하기 위해서는 보조 전력이 필요하다.

그뿐만 아니라 최종 사용자들이 이중연료를 사용할 수 있도록 함으로써 전력 공급망에 오는 부담을 줄일 수 있다. 언젠가는 가정, 사무실, 공장에 주 전력망 연결과 수소 공급망 연결 그리고 가역성 전기분해 장치와 연료전지가 설치돼 사용자들이 수소와 전기 스위치를 번갈아가며 켜고 끄는 것이 가능해질 것이다. 스남은 액센추어, 마이크로소프트, 시스코와 함께 두 에너지망 간에 원활한 최적화가 이루어지도록 해줄 인공지능 시스템을 개발하고 있다. 앞에서 보았듯이 전력 가격은 변동이 심하다. 전력 요금이 메가와트시당 4천 파운드(약 600만 원)에 육박하는 시점에, 수소로 전력을 생산할 수 있는 연료전지는 매우 유용한 선택이 될 것이다. 이런 모든 노력이 항상 가장 저렴한 경로로 재생에너지가 공급되도록 해줌으로써 전체 에너지 비용을 줄여줄 것이다.

시장조성자

수소는 전기와 가스의 세계를 오가며 상품, 기술, 기업을 연결해준다. 미래의 에너지 가격이 어떻게 책정될지는 수소가 결정하게 될 것이다. 런던 전력거래소에서 전력 가격은 구름, 바람, 천연가스 가격, 석탄 가격, 이산화탄소 비용, 원자력발전소 유지보수, 재생에너지의 운송 및 저장 옵션 등을 함수를 바탕으로 매 순간 바뀐다. 미래 수소에너지의 전력 가격은 수소 공급의 가용성에 따라 결정될 것이다. 가령 이런 식의 문제다. 저장된 수소를 쓰느냐, 수입한 수소를 쓰느냐? 혹은 현지에서 수소 생산을 직접 하느냐? 수소는 언제든 전기로 전환하거나 전기 대신 연료로 사용할 수 있다. 전력 비용 역시 수소에 의해 안정적 수준을 유지하게 될 것이다. 저비용의 전기가 공급되면 언제든 이를 수소로 변환해 저장할 수 있다. 이는 에너지 가격의 안정화 효과도 가져올 것이다.

또한 수소는 에너지 부문 간에 이루어지는 상호작용을 바람직한 방향으로 변화시키고 있다. 일반적으로 에너지 회사들은 지역 또는 국가 단위에서 독점적인 지위를 차지하고 있으므로 실제로는 협력하지 않는 것이 보통이다. 이들 대부분은 자산 전체의 소유권을 두고 서로 경쟁하고 있는 관계에 있다. 하지만 이들도 때로는 서로 협력한다. 수십억 달러 규모의 프로젝트를 진행하면서 리스크를 공동으로 나누어야 할 때가 그렇다.

이제 에너지 회사들은 더 이상 혼자 일하지 않는다. 수소 때문이다. 스냄은 이탈리아에서 테르나Terna라는 전력망 업체와 함께 에너지의 미래를 모델링하는 공동 시나리오를 연구하고 있다. 네덜란드의 가스·전력망 업체인 가스니Gasunie와 테네티TenneT는 어떻게 수소와 재생에너지가 네덜란드를 완전히 탈탄소화할 수 있는지에 대해 공동 연구결과를 발표했다. 에니와 에넬은 외르스테드와 BP의 협력 모델처럼 수소를 정유공장으로 공동으로 가져온다는 협약에 서명했다. 프랑스 토탈Total과 에어리퀴드Air Liquide는 수소를 중심으로 하는 투자 플랫폼을 함께 시작한다.

업종 간의 연결이 필요한 이 새로운 비즈니스 모델 때문에 알파벳이 뒤죽박죽 섞인 것처럼 혼란스러웠던 에너지 기본 측정 단위도 단순화되고 있다(이 책에서는 주로 메가와트시를 사용하고 있다). 모든 사람이 자신들의 분야에서 사용되는 숫자를 비즈니스 파트너가 이해할 수 있는 시스템으로 변환하기 위해 서두르고 있다. 고루했던 에너지 업계에 아마존과 애플이 사용해왔던 것과 같이 소비자들을 다양한 공급자들과 연결해주는 생태계 방식의 접근법이 도입됐다. 이러한 상호교류는 종종 새로운 아이디어를 도출해내기도 한다. 오늘날 에너지 업계에서는 각각의 비즈니스들을 잇기 위해 깊이 있는 전문성과 다양한 분야의 능력을 결합하는 상호연결 접근법이 필수적이다. 우리는 대학과 협력해 다양한 분야 사이에 이루어지는 에너지 전환과 관련된 커리큘럼 및 학위 과정을 개발하고 있다. 이런 전방위적 접근 방식이 필요해진 오늘날의 상황은 500년 전 이곳 이탈리아에서 일어났던 일을 상기시킨다. 박물학자이자 발명가이자 예술가인 레오나르도 다빈치는 조류 관찰자이면서 동시에 비행기 날개 개발자이기도 했다. 그는 르네상스를 대표하는 인물이다. 나의 바람은 레오나르도 다빈치와 같은 다차원적 마법이 수소 세계로의 전환에서도 일어났으면 하는 것이다.

13

새로운 연료

·

The New Oil

그동안 세계 정치는 석유와 가스에 의해 좌우됐다. 반면 재생가능 에너지는 주로 지역적 이슈에서 비롯됐다. 햇빛과 바람에서 얻은 에너지를 장거리로 수송할 수 있는 길을 열어준 수소는 이제 우리에게 새로운 석유가 됐다. 세계의 에너지 질서는 수소로 인해 새롭게 재편될 것이고, 수소는 신의 첫 번째 추첨에서 자원의 지정학적 혜택을 놓친 국가들에 두 번째 기회를 열어줄 것이다.

에너지와 세계 정치는 불가피하게 얽혀 있는 관계다. 역사상 나타났던 수많은 사례 중 하나만 꼽자면, 윈스턴 처칠이 영국 해군에 대한 석유 공급을 안정화시키고자 BP의 전신인 영국-이란 석유회사를 국유화한 사건이 있다.

오늘날에도 마찬가지다. 유럽연합은 러시아에서 채굴되는 천연가스 의존도를 낮추기 위해 불철주야 외교적 노력을 기울이고 있다. 하지만 이러한 시도는 지금까지 성공하지 못했다. 2010년 유럽연합은 전체 에너지 수요량의 21퍼센트를 러시아에 의존했으나 현재는 그 수치가 34퍼센트로 증가했다. 우리는 오랫동안 계속되는 '에너지 냉전 시대'에 살고 있다. 미국은 막대한 석유 매장량을 이유로 사우디아라비아에 접근하고, 러시아는 천연가스와 원유생산 대국인 이란과 가까워지기 위해 노력한다. 하지만 이제 새로운 시대를 향해 달려가고 있다. 미국이 거대한 셰일 석유와 가스전을 발견함에 따라 에너지 수입국에서 에너지 수출국으로 바뀌었기 때문이다. 그 결과 우리는 러시아와 사우디아라비아가 서로 협력하는 새로운 광경을 목격하고 있다. 그들은 미국산 석유와 가스가 넘쳐나고 있는 에너지 시장의 균형을 맞추기 위해 같이 손을 잡았다.

한편, 중국은 일대일로 정책Belt and Road Initiative을 통해 에너지 시장에서의 영향력을 키워왔다. 이 전략은 개발도상국의 인프라 건설과 에너지 프로젝트에 자금을 지원하면서 그 국가들이 보유하고 있는 자원에 접근하는 것이다. 이에 대해 유럽과 미국은 전 세계를 대상으로 에너지 인프라 건설에 자금을 조달해주는 또 다른 캠페인을 펼치고 있다.[1] 에너지와 지정학은 떼려야 뗄 수 없는 긴밀한 관

수소 자원 혁명

계다. 이 사실은 2021년 4월 조 바이든 미국 대통령이 개최한 기후 정상회의에서 분명하게 드러났다. 이 회의에는 미국과 전통적 동맹 관계에 있는 영국과 유럽 그리고, 그렇지 않은 러시아, 중국, 사우디 아라비아 등을 포함한 40명의 세계 정상이 모였다.

에너지는 세계 정치를 움직이는 중요한 원동력이다. 오늘날 에 너지 없이 우리가 할 수 있는 것은 그리 많지 않다. 불 밝히기, 식량 재배하기, 물건 만들기, 이동하기……. 이 모든 활동에 에너지가 필 요하며 가면 갈수록 그 역할은 훨씬 더 커질 것이다. 자동화와 인공 지능의 등장으로 인해 더 이상 글로벌 시장에서 값싸고 숙련된 노 동력은 강점을 잃게 될 것이고 대신 값싼 에너지가 그 자리를 차지 할 것이다. 인건비 비중이 줄어들고 에너지 비용의 비중이 늘어난 다. 그럴수록 에너지 비용과 경제 성장은 점점 더 밀접한 관계를 맺 게 될 것이다. 앞으로 미래 세계에서 어떤 일이 일어날지 감을 잡으 려면 천연가스가 엄청나게 저렴한 시베리아에서 비트코인을 채굴 하고 있는 사람들이 많다는 사실을 떠올려보라. 비트코인 채굴은 컴퓨터에 의존하는 작업이며, 엄청난 양의 에너지를 사용한다. 세 계적으로 한해 비트코인 채굴에 사용되는 에너지는 121테라와트시 로, 이는 아르헨티나의 국가 전체 에너지 소비량보다 많다.[2]

따라서 전 세계의 외교부 장관들이 각국을 순방할 때 지도를 펴놓고 석유와 가스 자원이 풍부한 곳부터 먼저 방문하려고 노력해 온 것이 그리 놀랄 일은 아니다. 그중에서도 특히 걸프 국가, 러시 아, 그리고 미국에 관심이 집중된다.

하지만 그것은 이미 과거의 문제에 매달리는 꼴이다. 미래를 생각하는 정치인이라면 다른 지도를 들여다봐야 한다. 그 지도는 어떤 나라들이 수소 만들기에 유리한 태양과 풍력 잠재력을 보유하고 있고, 향후 가장 재생가능 자원이 풍부한 나라가 될 것인지를 보여주고 있을 것이다.

왜 외무장관들은 지도를 바꾸어 봐야 하는가? 재생에너지 생산 비용이 대부분 화석연료보다 저렴해지는 시기가 가까워지고 있기 때문이다.[3] 그러나 설사 그렇게 된다고 하더라도 여전히 재생가능 전력은 지역적인 사업일 뿐이다. 이 판의 진정한 게임체인저는 수소다. 앞으로는 수소를 이용해야만 햇빛과 바람을 파이프라인이나 배를 통해 먼 거리까지 실어 나를 수 있을 것이다. 재생가능 에너지를 새로운 종류의 석유로 바꾸는 매개체 역할을 함으로써 미래에는 수소가 지배적인 에너지 형태가 될 뿐만 아니라 전 세계적으로 거래되는 상품이 될 것이다. 수소가 가진 이러한 특징이 석유 거물들의 관심을 불러일으키고 있다.

나는 세계 최대의 에너지 콘퍼런스인 CERA 위크(휴스턴을 중심으로 열리는 회의로 카우보이 모자를 쓴 석유채굴자들을 볼 수 있는 곳)에서 수소 세션의 패널로 참석해달라는 초대장을 받고 석유 업계의 신호를 감지했다.

세계 곳곳에서 재생에너지를 만들고 그것을 전 세계적으로 거래할 수 있게 된다면 세계의 경제력 균형이 급격하게 바뀌게 될 것이다. 이것은 여러 아프리카 국가, 중동, 남미, 호주 등 재생가능 에너지 자원이 풍부한 모든 나라에는 매우 유망한 전망이다. 우리에게는 에너지 공급지도만 필요한 게 아니다. 에너지 수요지도도 필

수소 자원 혁명

요하다. 세계 일부 지역에서는 빠르게 인구가 성장하면서 동시에 경제도 함께 성장하고 있다.

새롭게 등장한 이 그린석유의 수요지도와 공급지도를 겹쳐서 볼 때 명심해야 할 것이 있다. 파이프라인을 통해 수소를 이송하는 것이 액화수소나 암모니아의 형태로 배에 실어 보내는 것보다 훨씬 저렴하다는 사실이다. 최종 수소사용처에서 특별히 액화수소를 요구하지 않는 한 그렇다. 현재도 지역별 가스 공급망이 서로 파이프라인으로 연결돼있고 일부는 액체 형태로 전 세계로 운송된다는 면에서 수소 시장은 오늘날의 가스 시장과 유사해보인다.

아프리카에서 벌어지는 빅게임

앞으로 아프리카는 수소를 중심으로 재편될 세계 질서의 중심점에 서게 될 것이다. 아프리카는 막대한 재생에너지 자원을 가지게 된다. 다시 말하지만 사하라 사막은 세계에서 가장 햇볕이 잘 드는 지역이다. 에너지 수요 측면에서 볼 때도 아프리카는 꾸준히 성장하고 있는 매우 매력적인 시장이다. 앞으로 80년 이내에 나이지리아는 중국을 앞질러 지구상에서 두 번째로 인구가 많은 나라가 될 것이고 아프리카 대륙의 인구는 3배로 늘어 30억 명이 될 것으로 예상된다.[4] 이르면 2030년에는 아프리카에서 인구 1천만 명 이상의 도시 5곳과 500만 명 이상의 도시 12곳이 생겨날 것이다. 우리는 이 거대한 에너지 시장에 공급할 재생에너지를 생산하고 남는 양은 수출하기 위해 이 분야에서 일어날 엄청난 발전을 보게 될 것이다. 아프리카 대륙에서 일어날 이 혁명이 우리에게 미칠 영향은 아무리 과대평가해도 지나치지 않다.

태양광 자원은 분배 면에서 화석연료보다 훨씬 더 공정하다. 소말리아와 에티오피아 같은 아프리카 국가들은 신이 주는 첫 번째 자원 추첨 기회에서는 좋은 패를 뽑지 못했다. 하지만 미래에는 그들 스스로 에너지를 생산할 수 있는 두 번째 기회를 얻을 것이다. 그리고 이에 따라 아프리카 대륙 내에서 힘의 균형이 이동할 것이다.

하지만 송전선을 건설하는 데는 상대적으로 큰 비용이 들고 아프리카는 매우 크다. 더불어 아프리카의 경우 에너지 수요의 계절 변동이 북유럽보다 적다는 사실을 고려한다면 가정마다 태양전지판을 통해 자체적으로 전기를 조달하거나 소규모 지역 전력망에 연결하는 식의 분산형 에너지 시스템의 중요성이 더 커질 것이다. 이런 상황에서 인근 지역에서 필요한 에너지 수요를 채워주기 위해서 수소는 큰 역할을 하게 된다. 수소는 주로 여유 에너지를 저장하고 보조전력을 공급하는 역할을 담당하게 될 것이다.

아프리카에서의 청정에너지 생산은 지역 발전에 필요한 전력을 공급하는 것이 무엇보다 최우선 순위가 돼야 한다. 아프리카는 역사적으로 약탈적이면서도 삶의 질을 떨어뜨리는 부당한 거래를 오랫동안 당해왔다. 그런 의미에서 미래의 재생가능 에너지 개발은 지역 주민에게 해가 아니라 이익이 돼야 하며 따라서 토지를 사용하는 데 있어서도 매우 조심해야 한다. 지금 땅이 비어 있다고 해서

임자가 없다고 해석해서는 안 된다. 수자원도 마찬가지다. 새로운 직업, 훈련, 지역 공급망 개발, 그리고 에너지 안정성 측면에서 아프리카 국가들이 재생가능 에너지 개발을 하면서 이익을 얻을 수 있어야 한다.

여유 에너지의 수출

현재 지도상에서 햇빛이 풍부하고 바람이 많이 부는 장소들은 대부분 석유와 가스가 생산되는 지역과 일치한다. 이들에게는 좋은 소식이다. 기존의 화석연료 생산을 단계적으로 중단한다 해도 새로운 기회를 또 얻을 수 있기 때문이다. 그뿐만 아니라 이 지역에 이미 존재하는 파이프라인 인프라를 계속 사용할 수 있다는 장점도 있다. 기존의 산유국들은 수소를 좋아한다. 이미 북아프리카, 페르시아만, 호주에서는 해당 지역에서 풍부하게 얻을 수 있는 햇빛과 풍력 자원을 이용해 수소를 생산하고 있다.

사우디아라비아의 경우 수소를 이용해 전력을 공급하는 데 가장 앞서 있다. 세계에서 가장 큰 규모의 그린수소 프로젝트가 사우디아라비아의 북서부에 있는 네옴Neom에서 진행될 계획이다. 프로젝트는 거대 재생에너지 회사인 ACWA전력과 산업용 가스 회사 에어프로덕트가 참여하며, 말 그대로 '지속 가능한 삶을 위한 새로운 모델new model for sustainable living'이 될 것이다. 이는 50억 달러에 달하는 거대 사업으로서 80제곱킬로미터에 이르는 면적으로부터 얻어지는 태양과 풍력을 이용해 4기가와트의 재생 전력을 생산하고, 티센크루프-데노라 기술을 이용해 전기를 하루 650톤의 수소로 전환한 후 여기에 질소를 첨가해 만든 암모니아를 전 세계로 수출한다는 계획이다.

호주도 이미 수출용 암모니아를 만들기 위해 태양에너지를 사용하기로 했다. 호주에는 어떤 지역보다 더 많은 햇빛이 내리비치고 있고, 남쪽과 서쪽 해안에는 강력한 바람이 불고 있다. 수입 화석연료에 의존하고 있는 한국과 일본은 스스로 재생가능 에너지를 생산할 수 있는 능력에 한계가 있다. 따라서 이들 나라에 햇빛을 수출한다면 호주는 큰 돈을 벌 수 있을 것이다. 한국과 일본이 택할 수 있는 넷제로에 도달하는 제일 좋은 방법은 자신들이 수입하고 있는 화석연료를 수소로 대체하는 것이다. 일본의 경우 2050년까지 전체 에너지의 40퍼센트를 수소로 조달하는 것을 목표로 하고 있다. 이미 호주에는 일본이 자금을 지원하는 관련 프로젝트가 3개나 있다. 가와사키 중공업과 호주의 오리진에너지는 퀸즐랜드에서 300메가와트의 전기분해 장치를 개발하고 있고, 이와타니 코퍼레이션은 글래드스톤Gladstone에서 스탠웰 코퍼레이션과 일하고 있으며, 미쓰비시 중공업의 경우 호주 남부에서 에어페닌슐라게이트웨이라는 프로젝트에 투자하고 있다.

파이프라인 정치학

먼 거리까지 수소를 운송하는 가장 효율적인 방법은 기존의 파이프라인을 이용하는 것이다. 자원의 존재 여부와 함께 지정학적 역학 관계를 형성하는 중요한 요소는 바로 파이프라인이다. 파이프라인이 자원의 생산자와 소비자를 아주 오랫동안 하나로 묶어 놓을 수 있다. 이 영구적 연결을 이유로 양쪽이 가진 협상력은 어느 정도는 제한을 받는다. 서로 하나 이상의 공급원과 하나 이상의 수출 경로가 마련되지 않으면 이 관계를 정리하기는 어렵다. 그렇지 않은 상황에서는 파이프라인의 양쪽 끝에 있는 나라들이 서로 떨어져 나갈 정도로 관계가 급격하게 악화되는 일은 일어나지 않는다. 역사적으로 보면 서로 으르렁거릴 때도 이들은 지하 통로로 서로 비밀리에 소통해왔다.

이전에 내가 맡았던 업무 일부는 러시아에서 유럽으로 수입되는 가스 파이프라인을 운영하는 것이었다. 냉전이 한창일 때조차도 가스 공급은 안전하게 유지됐다. 감탄이 절로 나오는 일이다. 나는 2011년 리비아 내전 당시 리비아에서 시칠리아로 이어지는 그린스트림Greenstream 파이프라인을 운영했다. 리비아 내전은 무아마르 카다피에 충성하는 군대가 그의 정부를 축출하려는 외국 세력의 지원을 받는 군대와 싸우는 전쟁이었다. 그때도 결코 평온한 시기는 아니었지만 누구도 가스 파이프라인을 공격하지는 않았다. 이집트에서 이스라엘로 연결된 파이프라인(평화Peace 파이프라인)은 오랫동안 이집트 가스를 이스라엘로 가져오는 데 사용됐다. 하지만 이스라엘에서 큰 가스전이 발견된 후, 이 핵심적인 전략 자산은 반대 방향으로 흐르고 있다.

　동부 지중해에서 엄청난 양의 천연가스전이 발견된 이후 이 천연가스를 유럽으로 운반해오기 위해 파이프라인을 새로 건설하려는 프로젝트에 대한 논의가 계속됐다. 솔직히 이 프로젝트는 불가능했다. 천연가스를 유럽으로 운반해오려면 해저에 깔리는 1,900킬로미터짜리 파이프라인을 건설해야 하기 때문이다. 하지만 그렇게 따지자면 이미 구축됐거나 구축 중인 다른 프로젝트들도 불가능해 보이기는 마찬가지다. 투르크 스트림은 135억 달러짜리 930킬로미터 파이프라인 건설 프로젝트고, 노드 스트림2는 총길이 1,224킬로미터에 달하는 105억 달러짜리 프로젝트다.

　이는 미래의 수소 이송경로를 건설하는 매우 중요한 프로젝트다. 현재도 탄화수소를 풍부하게 보유하고 있는 중동은 축복받은 땅이다. 그들은 미래 재생에너지 자원의 복권 추첨에서도 당첨될 준비를 하고 있다. 사우디아라비아 네옴에서 진행되고 있는 수소 수출 프로젝트가 바로 그 예다. 석유에서 벗어나 에너지 다각화를 모색하는 지역의 에너지 회사들 때문에 나는 아부다비와 사우디아라비아에서 꽤 많은 시간을 보냈다.

　유럽의 경우 화석연료를 많이 보유하고 있지 않으므로 에너지를 주로 수입에 의존하고 있다. 이런 이유로 특히 러시아와의 관계를 설정하는 데 있어 유럽은 매우 긴 자기 부정의 시간이 필요했다. 반면 동유럽 국가들은 러시아에 의존하지 않기 위해 기꺼이 미국에 추가 비용을 지급하면서까지 값비싼 액화 천연가스를 수입하고 있다. 현재 독일은 러시아에 직접 공급받는 가스량을 2배로 늘릴 노드 스트림2 파이프라인 공사를 중단하라는 압력을 강하게 받는 상황이다.

이러한 역사의 이면에는 다소 희망적인 생각이 존재한다. 에너지 독립을 위해 재생가능 에너지 혁명을 진행하는 과정에서 유럽과 이웃 국가들의 관계가 변할 것이라는 생각이다. 나는 효율성을 해치지 않는 한도까지는 독립을 추구하는 것이 좋다고 본다.

수소에 굶주린 독일

모든 나라가 에너지 전환을 위한 국가 전략으로 재생가능 전력을 채택했다고 해보자. 얼핏 칭찬할 만한 일처럼 들릴지도 모르겠다. 하지만 이에 따라 야기되는 비효율성을 이유로 정책 자체가 완전히 중단될 수도 있다. 독일 흑림Black Forest에 설치된 태양전지판이 연간 약 1천 시간 동안 생산해내는 전기를 일조량이 많은 북아프리카 국가에 설치된 태양전지판은 그 절반의 시간에 만들어낸다.

나의 걱정은 완전한 에너지 독립이 우리에게 주어진 문제를 해결하기보다는 더 큰 문제를 만들어낼지도 모른다는 것이다. 에너지 독립만으로 우리가 이웃 국가들과 엮이게 되는 문제로부터 자유로워지는 것은 아니라는 점을 기억하라. 에너지가 절실하게 필요한 나라들이 에너지를 공급하는 이웃 국가들에 의존하는 것은 당연하다. 하지만 거꾸로 에너지를 파는 나라도 수입하는 이웃 국가들에 의존하는 것은 마찬가지다. 알제리, 리비아, 이집트를 비롯한 걸프 지역 국가들의 젊은 인구는 에너지 수요를 끝도 없이 늘리고 있다. 이러한 상황은 국가 재정에 엄청난 부담으로 작용한다. 그리고 해당 국가에 이루어지는 지출은 상당 부분 원유와 가스를 팔아서 확보된 재원에서 나온다. 만약 이런 국가들이 탄화수소를 팔아서 확보하는 재원이 줄어들면 어떤 일이 벌어질까? 이러한 사태가 벌어지면 이 지역에 아슬아슬하게 형성된 힘의 평형 상태가 깨진다. 아마 이민이 늘어나고 사회는 불안정해질 것이다. 그렇다. 우리는 그들 국가에서 생산되는 에너지를 사면서 그 나라에서 발생할 수 있는 잠재적 불안 요소를 키우고 있다. 에너지를 사고파는 일은 생산자와 소비자 양쪽 모두에게 중요하다. 우리는 이것이 얼마나 중요한 일인지에 대해 종종 과소평가하고 있다.

재생가능 에너지의 생산 효율성은 지역마다 다르다. 그러므로 우리가 글로벌한 에너지 시장을 만들지 못하면 지역마다 에너지 비용이 크게 달라질 위험이 있다. 우리가 이러한 불균형을 공정한 방법으로 해결하지 못하면 모든 국가는 절망적인 경제적 불평등 속에서 교역해야 하는 상황에 마주하게 될 것이다.

이런 점에서 나는 탈탄소화로 가기 위해 독일이 취하고 있는 실용적 접근법에 매우 찬성한다. 독일의 탈탄소화 문제는 결코 풀기 쉬운 수수께끼가 아니다. 독일은 유럽의 산업 강국으로서 자동차를 만들기 위해 많은 양의 값싼 에너지가 필요하며, 현재 그들은 에너지 수요의 약 60퍼센트를 수입에 의존하고 있다. 게다가 현재로는 단계적으로 폐지될 예정인 원자력, 갈탄, 석탄에 에너지를 크게 의존하고 있다. 원자력은 2011년 일본 후쿠시마 원전 사고 이후 정치적으로 채택이 불가능한 선택지가 됐으며 앞으로 독일의 에너지 포트폴리오에서 완전히 제외될 계획이다. 더구나 독일에서 석탄 출구법이 2020년 7월 통과됐으므로 늦어도 2038년까지는 독일의 모든 석탄화력발전소가 폐쇄될 것이다. 동시에 2015년 폭스바겐이 미국 배출가스 검사에서 부정행위를 인정한 디젤게이트 스캔들의 영향으로 많은 독일 도시가 구형 디젤차의 운행을 금지하고 있다.

결론적으로 에너지를 수입에 크게 의존하고 있는 독일에서 많은 에너지원이 거의 동시에 사라지고 있다고 요약할 수 있겠다. 이러면 줄어드는 에너지 일부를 국내에서 생산되는 재생가능 에너지로 대체해야 한다. 독일은 해양에 풍력 터빈을 건설할 여지가 있다. 육지에 풍력발전소를 건설한다면 토지 이용에 제한을 줄 것이라는 우려와 함께 님비주의●에 시달릴 것이다. 그런데도 이 중 어떤 방법을 택하든 독일은 어쩔 수 없이 많은 에너지를 수입에 의존할 수밖에 없을 것이며, 수입한 에너지 모두 '그린'이어야 한다.

이런 상황을 고려할 때 독일이 일찍부터 재생가능 에너지 수입에 대한 필요성을 지적하고 수소를 그 중심에 두었던 첫 번째 국가였다는 것은 그리 놀랍지 않다. 독일 정부가 수소 관련 프로젝트에 지출하는 90억 유로 중 20억 유로는 독일 국외에서 이루어지는 프

● "내 뒷마당에는 안 된다"는 뜻이다. 책에서는 인구 대부분이 정책적인 목표를 지지하지만 정작 자신들이 살고 있는 곳 근처에 태양광 패널과 풍력 터빈을 설치하는 것은 꺼리는 현상을 의미한다.

로젝트에 할당돼있다. 정부 관계자들은 북아프리카와 서아프리카, 중동, 그리고 심지어 호주까지 방문했으며 그곳에서 그들은 수소를 장거리까지 이송할 바세르스토프브루크 Wawwerstoffbrucke (수소 다리)에 대한 공동 타당성 조사를 시작했다.

가장 인상적인 프로젝트 중 하나는 세계에서 가장 큰 수력발전소를 콩고에 건설하려는 계획이다. 이것이 성공할 때 아프리카에서 독일로 엄청난 양의 그린수소가 수출될 수 있을 것이다. 수력발전소의 규모는 44기가와트이며, 이는 중국의 싼샤댐의 2배에 해당한다.[5] 현재 수천 명의 사람이 수몰 위기에 처한 만큼 프로젝트를 둘러싼 논란도 만만치 않다.

거물들

아프리카와 중동 지역이 수소경제의 새로운 중심지로 떠오르는 가운데 중국, 인도, 미국과 같은 거물급 국가들도 여기에 크게 뒤지지 않는다.

중국이 재생에너지에서 그랬던 것처럼 수소경제에서도 선구자가 될 수 있을까? 중국에 설치된 태양광 용량은 2012년 4.2기가와트에서 2020년 250기가와트[6]로 증가했으며 2024년에는 미국이 달성할 것으로 예상되는 용량의 2배에 해당하는 370기가와트를 기록할 것으로 보인다. 중국은 현재 세계 태양전지판의 60퍼센트를 생산하고 있는 나라다. 이러한 제조 역량은 중국을 지구상의 어느 곳보다 더 많은 태양에너지를 수확할 수 있는 국가로 만들었을 뿐만 아니라 이 능력을 전기분해 장치에도 사용할 수 있도록 했다. 게다가 중국이 가진 잠재적인 수소 수요도 결코 적은 수준이 아니다. 중국 정부는 이미 2025년까지 10만 대까지 늘리기로 한 연료전지 자동차를 2030년까지는 100만 대로 늘리겠다는 계획을 발표했다. 물론 중국 전체 자동차 숫자와 비교하면 바다에 물 한 방울 더 하는 정도지만 수소의 수요 면에서 보면 큰 도약이라고 할 수 있다. 중국 정부는 2060년 탄소배출 제로를 목표로 하고 있으며 이를 위해 수소는 가장 주목받는 대안이 되고 있다.

"모든 것이 가능한 곳"이라고 자국을 마케팅하고 있는 인도는 에너지 차원에서 보자면 매우 역설적인 일이 일어나고 있는 곳이다. 그들은 지구온난화로 녹은 히말라야 빙하의 물을 사용해 수력발전을 한다. 그리고 여기서 얻어진 전기를 이용해 이미 석탄보다 저렴한 그린수소를 생산한다. 하지만 여전히 많은 사람은 농업 폐기물을 태워 요리한다. 인도의 대기는 오염으로 인해 수백만 명의 사람들이 조기 사망할 정도로 그 질이 끔찍하다. 이런 상황에서 인도와 같은 많은 개발도상국에 남겨진 유일한 희망은 세계에서 가장 오래된 에너지 시스템을 쓰는 나라에서 가장 최신의 에너지 시스템을 쓰는 나라로 한번에 도약할 수 있다는 가능성이다. 가령 아프리카의 휴대전화가 유선통신 단계를 건너뛰어 바로 무선으로 간 것과 같은 일이다. 심지어 이 나라들은 M-페사와 같은 송금 서비스의 성공 덕분에 은행도 건너뛰지 않았던가.

에너지 삼두정치를 장악한 또 다른 거물은 언제나 그렇듯 풍부한 자원을 가진 미국이다. 미국에는 사막의 태양뿐만 아니라 바닷바람도 있다. 또한 여러 사업 부문에서 세계에서 가장 성공한 기업이 있고, 기업들의 개발 풍토, 유연하고 숙련된 노동 시장도 갖추고 있다. 오늘날의 에너지 혁신은 미국에서 시작됐다. 1901년, 텍사스의 스핀들톱Spindletop 석유 시추정에서 석유의 시대가 시작됐다. 수십만 명의 노동자를 동원해 다른 어떤 나라도 모방할 수 없는 기업가 정신으로 세계에서 유일하게 셰일 오일 및 가스 생산에 성공한곳이 미국이다. 이러한 일은 철저하게 중앙 정부의 통제 속에 있는중국에서도 불가능했다.

스프레드시트 상에만 존재하던 계획을 현실로 바꾸는 게 결코쉬운 일은 아니다. 정치적 위험, 대용량 물 구하기, 전기분해 장치제조상의 걸림돌, 물류 및 모래 폭풍······. 수많은 난관이 우리를 기다린다. 하지만 동시에 엄청난 기회다. 수소는 수송이 쉽다. 이 특성을 이용해 태양력과 풍력이 가장 풍부한 지역에서 가장 에너지 수요가 큰 지역까지 수소를 실어 나르고 대륙끼리 연결하면 글로벌하고 유동성 있는 에너지 시장을 만들 수 있을 것이다. 호주의 전 수석 과학자 앨런 핑켈Alan Finkel은 이렇게 말했다.

"수소의 가장 놀라운 능력은 우리가 수백 년 동안 해왔던 일들을 그대로 지속할 수 있게 해준다는 점에 있다. 그것은 바로 에너지가 풍부한 대륙에서 부족한 대륙으로 에너지를 실어 나르는 것이다."[7]

수소 자원 혁명

14

친환경 자재

·

Making Materials Greener

인구가 증가하고 도시화가 빠르게 진행될수록 전 세계적으로 플라스틱, 연료, 식품뿐만 아니라 건축에 필요한 강철과 콘크리트가 부족해질 것이다. 현재 이 자재들을 만드는 공정은 탄소 집약적이다. 에너지가 필요한 모든 곳에 재생가능 전력을 쓸 수는 없다. 하지만 여기에 청정수소가 개입하면 얘기가 달라진다. 철광석을 녹이는 데 필요한 엄청난 열을 발생시키는 용도로 청정수소가 쓰인다면 대기오염의 원인이 되는 그레이수소는 사라질 것이다.

도시 풍경이 수평선 너머까지 펼쳐져 있다. 자율주행 자동차를 위한 복층 도로는 우뚝 솟은 고층 빌딩들 사이를 지나간다. 돔형 콘서트홀 뒤로 분주한 항구에 거대한 크레인과 부두가 보인다. 수직 농장의 자동화된 온실에서는 채소를 재배한다. 드론이 머리 위를 윙윙거리며 누군가가 주문한 물건을 50킬로미터 밖의 교외로 실어 나른다. 이 거대한 미래 도시는 가장 가벼운 재료를 기초로 하여 지어졌다.

2050년 말까지 지구 인구의 3분의 2는 도시에 살게 될 것이다. 도시 인구는 2021년보다 25억이나 더 늘어나게 되는 것이다. 이 모든 사람을 수용하려면 지금부터 2050년까지 매년 파리 크기의 도시 4곳을 건설해야 한다. 이를 위해서는 충분한 양의 콘크리트, 강철, 플라스틱, 음식, 에너지를 공급해야만 한다. 뿐만 아니라 이 모든 것이 지속 가능하고 합리적인 가격으로 제공돼야 한다. 겉으로 보기에는 공상과학 영화에 나오는 미래 도시처럼 보일지 모르지만, 2050년의 건물과 그 건물들을 채우는 대부분의 물건은 여전히 오늘날 우리가 사용하는 것과 같은 물질로 만들어질 것이다. 즉 강철, 플라스틱, 콘크리트, 세라믹, 그리고 유리와 같은 것들이 필요하게 된다. 가까운 미래에는 엄청난 양의 원자재가 필요하다. 그러므로 미래의 우리는 이 자재들을 전적으로 재생가능하고 탄소 배출량이 적은 제조 과정을 통해 만들어야만 하는 과제를 안고 있다.

인구 증가로 인해 도시화가 진행되지 않아도 여전히 우리는 이런 재료들이 필요하다. 미래 도시를 건설하는 일은 인류가 감내해야 할 시련에 가깝다. 만약 '지속 가능하게' 도시를 건설하지 못한다면 우리는 '지속 가능하게' 살아갈 수 없다.

오늘날 사용되는 원자재 대부분은 제조 과정에 고열이 필요할 뿐만 아니라 공정 과정도 친환경적이지 않다. 산업계에서 고열이라고 부르는 섭씨 650도에 도달하기 위해서 엄청난 양의 화석연료를 태워야 하기 때문이다. 오늘날 전 세계 이산화탄소 배출량의 약 22퍼센트는 이러한 제조공정에서 나오고 있다.

제조공정 중에서도 탄소 배출량의 약 절반 정도는 철강, 시멘트, 플라스틱에서 나온다. 그 외의 탄소배출 산업으로는 광산업, 채석업, 건설업, 자동차 제조업, 섬유제조업 등이 있다.

거대한 신도시를 건설하는 데 들어가는 막대한 양의 자재와 그 도시들을 연결하는 데 필요한 도로, 다리, 철도의 건설을 고려해보자. 이런 재료들을 만드는 새로운 방법을 찾지 않는 한 우리가 기후

산업 부문 이산화탄소 배출량(2019)

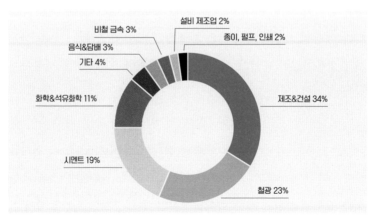

- 비철 금속 3%
- 설비 제조업 2%
- 음식&담배 3%
- 종이, 펄프, 인쇄 2%
- 기타 4%
- 화학&석유화학 11%
- 제조&건설 34%
- 시멘트 19%
- 철광 23%

위기를 극복할 가능성은 거의 없다.

이는 매우 힘든 도전이다. 재생가능 전력은 가정과 자동차에서는 매우 유용하게 사용된다. 하지만 재생가능 전력을 제조업에 직접 도입하기는 어렵다. 바나나를 배터리로 대체하기 어렵듯이 대부분의 화학공정에서 사용되는 화석연료들을 그린 전력으로 대체하는 것은 불가능하다. 물론 전기를 이용해 높은 온도에 도달할 수는 있지만 이것은 어렵고 많은 비용이 든다.

그린철강

콘퍼런스에서든 치즈버거를 먹을 때든 지구온난화 해결방안에 대해서 얘기할 때 저는 항상 이런 질문을 합니다. 철강은 대체 어떻게 할 작정이신지?[1]

— 빌 게이츠

철강 산업은 항상 이런 논쟁의 맨 앞에 오는 의제다. 철강은 건물, 다리, 자동차를 비롯해 수많은 제품을 만드는 데 쓰이는, 우리 삶에서 필수불가결한 자재다. 한편, 철강은 엄청난 오염물질을 배출하기도 한다.

철광석을 강철로 만들려면 먼저 원석에서 철을 추출해야 한다. 철 원자는 철광석 내에 산소와 결합한 상태로 있다. 철 원자를 산소에서 분리하려면 우선 환원제가 필요하다. 환원제는 철에서 산소를 빼오는 역할을 하는 화학물질이다. 환원공정은 용광로에서 철광석을 약 섭씨 2천 도로 가열한 후 석탄으로 만든 코크스를 태우는 과정으로 진행된다. 이때 코크스는 환원제 역할을 하는 일산화탄소를 생성한다. 이런 공정을 거쳐 탄소가 풍부한 선철pig iron이라고 불리는 부서지기 쉬운 금속이 만들어진다. 이 공정에서 발생하는 'WAGWork Arising Gases'라는 배기가스에는 이산화탄소와 유독성 일산화탄소가 많이 포함돼있다. 산업 현장에서는 이 배기가스를 여러 용도로 사용한다. 종종 파이프를 통해 이 배기가스를 발전이나 메탄올 생산공장으로 이송하기도 한다. 하지만 결국에는 많은 이산화탄소가 그대로 대기로 배출된다. 용융 상태의 선철에 산소를 통과시키면 산소가 일부 탄소를 뺏으면서 강철로 바뀌고 이 단계에서 이산화탄소가 추가로 배출된다.

우리는 매년 더 많은 철강을 사용하고 있으며, 2019년에만 거의 1억 9천만 톤을 사용했다. 이는 2018년에 비해 3.5퍼센트 증가한 수치다. 철강 1톤을 생산하는 과정에서 평균 약 1.85톤의 이산화탄소가 배출된다. 철강 생산과정에서 배출되는 이산화탄소는 3.5기가톤, 전 세계 배출량의 약 9퍼센트에 해당하는 양이다.[2] 2050년까지 도시는 성장할 것이고 이런 추세가 전 세계로 확장되면 철강 수요는 최대 40퍼센트까지 증가할 것으로 예상된다.

고철은 전기로를 이용해 재활용할 수 있다. 전기로는 전류를 이용해 고철을 녹이는 설비다. 강철은 재활용하더라도 원래의 기계적 성질을 잃지 않는 장점이 있다. 무한정 재활용할 수 있는 유일한 건축 자재라고 할 수 있다. 따라서 스테인리스강의 약 85퍼센트는 수명이 다하면 재활용된다. 이는 순환경제의 매우 훌륭한 예라고 할 수 있다. 고철 거래 시장도 잘 발달돼있다. 전기는 재생가능한 자원에서 추출할 수 있으므로 고철 재활용공정은 친환경적이다.

하지만 결국 고철 재활용도 수급할 수 있는 고철의 양에 의해 제한된다는 단점을 안고 있다. 따라서 우리는 철광석으로 철과 강철을 만드는 새롭고 지속 가능한 방법을 찾아야만 한다. 전기분해를 이용해 이러한 과정을 가능하게 하는 몇몇 새로운 아이디어들이 등장하고 있다. 철광석을 녹인 다음에 전류를 통과시키며 철광석 내부에 들어 있던 산소가 표면으로 올라오도록 하는 방법이다. 하지만 아직 광범위하게 사용되고 있는 기술은 아니다.

훨씬 더 현실성 있는 접근법은 DRI(직접환원철) 혹은 스펀지철이라고 불리는 공정을 이용하는 것이다. 이 공법은 철광석을 철의 녹는점 이하인 섭씨 800~1,200도까지 가열한 다음 여기에 환원성 가스를 불어서 넣는 방식이다. 환원성 가스는 신가스syngas라고 불리는, 석탄에서 추출한 수소와 일산화탄소의 혼합물로 이루어진다. 이 공법의 경우 오염물질을 전혀 배출하지 않는 것은 아니지만 용광로보다는 그 정도가 훨씬 덜하다. 공정 온도를 낮추면 필요한 연료의 양도 줄어든다. 그리고 이 정도의 온도는 전력으로도 쉽게 도달할 수 있다. 천연가스 가격이 저렴한 중동에서는 천연가스가 환원제로 사용되고 있다. 이 공법은 좀 더 친환경적이지만 여전히 우리가 목표하는 넷제로에 도달하는 수단으로 쓰기에는 부족하다.

하지만 순수 수소를 사용하면 문제가 해결된다. 수소는 그 자체로도 훌륭한 환원제다. 철광석의 산소는 이산화탄소 대신 수소와 결합함으로써 물을 만들어낸다. 스펀지철의 펠릿을 전기 용광로에서 가열하면 강철을 만들 수 있다. 이 공법을 사용하면 완전히 친환경적인 버진 스틸을 생산할 수 있는 길이 열릴 것이다. 전기 용광로는 재생가능 전력으로 구동하고, DRI 공정에서 환원제로 사용될 수소는 재생에너지로부터 생산하면 되기 때문이다.

독일의 티센크루프와 스웨덴 철강 회사 SSAB는 선구적으로 이 공법을 개발하고 있는 기업이다. SSAB는 화석연료를 사용하지 않는 철강업 시대를 열겠다는 목표로 스웨덴에 시범공장을 건설했다. 다국적 대기업 아르셀로미탈Arcelor Mittal도 현재 DRI 공법을 개발하고 있다.

DRI 공법은 비용을 줄여야 한다는 과제가 있다. 현재 SSAB 시범공장에서 생산되는 그린강철은 일반 강철보다 30퍼센트는 비쌀 것이다. 국제적으로 매우 낮은 마진율로 경쟁하고 있는 철강업계로서는 이런 추가적 비용을 감당하기 힘들다. 다행스럽게도 스웨덴 정부는 나서서 도울 준비가 돼있다. 오래된 용광로는 DRI 공법에 사용할 수 없으므로 철광업체들은 막대한 자금을 투입해 새로운 공장을 건설해야 하는 부담을 지게 된다.

현재 유럽과 미국에서 사용되는 용광로들의 수명이 다 끝나가고 있다는 사실도 한편으로는 도움이 될 것이다. 유럽에서는 앞으로 용광로뿐만 아니라 산업 전반에서 이와 유사한 일들이 일어날 것이다. 유럽연합에 속한 27개 국가에서 가동되고 있는 시멘트·철강·스팀·크래커공장의 절반 정도가 2030년까지 노후화된 설비를 교체하기 위해서는 대규모 재투자가 필요하다.

비록 제철소가 친환경 생산시설을 장려하는 정부로부터 초기

자금을 지원 받는다고 해도 공장을 가동하려면 여전히 많은 에너지 비용을 써야 할 것이다. 앞으로 당분간은 화석연료보다 수소가 더 비싼 상태가 지속될 것이기 때문이다. 그렇다면 어떻게 철강업계는 화석연료를 사용하지 않으면서도 돈을 벌 수 있다는 희망을 품을 수 있을까?

우선 탄소가격제도가 있다. 탄소 가격은 이산화탄소 배출시 추가로 부과되는 비용이며, 친환경 산업의 경쟁력을 키우는 데 큰 역할을 하고 있다. 유럽은 일부 부문에서 이미 탄소배출권거래제ETS를 통해 이산화탄소 가격을 정하고 있다. 탄소 가격은 계속 올라, 2020년 유럽에서 톤당 평균 30유로였던 것이다. 2021년 4월에는 톤당 50유로를 기록했다. 2030년경에는 톤당 80~100유로에 이르고 2050년에는 더 높아질 거라는 전망이다. 유럽에서 이산화탄소 배출권의 가격이 이런 식으로 지속해서 상승할 경우 수소 기반의 친환경 철강 산업은 2030년과 2040년 사이에 비용 면에서 경쟁력을 갖게 될 확률이 크다.

탄소차액계약Carbon Contract for Difference은 기업들이 에너지 전환을 더 서두르도록 하는 촉진제다. 이 정책은 탄소배출권거래제에 따라 친환경 기업들이 가격 경쟁력을 가질 때까지 정부에서 현재 탄소배출권 가격과 기업들이 경쟁력을 갖는 미래 탄소배출권 가격과의 차액을 보전해주는 제도다.

철강은 국제적으로 경쟁하는 산업이다. 유럽 제철소들이 비싼 그린철강을 생산하기로 하고 더 높은 비용을 지급해야 한다면 기존의 방식으로 생산하는 값싼 철강에 밀려 시장 점유율을 빼앗기는 것은 어떻게 막을 수 있을까?

이러한 두려움 때문에 경제학자들과 탄소배출권거래제의 영향을 받는 기업들은 유럽연합 경제 블록 외부에서 만든 제품이 유럽연합 내로 들어올 때는 제품의 제조 과정에서 배출된 이산화탄소에 탄소세를 부과하자고 주장한다. 이를 통해 기울어진 운동장을 평평하게 하자는 것이다. 나는 이 제안을 진심으로 지지한다. 이 정책을 시행함에 따라 글로벌 기업들은 유럽으로 제품을 수출하려면 탄소세를 절약하기 위해 제조시 탄소 배출량을 낮추려고 노력할 것이기 때문이다.

이 정책이 시행되면 철강업계는 그린 생산공정에 투자하고 새로운 친환경 제품을 더 높은 가격에 판매하게 될 것이다. 자동차 산업에도 이런 친환경 철강 제품을 기꺼이 구매할 고객이 있다. 폭스바겐과 도요타를 비롯한 자동차 회사들은 자신들의 부품 공급망 전체를 넷제로화하겠다는 목표를 가지고 있다. 자동차 전체 가격으로 볼 때 그린강철을 구매하는 데 추가로 들어가는 비용이 이러한 움직임을 막을 만큼 결정적인 것은 아니다. 이렇게 생각해보자. 4만 유로 가격의 자동차를 제조하는 데는 1톤 정도의 강철이 필요하다. 현재의 강철 가격은 톤당 600달러다. 반면 그린강철은 톤당 780달러다. 이때 그린강철을 구매하는 데 드는 180달러의 추가 비용은 자동차 총비용으로 볼 때는 0.5퍼센트에 불과하다. 그린강철을 생산하면 자동차 시장을 독점할 수 있을 것이라는 전망은 철강 회사들이 공장을 현대화하도록 유도하는 꽤 매력적인 이유가 된다.

플라스틱 플랜

이제 도시 문제로 다시 돌아가자. 미래 고층 빌딩 중 한 층에는 거대한 냉장고가 설치돼있을 것이다. 건물 내부를 구성하는 다른 많은 물건처럼 냉장고는 플라스틱으로 만들어져 있다. 환경을 생각하는 소비자들의 반발에도 불구하고 최근 플라스틱 사용량은 계속해서 증가하고 있다. 이는 주로 개발도상국의 생활 수준이 높아짐에 따른 현상이다. 오늘날 미국인들은 1인당 1년에 139킬로그램의 플라스틱을 사용하고 있다. 반면 중동과 아프리카에서의 사용량은 16킬로그램에 불과하다.[3]

만약 우리가 이에 대해 아무런 대응도 하지 않을 경우, 금세기 중반까지는 플라스틱 사용 증가로 인해 연간 4기가톤의 이산화탄소가 배출될 것이다.[4] 이렇게 배출되는 이산화탄소를 줄이기 위해 플라스틱 재활용과 사용 억제는 필수다. 나의 딸들은 일회용 플라스틱, 그중에서도 특히 빨대에 대해 큰 문제의식을 느끼고 있다. 그들이 절대적으로 맞다. 플라스틱병은 없어져야 한다. 그리고 음식용기, 커피 컵 그리고 커피를 젓는 데 쓰라고 함께 제공되는 작은 플라스틱 빨대도 없어져야 한다. 그럼, 플라스틱으로 인해 발생할 이산화탄소 배출량을 절반으로 줄일 수 있을 것이다.

나머지 절반의 이산화탄소를 제거하는 데도 수소는 꼭 필요하다. 이 과정이 어떻게 작동하는지 보기 위해 플라스틱이 이산화탄소를 배출하는 세 가지 경로를 살펴보자. 우선 플라스틱 원료로 사용되는 화석연료를 추출하고 정제하는 과정에서 이산화탄소가 배

수소 자원 혁명

출된다. 또한 그것들을 가공하는 데 필요한 높은 수준의 고열을 만드는 과정에서도 이산화탄소가 배출된다. 마지막으로 폐기 플라스틱을 분해 또는 소각하는 과정에서 플라스틱 내에 갇혀 있던 탄소가 풀려난다.

하지만 수소를 사용하더라도 높은 수준의 고열을 얻을 수 있다. 또한 공기 중에서 포집한 이산화탄소와 수소를 반응시키면 석유 한 방울 없이도 그런 플라스틱을 만들 수 있다.● 이 과정의 핵심은 플라스틱이 만들어지는 화학 반응 속도를 높이는 데 필요한 효율 높은 촉매를 설계하는 것에 있다. 다만 이러한 공정이 상업적 규모에 도달하려면 앞으로 몇십 년이 걸릴 수도 있다는 점이 문제다.[5]

그러면 열분해는 어떨까? 실제로 열분해로 수소는 물론이고 재사용이 가능한 탄소까지 생산할 수 있다. 2020년 영국, 중국, 사우디아라비아의 연구팀들은 플라스틱 쓰레기에서 탄소 나노 튜브와 수소가스를 생산하는 공정을 개발하기도 했다.

콘크리트 블록

미래 도시들은 너도나도 콘크리트를 공급해달라고 아우성칠 것이다. 그런데 콘크리트는 또 다른 주요 이산화탄소 배출 오염원인 시

● 이 공정에 바이오연료를 사용할 수도 있지만, 우리가 앞에서 살펴보았던 것처럼 바이오연료의 공급량 규모는 원료의 수급 가능 여부에 의해 제한된다는 단점이 있다.

멘트로 만들어진다. 오늘날의 시멘트 제조공정은 전 세계 이산화탄소 배출량의 4퍼센트를 차지하고 있다. 불행하게도 시멘트 제조공정에서 이산화탄소를 없애는 것은 철강 산업보다 더 어렵다. 시멘트를 제조하려면 석회석을 태워 산화칼슘으로 바꿔야 하는데, 이 과정에서 이산화탄소가 불가피하게 방출된다. 게다가 강철과는 달리 시멘트는 재활용하기 어렵다는 태생적 문제가 있다.

실험실에서 저탄소 시멘트를 개발하고는 있지만 의미 있는 규모로 성공한 사례는 아직 없다. 새롭게 검토되는 대체 건축자재로는 열분해를 통해 포집된 탄소를 기본으로 만든 재료가 있다. 또한 목재와 같은 전통적 건축자재에 새로운 생명을 부여하는 방법도 있다. 나무는 공기 중에 존재하는 이산화탄소를 포집해 저장하는 훌륭한 소재다. 나무가 새로운 공법을 통해 더욱 단단하고 안정적인 건축 재료로 활용되고 있다. 기본적인 원리는 다양한 나무판을 함께 붙여 합판을 만드는 것이다. 노르웨이에는 새로운 공법으로 지은 세계에서 가장 높은 18층짜리 목조 빌딩이 있다. 더불어 시카고에서는 80층짜리 목조 건물을 이런 공법으로 짓는 프로젝트가 검토되고 있다.[6]

단시일 내 시멘트를 없애기는 어렵다. 수소를 이용하면 시멘트를 없앨 수는 없더라도 간접적으로는 도움을 줄 수는 있다. 블루수소 생산이 활성화되면 CCS 기술도 보편화될 것이고 그렇게 포집한 이산화탄소를 시멘트 제조 부문에서 사용할 수 있을 것이며 저탄소 콘크리트를 공급할 수 있는 길도 따라서 열릴 것이다. 이 방법이 오늘날의 시멘트 제조공정에서 배출되는 이산화탄소를 제거할 수 있는 가장 현실적인 방법이다. 이런 방식으로 포집한 탄소는 건설 자재로도 어쩌면 매우 쓸모 있을지 모른다.

생존을 위한 물질

도시가 강철과 콘크리트를 소모하는 동안 인간들 역시 탄소를 발생시키는 식단을 가지고 있다. 식량농업기구 FAO는 더 부유해진 인구를 먹여 살리려면 앞으로 식량 생산을 70퍼센트 더 늘려야 할 것으로 추산한다.[7] 하지만 경작지 면적을 그 정도로 늘릴 수는 없다. 기후와 생물다양성 측면에서 재앙적 결과를 가져올 것이 뻔하기 때문이다. 그 대신 우리는 농작물의 수확량을 늘릴 수는 있다. 그것은 곧 더 많은 비료가 필요하게 될 것임을 의미한다.

비료 제조에 있어 가장 중요한 물질은 암모니아다. 그리고 우리가 앞에서 살펴보았듯이 암모니아는 이미 세상을 구했다. 하버-보쉬 공법 덕분에 매년 1억 톤 이상의 대기 중 질소가 암모니아로 만들어지고 있다. 이렇게 생성된 암모니아는 지구 전역의 농업에 사용되는 비료 제조에 쓰인다.

현재 연간 3,100만 톤의 수소가 암모니아를 생산하는 데 사용되고 있다. 이 공정에 사용되는 수소는 천연가스를 증기로 개질시켜 만든 그레이수소다. 이런 식으로 수소를 발생시키는 비용은 킬로그램당 0.6유로로 비교적 저렴하다. 수소를 만들기 위해 필요한 천연가스 4킬로그램의 가격을 더하면 오늘날 그레이수소의 가격은 킬로그램당 약 2.5~3달러 정도다. 하지만 이 공정이 가진 문제점은 수소 생산과정에서 많은 탄소가 배출된다는 것이다. 따라서 해결책은 오로지 그린수소다. 처음에는 확실히 비용이 더 들겠지만 시설을 구축하면 생산공정을 바꿀 필요가 없다는 장점도 있다.

이런 이유로 청정수소를 첫 번째로 채택하게 될 산업 분야는 비료 업계가 될 공산이 크다. 세계 최대의 비료생산 회사인 야라^{Yara}는 그린수소를 사용하는 생산공정을 시험 중이다. 네덜란드의 한 야라 공장이 풍력발전 회사인 오스테드와 협력해 현재 사용하는 그레이수소의 10퍼센트를 그린수소로 대체하는 프로젝트를 진행하고 있다. 이 프로젝트는 재래식 자동차 5만 대를 도로에서 제거하는 것과 맞먹는 탄소 배출 감소 효과를 가진다.

보통 우리가 기후변화에 대해 생각할 때 제조업은 크게 고려하지 않는다. 우리는 대부분 발전 및 운송 분야에만 관심을 둔다. 제조업은 그 규모가 클 뿐만 아니라 탈탄소도 매우 어려운 분야이다. 일단 제조업계에서 수소를 사용하면 공이 굴러가듯 스스로 계속 굴러갈 것이다. 특히 이미 수소를 공급 원료로 사용 중인 비료공장과 정유공장은 더욱 그럴 것이다. 이 분야에서는 지금도 연간 무려 7천만 톤 이상의 수소가 사용되고 있다. 이것만 해도 약 1,300억 달러의 가치를 가진 청정수소 시장이 열리는 것이다. 그레이수소 대신 그린수소를 사용하자. 그것이 수소혁명을 시작하는 가장 좋은 방법이다.

15

계절 편차의 극복

·

Solving Seasonality

겨울철 난방에 필요한 막대한 에너지 수요를 충족시키려면 계절별로 남는 에너지를 저장했다가 사용하는 시스템이 필요하다. 이는 전력만으로는 해결하기 어렵고, 현재의 전력망으로도 커버하기 어렵다. 이러한 계절적 수요 편차의 해결법은 그린가스밖에 없다.

여러분은 이탈리아에서는 늘 황금빛 햇살이 쏟아지고 야외에서 술을 마시는 풍경이 펼쳐질 것이라고 상상할지도 모르겠다. 실상은 전혀 그렇지 않다. 밀라노의 겨울은 너무나도 춥다. 나만 해도 겨울에는 양복 위에 스키 재킷을 걸치고 테이크아웃한 말차라떼를 두 손으로 감싼 채 출근한다(마침내 밀라노에도 스타벅스가 문을 열었다). 집에서는 겨우내 난방해야 할 뿐만 아니라 실내에서도 점퍼를 하나 더 껴 입어야 한다.

북반구 대부분 지역에서 겨울철 난방으로 엄청난 양의 에너지를 쓴다. 그리고 현재 유럽의 겨울철 난방은 대체로 천연가스에 의존하고 있는데, 이는 전체 에너지의 42퍼센트를 차지한다. 유럽에

유럽의 계절별 난방에너지 수요

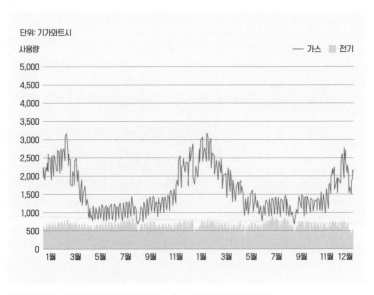

계절별 최고조 수요를 충족시키기 위해서는 가스 인프라가 필수적이다.

수소 자원 혁명

서는 가스 공급망을 통해 약 9천만 가정에 천연가스를 공급하고 있다. 추운 겨울을 나야 하는 이탈리아와 영국은 가스 공급망이 잘 발달해있고, 가스난방 비율은 이탈리아에서 70퍼센트, 영국에서는 85퍼센트로 유럽 전체 평균을 훨씬 웃돈다.

1년 동안 두 나라에서 가스 공급망이 제공하는 에너지는 전력 공급망이 제공하는 에너지의 약 3배다. 겨울철 피크타임 때의 수요는 가스 공급망이 전력 공급망보다 약 5배 높다.

겨울철 난방이 증가한다는 것은 겨울철 난방에서 우리가 배출하는 이산화탄소의 상당 부분이 발생함을 뜻한다. 영국의 경우 전체의 약 20퍼센트에 달한다. 물론 날씨가 추운 도시일수록 그 비중은 훨씬 더 높아진다. 예를 들어 뉴욕시의 경우 모든 이산화탄소 배출의 약 42퍼센트는 주택 난방에서 나온다.[1] 따라서 이산화탄소 배출량을 획기적으로 줄이려면 이 부분을 해결해야 한다. 어떻게 해야 할까? 계절적으로 이렇게 엄청난 수요 변화가 발생하는 상황에서는 전기에 의존해 난방을 탈탄소화하기는 어렵다.

현재 우리가 보유한 전력망 용량과 전기저장시설은 대규모의 수요 변화에 대처하기에는 역부족이다. 전기난방이 가스보다 에너지 효율이 더 높다는 사실을 고려해도 그렇다. 전력망 네트워크는 겨울철 수요 폭증에 대처하도록 설계되지 않았다. 반면 가스 공급망 네트워크는 계절별 에너지 최고조 수요에 대처할 수 있도록 설계됐다. 많은 지역에서 가스 공급망이 제공하는 에너지 용량은 전력 공급망의 10배에 달한다. 따라서 이러한 가스 공급망을 전기로 모두 대체하려면 엄청난 비용을 지급해야 한다.

문제는 이러한 겨울철 난방 최고조 수요를 어떻게 재생가능 에너지로 대체할 수 있느냐 하는 것이다. 유럽의 태양광 발전 용량은 재생에너지의 특성상 겨울이 오면 바닥으로 떨어진다. 우리가 힘든 겨울을 날 수 있도록 여름 동안 충분한 전기에너지를 만들 수 있다 해도 문제는 그것을 어떻게 겨울까지 저장하느냐 하는 것이다. 지금까지 살펴본 바와 같이 겨울에 필요한 에너지 추가 수요는 여름 동안 소비되는 에너지의 5배에 달한다. 이러한 겨울 에너지 수요를 재생에너지로 충족시키려면 겨울에 쓸 에너지를 여름 동안 생산하고 저장해야 한다. 겨울철 난방을 위해 배터리에 전기를 저장해놓는 것은 1년에 한 계절을 사용할 목적으로 엄청난 배터리를 갖춰야 한다는 것으로 비용 면에서 터무니없이 비싸고 현실적으로도 실현 불가능한 대안이다. 겨울철에 사용해 방전된 배터리는 다음 해 여름이 돼서야 충전할 수 있다. 양수발전소도 이러한 계절적 틈새를 메우기는 어렵다. 이런 목적으로 사용할 만큼 충분한 산정 호수나 저수지도 없다.

그렇다면 겨울이 추운 유럽과 같은 곳에서는 난방을 전기화하려는 생각을 할 수도 있다. 가령 새집을 살 때 열펌프를 설치하는 것은 좋은 아이디어다. 최신 설비처럼 들리는 이 장치는 사실 나온 지 꽤 오래됐을 뿐만 아니라 이제는 신뢰할 수 있는 기술이다. 본질적으로 이 장치의 원리는 냉장고의 안팎을 바꾸는 것으로, 추운 바깥 기온에서 열을 빼앗아 집안 내부를 데우는 것이다. 에너지 효율적인 측면에서 볼 때 기적과도 같은 장치다. 특히 그다지 춥지 않은 지역에서는 겨울철 난방을 탈탄소화시키기 위해 선택할 수 있는 좋은 방법이다. 집을 대규모로 개조할 때 난방을 전기화하는 것은 합리적인 선택이 될 수 있겠지만 이런 선택은 매년 우리 중 1퍼센트 정도만 할 수 있는 일이다.[2]

보통 사람들이 아마도 새집을 사게 되는 일은 그리 많지 않다. 대신 오래된 집에 그대로 살고 있을 가능성이 더 크다. 오래된 건물에 열펌프를 설치하는 일은 비실용적이면서도 경제적으로는 악몽과 같은 선택이다. 열펌프가 제대로 작동하려면 대규모의 단열재 시공과 함께 새로운 열분배 시스템을 설치해야 한다. 이러한 공사에 필요한 총비용은 평방미터당 약 200~300달러에 달한다. 전기 열펌프는 가스난방 기기보다는 훨씬 낮은 온도에서 열을 발생시키도록 설계됐다. 그러므로 라디에이터와 같은 난방기구에 적용하기는 어렵다. 전기 열펌프는 훨씬 더 넓은 표면적을 통해 열이 교환될 수 있도록 바닥 난방 시스템의 추가 설치가 필요하다. 비록 장기적으로 볼 때 가치가 있는 투자라고 해도 미래를 보고 거금을 지출할 여유가 있는 사람은 거의 없다. 이것은 적어도 유럽에서는 심각한 문제다. 유럽의 가구당 탄소 배출량의 약 90퍼센트는 25년 이상된 건물에서 발생하고 있다. 그리고 유럽연합 전체 건물의 약 4분의 3이 이렇게 오래된 건물이다. 전 세계적으로 볼 때도 주택들 대부분은 오래됐다. 사람들에게 주택 탈탄소화는 큰 부담이 아닐 수 없다. 에너지 효율을 높이도록 주택 개량을 장려하는 정부 프로그램이 매우 중요한 이유도 이것이다. 이탈리아에서는 주택 개조에 110퍼센트의 세금 혜택을 제공한다. 1만 유로를 지출하면 5년 동안 1만 1천 유로의 세금감면 혜택을 제공하는 프로그램이다.

오래된 집들의 난방을 전기화하는 것은 재정적인 측면에서만 악몽이 아니다. 전력공급 측면에서도 비현실적이다. 영국의 내셔널 전력 네트워크는 영국 전역의 주택들을 대상으로 한 대규모 전기화 프로젝트를 2025년에 시작하여 2050년에 끝내려면 일주일에 적어도 2만 가구에 대한 주택 개조가 진행돼야 한다고 계산했다.[3] 여기서 우리가 가져 볼 수 있는 최선의 희망은 건물 구조를 크게 개조할 필요가 없는 열펌프를 개발하는 것이다.

일부 지역의 경우 모든 주택에 자체 난방 시스템을 설치하는 것이 현실적으로 타당하지 않을 수 있다. 그렇다면 발전 과정에서 발생하는 폐열을 건물 난방에 사용하면 어떨까? 이것이 열과 전기를 병합하고자 하는 시도의 바탕에 깔린 개념이다. 아이디어는 발전소에서 발생하는 폐열을 수백 개의 가정에 보내 난방에 직접 사용하게 하자는 것이다. 오늘날 우리는 이것을 지역난방이라고 부른다. 변전소보다 크지 않은 규모로 CHP(열-전력 병합발전소)를 건설하면 이곳에서 전기를 만들 뿐만 아니라 발전 과정에서 발생하는 열은 발전소와 가까운 주변 몇 개 블록에 공급할 수 있을 것이다. 이미 기존에 지어진 CHP들은 천연가스뿐만 아니라 수소도 사용할 수 있도록 설계돼있다. 하지만 이것으로 모든 것을 해결할 수는 없다. CHP 발전 과정에서 발생하는 열은 아주 고온은 아니어서 라디에이터를 미지근하게 데울 뿐이다. 따라서 이를 해결하려면 값비싼 단열재를 시공할 수밖에 없고 문제는 다시 원점으로 돌아간다.

또 다른 잠재적 해결책은 천연가스 대신 친환경적 대안을 사용하는 것이다. 예를 들어 메탄(천연가스의 주요 성분)을 사용하되 재생이 가능한 자원으로부터 얻은 바이오메탄을 사용하면 어떨까? 바이오메탄의 성분은 우리가 이미 사용하고 있는 메탄가스와 정확히 같다. 따라서 기존의 파이프와 난방 기구에서도 전혀 문제없이 작동할 수 있는 장점이 있다. 물론 바이오메탄도 연소할 때 공기 중으로 탄소를 배출하는 것은 같다. 하지만 이 탄소는 식물이 공기 중에서 포집했던 것을 다시 대기 중으로 방출하는 것이므로 순수 이산화탄소 배출량은 매우 적다고 할 수 있다.

혐기성 박테리아가 유기물을 발효하는 과정에서 만들어지는 바이오가스가 등장한 지는 1세기도 훨씬 넘었다.[4] 이 원리를 이용한 혐기성 발효장치는 이미 수십 년 동안 폐기물 바이오매스에서 메탄을 생산하고 있다. 폐기물 바이오매스만 안정적으로 공급된다면 우리는 모두 이 장치를 이용해 당장 내일부터 요리도 하고 난방도 할 수 있을 것이다. 그러나 이 성숙하고 효율적인 그린 기술의 가장 큰 문제점은 바이오매스의 공급량이 안정적이지 않다는 데 있다. 오늘날 바이오 연료를 생산하는 데 필요한 땅과 자원은 예전에 비해 줄어들었다. 하지만 여전히 식물을 재배하고 수확해야 한다는 점에서는 같다. 많은 양의 바이오 연료를 만들고 공급하려면 충분한 바이오매스 원료를 찾는 일이 급선무이다. 특히 난방과 같이 대규모 에너지를 필요로 하는 분야에 바이오매스 연료를 공급하려면 더욱 힘들어질 것이다.

앞으로도 바이오 연료는 녹색 경제, 특히 친환경 항공연료 생산에서 중요한 역할을 할 것이므로 우리의 지속적인 논의 대상이 될 것이다. 그런데도 바이오 연료가 대량으로 천연가스를 대체할 수 있는 대안은 되지 못한다.

초점을 다시 돌려 대규모 겨울철 난방에 대한 해결책으로서 수소에 관한 이야기를 해보자. 수소를 여름철에 생산한 다음 지하에 보관해두면 겨울철에 필요할 때 보일러 혹은 발전기, 지역난방 등에 활용할 수 있다.

수소가 잠재적으로 매우 강력하고도 친환경적인 열원이라는 것은 오래전부터 알려졌었다. 그런데 왜 우리는 현재 수소를 집에서 사용하고 있지 않은가? 1970년대까지 영국의 난방은 대부분 석탄가스가 책임지고 있었다. 석탄가스의 성분은 수소가 절반, 메탄이 절반 그리고 독성을 가진 일산화탄소가 10퍼센트를 차지한다. 석탄가스는 산소가 없는 상태로 석탄을 가열하는 방식으로 만들어진다. 섭씨 400~450도에서 생성되는 석탄가스를 태우면 밝은 불꽃을 보인다. 스코틀랜드의 엔지니어 윌리엄 머독William Murdoch은 1792년 자기 집을 난방하는 용도로 석탄가스를 사용했다. 그로부터 시작된 아이디어는 머독이 일하던 스팀엔진 제조사 볼턴&와트가 공장용 소형가스공장을 건설하는 것으로 확대됐다. 1812년 독일의 사업가 프레데릭 윈저Frederick Winsor는 세계 최초의 공공가스공장을 짓기 위해 왕립 법인 허가를 받았다. 곧 석탄가스로 인해 런던의 거리에 불이 환하게 켜지고 영국 전역의 거리가 밝아지게 됐다. 그로부터 15년이 안돼 영국, 유럽, 북미 지역의 대도시 대부분은 가스공장을 보유하게 됐다. 이후로 석탄가스(혹은 도시가스라고도 함)는 수십 년 동안 많은 나라들을 밝히고 집을 따뜻하게 해주었다. 영국에서 마지막 석탄가스공장이 문을 닫은 것은 1981년이었다. 심지어 오늘날까지도 하와이, 싱가포르, 홍콩에서는 석탄가스를 사용하고 있다.

탈탄소 난방을 위해 천연가스와 수소를 혼합해 사용하는 것은 좋은 출발점이 될 수 있다. 이미 언급했듯이 스남은 수소가 10퍼센트 혼합된 천연가스를 산업용으로 시험해봤다. 다른 곳에서는 비슷한 프로젝트를 가정용으로 시험했다. 영국의 경우 650개 이상의 주택과 상업용 건물에 약 10개월 동안 20퍼센트의 수소 혼합가스를 사용하는 시험을 하이디플로이HyDeploy 프로젝트라는 이름으로 진행할 계획이다. 이와 비슷한 프로젝트로 킬대학교Keele University의 가스 네트워크에 대한 실험이 있다. 이를 통해 가스 네트워크의 구성 요소나 난방기구를 변경하지 않고도 부피의 비로 최대 20퍼센트까지는 천연가스 분배 시스템에서 수소를 안전하게 혼합할 수 있다는 것이 입증됐다. 또한 네덜란드의 애머랜드에서 시행된 한 프로젝트에서는 천연가스 그리드에 20퍼센트의 수소를 성공적으로 혼합하는 테스트를 진행했고 최종 사용자들은 수소가 혼합된 천연가스를 안전하게 사용하는 데 아무 문제가 없었다. 프랑스에서 시행된 GRHYD 프로젝트에서는 100여 개의 가구와 병원에 공급되는 천연가스에 20퍼센트의 수소를 혼합하는 실험을 진행했다.

이 정도의 혼합 비율만으로도 수소경제는 충분히 시작될 수 있다. 하지만 우리가 넷제로에 도달하려면 결국에는 천연가스를 완전히 배제하고 순수 수소를 태워야 한다. 물론 수소는 매우 인화성이 높은 가스이므로 가정에서 수소를 안전하게 사용할 수 있어야 하는 점이 중요하다. 수소 보일러는 이미 있다. 그리고 2030년까지는 현재 약 1,600달러 수준인 수소 보일러의 가격이 900달러로 떨어질 것으로 예상된다. 이렇게 되면 천연가스 보일러와 가격이 비슷해진다. 물론 수백만 가구에 새로운 보일러를 설치하는 것은 큰일이다. 하지만 우리가 명심해야 할 것은 어쨌든 현재 사용하는 천연가스 보일러도 평균적으로 15년마다 교체를 해야 한다는 점이다. 그럼 비용 면에서 그렇게 큰 차이가 나지 않는다. 그렇기에 새로운 난방기구를 설치할 때는 수소 사용이 가능한 제품으로 설치하면 보조금을 지원하거나 혹은 의무적으로 설치하도록 강제 규정을 두어야 할 것이다. 기존의 보일러도 메탄 혹은 메탄-수소 혼합연료를 사용하던 것을 순수 수소를 사용할 수 있도록 바꿔주어야 한다.[5] 이러한 변경은 보일러 기술자가 잠깐 방문해서 손을 보는 것만으로도 가능하다. 더불어 가정용 연료전지는 메탄 혹은 수소를 이용해 열과 전기를 생산해줄 것이다.

이 모든 것이 실현되려면 일단 수소를 가정까지 운반해야 한다는 전제조건이 필요하다. 우리는 기존의 기반시설을 약간만 개조하면 수소를 운반하는 용도로 사용할 수 있다는 것을 알았다. 하지만 그것은 주요 수소 공급원과 연결된 큰 파이프라인에만 초점을 맞춘 것이었다.

큰 파이프라인으로부터 최종 사용자에게 가스를 보내는 과정에 필요한 분배관에 대해서는 아직 살펴보지 않았다. 분배관은 큰 파이프라인에서 가스를 뽑아내 개별 가구 혹은 상업 시설에 보내는 공급 라인이다. 이런 분배관 준비 상황은 지역적으로 엄청난 차이를 보인다. 영국은 매우 유리한 상태에 있다. 가스 파이프라인으로 사용되던 철관을 교체하는 프로그램이 2002년부터 시작됐기 때문이다. 이 프로그램을 통해 대부분의 배관은 100퍼센트 수소를 수송하는데 적합한 폴리에틸렌관으로 업그레이드됐다.

다른 지역에서도 같은 준비를 하려면 그 과정에 불가피하게 장비 교체뿐만 아니라 누출 감지 및 수소 품질 모니터링 등을 위한 추가 비용도 발생할 것이다. 이 문제 중 어느 것도 해결하기 어려운 것은 없다. 다만 우리가 중공업용 이외에 개별 가구나 상업 시설에 순수 수소를 공급한 경험이 없다는 점은 인정해야 한다. 현재 수소 공급 시스템을 평가하는 대부분 조사는 서류상으로만 이루어지고 있으므로 100퍼센트 순도의 수소를 사용하기 위해서는 대규모의 준비 작업이 필요하다.

어쨌든 적어도 서류상으로는 유망해보인다. 영국에서 진행된 H21리즈시티게이트 프로젝트[6]에서는 리즈시Leeds City를 완전히 수소로만 움직이는 도시로 전환하기 위한 연구를 진행했다. 영국 인구의 1.25퍼센트에 불과한 소도시 리즈는 연구 목적에 적당한 크기이기도 하지만 수소 네트워크 개발에 무엇이 필요한지를 보여줄 만큼 충분히 큰 도시이기도 하다. 또한 리즈는 지질학적으로 수소를 저장하는 기반 시설이 설치된 티사이드Teesside로부터 가깝다는 장점도 있다.

이 연구를 통해 가정 및 상업 시설에서 대규모 개보수 없이 최소한의 변경만으로도 가스공급 네트워크를 100퍼센트 수소로 전환하는 것이 가능함이 밝혀졌다.[7]

보고서에 따르면 H21리즈시티게이트 프로젝트에 드는 비용은 인프라 및 장비 전환에 20억 파운드, 운영에 연간 1억 3천만 파운드 정도가 든다. 누가 이 비용을 지급하느냐 하는 것은 중요한 문제다. 에너지 형태를 전환하는 데 소요되는 비용을 누가 부담하느냐 하는 것은 많은 이해 관계가 얽인 주제이기 때문이다. 현재 호주와 아일랜드에서도 유사한 연구가 진행 중이며, 이 결과에 대해 중국, 일본, 홍콩, 뉴질랜드 및 유럽 전역이 관심을 나타내고 있다.

수소 실용화 계획과 관련해서는 스코틀랜드의 가스 사업자인 SGN이 선두에 서 있다. 이들은 스코틀랜드 레벤머스Levenmouth의 300가구에 순수 수소를 배달하는 것을 목표로 하고 있다. 첫 단계는 가정에서 수소 가전을 체험할 수 있는 모델하우스를 선보이는 것이다. 사람들이 수소 가전을 쓰기로 결정하기 전에 먼저 수소를 편하게 생각할 수 있도록 하기 위해서다.

이 활동은 넷제로화를 위해서는 꼭 필요하다. 난방 분야는 오늘날 이산화탄소가 배출되는 큰 원인이지만 정작 문제를 해결하기는 쉽지 않을 것이다. 전기로 구동되는 열펌프는 신축 주택이나 리모델링을 해야 할 주택에서 제 역할을 할 수 있을 것이다. 전기 열펌프와 바이오 메탄 보일러를 동시에 사용하는 하이브리드 솔루션도 큰 도움이 될 수 있다. 추운 지역이나 수소 공급 시스템이 이미 설치된 산업단지 근처에 있는 가정에서는 수소를 직접 태우는 것도 충분히 생각해볼 수 있는 해법이다. 2030년의 추운 1월 어느 날 수소 보일러를 켰을 때, 6월의 사하라 태양으로 만든 에너지로 몸을 따뜻하게 데울 수 있다면 얼마나 멋질까?

16

그린 차선

·

Green Lanes

운송 수단은 이산화탄소 배출의 주범이며 치명적인 대기오염의 원인이다. 화석연료 대신 배터리를 사용하는 것은 일부 자동차에서는 좋은 대안이지만 그렇지 않은 분야의 자동차에서 사용하기에는 너무 무겁다. 반면 고압으로 압축된 수소는 장거리 자동차에도 사용할 수 있고 충전 시간도 짧다. 이런 이유로 수소는 트럭, 버스, 택시용 연료로 가장 효과적인 대안일 수 있으며 승용차에서도 배터리와 충분히 경쟁할 수 있다.

나는 여행을 좋아한다. 그리고 여행하면서 느끼는 속도, 편안함, 자유를 사랑한다. 운전하는 것을 좋아하고, 차에 대해서도 남다른 관심이 있다. 또, 비행기가 없는 삶을 상상하기는 어렵다. 저가 항공을 이용한 여행은 20대 시절 나에겐 일종의 혁명이었다. 새로운 목적지로 저렴한 비행기를 타고 가는 것이 가능해지면서 나는 비로소 진정한 유럽인이 될 수 있었다. 코로나19가 발생하기 전에 나는 유럽과 미국을 넘나들며 일했다. 아시아 여행을 마치고 나서는 새로운 아이디어로 충전돼 활기차게 출근하기도 했다. 물론 출장이 다시는 예전과 같아지지는 않을 것이다. 하지만 출장의 장점은 지키고 싶다. 나만 그런 것은 아니다. 많은 사람이 여행을 좋아한다. 그리고 우리 중 많은 사람은 여행하지 않으면 안 되는 상황에 놓여있기도 하다.

오늘날의 운송 수단은 모두 석유와 긴밀하게 연결된다. 여기에 사용되는 에너지의 약 95퍼센트는 여전히 석유에서 나오고 있다. 매일 세계가 태우는 9,900만 배럴의 석유 중 60~70퍼센트는 도로, 철도, 선박, 비행기에 쓰인다. 2019년 전 세계 탄소 배출량에서 운송 수단이 차지하는 비중은 21퍼센트였고 이 중에서 도로 교통이 차지하는 비중이 가장 컸다.

운송 수단에 필요한 에너지 수요는 특히 인구 증가와 경제 발전 때문에 비 OECD 국가에서 급격하게 증가할 것이다. 코로나19 이전의 예측에 따르면 2050년까지 도로와 항공의 이동 거리는 2배로 늘어날 것이다. 팬데믹이 일시적으로 우리의 교통수단 습관을 바꾸고 이에 필요한 에너지 증가 추세를 둔화시키기는 하겠지만,

운송 부문 온실가스 배출량(2019)

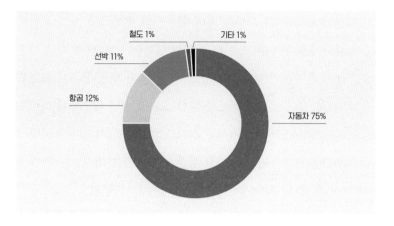

이동에 대한 수요가 늘어나는 것을 근본적으로 막을 수는 없을 것이다.

운송 수단은 이산화탄소뿐만 아니라 다른 오염물질도 발생시킨다. 따라서 이를 친환경화하는 것은 여러 의미에서 매우 중요하다. 미세입자, 메탄, 아산화질소, 불화수소, 과불화탄소, 육불화황, 삼불화질소. 이런 물질들은 모두 건강에 해로운 도시 환경을 만든다. 인간의 기대수명을 떨어뜨릴 뿐만 아니라 지역 생태계와 기후에도 해를 해친다. 여행을 덜 하는 것이 선택지가 될 수도 있겠지만 장기적으로 보면 매우 우울한 해법이다. 여행은 계속하면서도 그 과정에 발생하는 이산화탄소, 환경오염을 제거할 수만 있다면 죄책감 없이 훨씬 더 나은 결과를 얻을 수 있다. 이러한 목표를 달성하기 위해 가장 좋은 방법은 무엇일까?

단기적으로나 중기적으로 가장 확실한 해결책은 바이오 연료다. 현재 사용하는 엔진이나 인프라에 어떠한 변화도 줄 필요가 없기 때문이다. 하지만 식량을 재배하는 땅의 면적을 줄이거나 삼림을 벌채하지 않고 바이오 연료를 얻고 싶다면 그 양은 우리가 제공하는 폐기 유기물의 양에 의해 제한될 것이다. 해초나 다른 해조류를 재배함으로써 그러한 한계를 피할 수도 있지만 해조류를 바이오 연료로 전환하는 것은 여전히 복잡하고 미성숙한 기술이다. 따라서 수송 수단을 탈탄소화하는 가장 현실적인 대안은 대체로는 전기(배터리 포함)와 수소(연료전지 포함)로 좁혀 볼 수 있다. 이 두 가지 옵션이 가진 공통점은 사실상 모든 운송 수단을 전기 모터로 전환하는 것에 있다.

현대식 내연기관은 그 자체로 미학적 기술이다. 하지만 그 경지에 오른 것은 내연기관으로서는 불가피한 선택이었다. 현대식 내연기관은 터무니없이 복잡한 디자인 콘셉트 하에서 모든 성능을 최대로 짜내기 위해 어쩔 수 없이 발전했다. 작은 크기의 수많은 연료 방울이 폭발하면서 생성된 고온 고압의 가스가 피스톤을 밀어내고 크랭크축을 돌리면 이것이 기어박스를 통해 최종적으로 휠을 구동하게 되는 원리다. 이 과정에서 연료에 포함됐던 에너지의 많은 부분이 열로 손실되고 모터는 점점 마멸된다. 휘발유의 경우 연료에 저장된 잠재 에너지의 약 20퍼센트만이 최종적으로 휠로 전달된다. 휘발유 또는 디젤 엔진이 내는 굉음은 많은 자동차 애호가의 귀에는 음악처럼 들리겠지만, 사실 에너지가 낭비되고 있는 소리일 뿐이다.

이러한 내연기관을 깨끗하고 조용하며 효율적인 전기 모터와 비교해보라. 전류가 코일형 와이어를 통해 흐르면 구동축을 회전시키는 자기장이 생성된다. 마찰이 적으면서도 내연기관과 같은 지저분한 폭발도 없다. 열로 손실되는 에너지가 거의 없으며 전체 장비를 유지 보수할 필요가 거의 없다는 장점도 가지고 있다. 전기에너지의 약 95퍼센트가 운동에너지로 전환되기 때문이다. 전기 모터는 모든 면에서 내연기관을 압도한다. 따라서 운송 수단을 탈탄소화하기 위해서는 가능한 자동차를 모두 전기 모터로 구동하는 것을 첫 번째 목표로 삼아야 한다. 여기서 중요한 질문이 있다.

그렇다면 전기를 어떻게 저장해서 공급할 것인가? 재생가능 전기와 배터리(배터리 전기자동차, BEV)를 사용할 것인가, 아니면 깨끗한 수소와 연료전지(연료전지 전기자동차, FCEV)를 사용할 것인가?

이 선택은 상황에 따라 다르다. 운송 수단을 탈탄소화하려면 자동차의 중량을 너무 많이 늘리지 않는 상태에서 청정한 에너지를 좁은 공간에 고도로 집적시키는 방법을 찾아내야 한다. 그것도 가능한 최저 비용으로 말이다. 운이 따른다면 우리가 대체하려고 하는 휘발유, 디젤, 제트 연료 등과 같은 석유 제품보다 더 낮은 비용으로도 가능할 것이다. 이상적인 해결책은 존재하지 않는다. 효율성과 운행 거리, 충전 시간과 에너지 인프라에 미치는 영향이 서로 충돌하는 상황에서는 이들 간의 균형을 맞추는 것이 중요하기 때문이다. 각기 다른 용도에 사용되는 차들은 상황에 맞도록 각자 다른 선택을 하길 원할 것이다.

전기 분야의 엔지니어들은 이런 문제를 해결하는 데는 배터리가 연료전지보다 낫다고 말한다. 배터리는 특정한 일을 하는 데 있어서 매우 능숙하기 때문이다. 즉, 도중에 많은 에너지를 잃지 않고 충전과 방전을 반복하는 작업에 있어서는 배터리가 타의 추종을 불허하는 탁월한 능력을 보인다.

햇빛이 내리쬐고 바람이 부는 곳에서 태양전지판과 풍력 터빈을 이용해 100킬로와트시의 에너지를 생산했다고 상상해보자. 이 전기를 메인 전력망을 통해 송전하면 이 과정에서 에너지의 5~10퍼센트가 손실되고, 리튬이온 배터리에 전기를 충전하고 방전하는 과정에서 10퍼센트가 손실되며, 마지막으로 전기로 자동차를 움직이는 과정에서 5퍼센트가 손실된다. 손실들을 모두 더하면 최종적으로 사용할 수 있는 에너지는 전체 에너지의 80퍼센트 수준인 80킬로와트시 정도다. 이 정도 에너지 효율이면 배터리를 사용하는 것이 다른 옵션들과 비교할 때 매우 탁월한 선택일 수 있다. 따라서 낮은 에너지 효율을 보이는 수소나 연료전지를 사용하고 싶은 생각을 접고 싶은 마음이 들 수 있다.

다시 재생가능 자원으로 생산된 100킬로와트시의 전기에너지를 떠올려보자. 이번에는 먼저 이것을 수소로 바꾸고자 한다. 아마도 전기를 수소로 바꾸는 것은 전기분해 장치를 통하게 될 것이다. 이 과정의 에너지 효율은 약 70퍼센트다. 이는 우리가 처음 시작했던 에너지의 약 30퍼센트를 이 과정에서 잃게 된다는 것을 의미한다. 그런 다음에는 수소를 충전소까지 이송해야 한다. 이 과정에서 소비되는 에너지는 운송 방법에 따라 달라지지만, 대략 약 90퍼센트 정도의 에너지 효율을 보인다.

일단 자동차에 주입되면 수소는 다시 전기로 전환돼야 한다. 이 과정에서 연료전지의 경우 약 60퍼센트의 에너지 효율을 보인다. 이것보다 더 우수한 예도 있긴 하지만 여기서 논쟁을 벌이고 싶지는 않다. 마지막으로 전기 모터를 구동하는 과정에서 손실되는 5퍼센트의 에너지를 빼야 한다. 이 수치를 종합해보면 원래 시작했던 전기에너지의 36퍼센트만이 도로 위에서 사용된다는 결론이 나온다. 연료전지의 경우 처음 시작했던 100킬로와트시 중 36킬로와트시만이 최종적으로 자동차 구동에 사용되는 것이다. 이것만 해도 내연기관에 비하면 에너지 효율이 거의 2배에 달하지만, 배터리로 구동되는 자동차에 비하면 절반에 불과하다. 겉으로만 보면 배터리의 일방적 승리라고 할 수 있다. 일론 머스크가 2015년 디트로이트에서 열린 오토모티브 뉴스 월드 콩그레스Automotive News World Congress, ANWC에서 펼친 논리도 같은 것이었다. 하지만 수소차 사용이 "합리적이지 않다"는 일론 머스크의 말은 틀렸다.

주행가능 거리

배터리 전기자동차의 에너지 효율이 이렇게 높은데도 불구하고 왜 우리는 굳이 에너지 효율이 낮은 수소와 연료전지 조합이라는 다른 옵션을 놓고 고려하는 것일까? 우리는 여기서 더 큰 그림을 볼 필요가 있다. 에너지 효율 계산은 자동차가 움직이기 시작하는 단계에서 멈추지 않고 자동차가 운행되는 전 과정을 대상으로 한다. 배터리, 연료전지, 수소탱크의 공통점은 모두 차에 탑재돼 함께 움직인다는 것이다. 사실 더 흥미로운 것은 차가 움직이고 있을 때다. 자동차 배터리의 경우 저장할 수 있는 에너지 용량에 비해 너무 무겁다는 단점을 가진다. 테슬라에 들어간 리튬이온 배터리 팩의 무게만 해도 0.5톤이 넘는다. 이것을 수소 및 연료전지와 비교해보라. 우리가 앞에서 살펴본 것처럼 수소는 킬로그램당 거의 40킬로와트시의 에너지를 함유하고 있는, 우주에서 가장 활력이 넘치는 원소다. 수소는 어떤 화학연료보다도 킬로그램당 에너지 함량이 높다. 휘발유보다는 거의 3배, 배터리보다는 100배 이상 높은 수치인 것이다.

수소로 저장할 수 있는 에너지의 양은 수소의 무게가 아니라 수소탱크가 차지하는 부피에 의해 제한된다. 물론 연료전지 자동차도 연료전지를 싣고 다니는 것은 마찬가지지만 배터리를 사용하는 동급 자동차보다는 훨씬 가볍다. 도요타 미라이에 실려 있는 연료전지의 무게는 56킬로그램인데, 이는 200킬로미터 주행거리를 가지고 있는 패밀리용 전기자동차에 실리는 수백 킬로그램의 배터리 무게에 비하면 거의 반의반 수준이다.

무게를 실어 나르는 데도 많은 에너지가 들기 때문에 이런 차이는 매우 중요한 의미가 있다. 중량이 무거운 자동차는 타이어의 높은 구름저항과 변속기에서 발생하는 마찰에 맞서 싸워야 한다. 이러한 상황은 신호등에서 멈춘 후 출발할 때마다, 그리고 언덕을 올라가야 할 때마다 더 악화된다. 물론 장거리 운전이 아니라면 많은 배터리가 필요하지는 않을 것이다. 일반적인 배터리 전기자동차는 250~300킬로미터의 주행거리를 보여준다. 물론 일부 모델은 그 2배의 주행거리를 갖는다. 하지만 이 경우에도 언덕을 오르락내리락하는 경우 주행가능 거리는 상당히 줄어들 수밖에 없다. 250~300킬로미터의 주행가능 거리를 가진 전기자동차는 도심 주행으로는 적절하다.

주행가능 거리를 늘리기로 하고 더 무거운 배터리를 탑재하면 곧장 자동차 전체의 에너지 효율이 떨어지기 시작한다. 배터리를 추가할 때마다 자동차는 더 무거워지고 그에 따라 마찰력은 더 증가한다. 자동차는 움직이기 위해 더 많은 에너지를 필요로 하게 되고, 그럴수록 주행가능 거리가 짧아진다.

특히 산간 지역에서 무거운 자동차로 장거리 운전을 해야 할 때는 수소를 연료로 선택하는 것이 훨씬 더 유리하다. 시기적으로 봐도 그럴 때가 됐다. 수소는 그동안 제대로 사용되지도 못한 채 오랫동안 미래의 자동차 연료로 검토만 돼왔다.

1807년 아이작 데 리바즈Isaac de Rivaz가 만든 최초의 내연기관은 수소를 기반으로 했다. 1920년대 초 독일의 도로에는 수소버스가 몇 대 운행되고 있었다. 독일 엔지니어 루돌프 에렌Rudolf Erren의 연구 덕분이었다. 그는 자동차 내부에서 스위치를 조작하는 것만으로 수소와 휘발유 양쪽 모두 사용할 수 있는 시스템을 개발했다. 기록상 최초의 수소 연료전지 자동차는 1966년형 제너럴모터스 일렉트로밴이었다. 이 모델은 여러모로 끔찍했다. 1966년형 제너럴모터스 일렉트로밴은 과냉각된 액화수소와 액화산소를 연료로 쓰는 데, 총길이 170미터에 달하는 파이프로 연결된 2개의 분리된 탱크에 액화수소와 액화산소를 각기 보관해서 그걸 연료로 썼다. 이 탱크가 자동차 뒷면을 가득 차지하는 바람에 원래는 6인승으로 디자인된 자동차가 실제로는 2인승이 됐다. 이 자동차의 주행가능 거리는 190킬로미터에 달했지만 엔지니어들은 현명하게도 회사 경내에서만 운행했다.

연료전지 자동차 FCEV는 그 후로도 줄곧 어려운 길을 걸어왔다. 에너지 효율 측면에서는 BEV보다 낮지만 운행 거리가 장거리인 자동차에서는 FCEV가 고려해볼 만한 옵션이다. 도요타 미라이의 경우 연료탱크에 5킬로그램의 수소를 넣고 약 500킬로미터를 주행한다. 이는 보통의 휘발유 자동차와 견줄 수 있는 운행 거리이며 미국의 대중적인 운전자들에게도 적합한 주행거리다. 미국의 자동차들은 평균적으로 다른 나라들보다 훨씬 더 장거리인 연 1만 2천 마일(약 19,300킬로미터)을 운행하고 있다.[1]

중국에서 전기자동차 혁명을 일으킨 공을 인정받는 중국 과학기술부 장관 완강Wan Gang은 이제는 수소차가 중국의 미래라고 말한다. 완강은 수소차의 주행가능 거리에서 가능성을 봤을 것이다. 중국은 현재 전 세계 전기자동차의 절반 가까이 보유하고 있다. 중국 정부는 메이드인차이나2025 산업로드맵에서 수소를 전기자동차 시장의 핵심 기술로 지목했다. 중국은 2025년까지 5만 대, 2030년까지 100만 대의 연료전지 자동차가 도로 위에 달리기를 원하고 있다. 그리고 이를 위해서는 더 많은 수소충전소가 필요하다. 중국은 자동차 1천 대당 수소충전소 한 곳을 건설한다는 계획이다.

한국에서는 2020년에 약 6천 대의 연료전지 자동차가 판매됐고, 2030년까지는 85만 대의 연료전지 자동차 판매를 목표로 하고 있다. 문재인 전 대통령은 수소에너지를 한국 경제를 먹여 살릴 미래의 빵과 버터라고 불렀다. 그는 수소에너지 기술의 홍보 대사를 자처하여 자동차 판매 보조와 수소충전소 건설에 18억 달러에 달하는 정부 지원금이 쓰이도록 투자를 확대했다. 현대자동차 넥쏘 모델의 경우 정부 보조금 지급으로 인해 자동차 구매 가격이 약 3,500만 원(3만 달러)으로 낮아졌다. 이는 원래 자동차 가격의 절반 정도에 해당한다. 이 때문에 넥쏘의 판매가 급증했다. 현대자동차와 협력업체들은 2030년까지 수소 연료전지 자동차의 연구 개발과 설비 건설에 65억 달러를 투자할 계획이다.

미국은 수소에너지 시장의 잠자는 거인이다. 2003년 조지 부시 미국 대통령은 수소 연료전지를 우리 시대의 가장 고무적이고 혁신적인 기술 중 하나라고 했다.[2] 하지만 지금까지 이 아이디어를 따라 움직이고 있는 곳은 미국 전체에서 캘리포니아 주뿐이다. 캘리포니아 주 정부는 지난 10년 동안 수소자동차 구매 및 임대, 수소충전소 건설, 수소버스 구매, 수소트럭 개발 보조금 지원으로 3억 달러 이상을 지출했다. 미국에 있는 7,800대의 수소전기 자동차 중 대부분은 캘리포니아 주에서 달린다. 2020년 주지사 개빈 뉴섬Gavin Newsom은 2035년까지 새로운 휘발유 자동차의 판매를 금지하는 행정명령을 내렸다. 또한 캘리포니아 에너지위원회는 2027년까지 최대 111곳의 새로운 수소충전소를 건설하기 위해 1억 1,500만 달러를 지원하겠다는 계획을 발표했다. 이것이 실현되면 관련 업계는 더 이상 정부의 보조금에 의존하지 않고도 규모의 경제를 누릴 수 있게 될 것이다.

충전

또 다른 문제는 충전소에서의 충전 속도다. 충전을 위해 배터리 내부를 화학적으로 변형시키는 것은 연료통에 기름을 들이붓는 것보다는 훨씬 더 오래 걸린다. 자동차 배터리의 경우 완전히 충전되기까지 몇 시간을 기다려야 할 수도 있다. 이탈리아라면 고속도로 카페에서 더 많은 에스프레소를 마셔야 할 것이다. 테슬라 슈퍼충전기와 같은 고전압 급속충전기를 이용하면 충전 속도를 대략 1시간으로 줄일 수는 있다. 하지만 그 이상의 충전 속도를 내려면 배터리에 무리한 스트레스를 가해야 하고 이 경우 배터리 성능이 저하될 수도 있다.

하지만 다음 날 시내 주행에 대비해 밤새 플러그를 꽂아두면 충전 시간이 긴 것은 크게 문제가 되지 않을 것이다. 그리고 충전될 때까지 기다리는 1시간이 정말 문제가 될까 싶다. 우리는 충전하는 동안 헬스장에서 운동하거나 슈퍼마켓 주차장에서 충전시키고 일주일 치 장을 볼 수도 있을 것이다.

이런 기다림이 개인 입장에서는 큰 문제가 아닐 수도 있겠지만, 충전소 입장에서는 큰 문제다. 수소 충전은 배터리 급속 충전에 비해 10분의 1에서 15분의 1시간밖에 소요되지 않는다. 즉, 수소충

수소 자원 혁명

전소 한 곳은 급속충전기보다 10배에서 15배 많은 자동차에 에너지를 공급할 수 있다는 의미다. 따라서 수소충전소는 같은 수의 자동차에 에너지를 공급하기 위해 급속 충전소 대비 약 10분의 1에서 15분의 1 정도의 공간만 있으면 된다. 수소충전소 건설에 드는 초기 비용은 확실히 많이 들지만, 이러한 비용 역시 앞으로는 급격하게 떨어질 깃으로 예상된다.

연료 공급에 시간이 오래 걸리면 운송업체들은 배터리 전기자동차로 전환하기 어렵다. 택시업계의 경우 배출가스 제한 때문에 화석연료 사용을 억제하는 지역에서도 영업해야 한다. 보통 택시는 시내의 비교적 짧은 거리를 이동하기 때문에 이런 지역에서는 배터리 구동자동차가 이상적인 대안이 될 수 있다. 하지만 운송업체가 배터리 구동택시 100대를 보유하고 있는 상황을 가정해보자. 자동차들이 모두 한곳에 주차된 상태에서 이 차들이 한꺼번에 충전해야 하는 경우 어떤 일이 벌어질지 상상해보라. 100개의 충전기가 필요한 것은 물론이고 충전하는 데 걸리는 시간은 말할 것도 없다. 이런 이유로 유럽 전역에서는 배터리 자동차 대신 연료전지 자동차를 이용하는 택시업체의 수와 규모가 증가하고 있다. 연료전지 택시업체들은 파리, 런던, 브뤼셀, 함부르크 등에서 영업하고 있으며, 파리의 한 택시업체의 경우 100대 이상의 연료전지 자동차를 보유하고 운행 중이다.

의외로 지게차가 수소자동차 혁명에서 주요 전진기지 역할을 하는 이유 중 하나도 바로 수소의 짧은 충전 시간에 있다. 수소지게차는 배터리 자동차만큼 청정하다. 지게차의 경우 보통 밀폐된 공간에서 운전하므로 이 점은 매우 중요하다. 또한 저온에서도 잘 작동하며 단 3분 만에 연료를 다시 채울 수 있다는 큰 장점을 가지고 있다. 이러한 특징은 작업량이 많고 에너지를 많이 소비하는 자동차에는 매우 중요한 장점이다. 재충전 중에는 자동차의 시동을 끌 수밖에 없기 때문이다. 또한 100대의 지게차를 한꺼번에 충전시킬 수 있는 배터리충전소를 건설하는 것은 엄청난 비용이 들어가는 일이다. 매년 수만 대의 연료전지 구동지게차가 생산되고 있다. 2020년 기준 연료전지로 구동되는 지게차는 수소를 사용하는 최대 수요처가 되고 있다.

배터리의 느린 충전 속도를 극복하고자 새로운 비즈니스 모델이 모색되고 있다. 한 가지 아이디어는 방전된 배터리와 완충된 배터리를 충전소에서 서로 맞교환하는 것이다. 이 기술은 오토바이에 적용할 수 있을 것이다. 오토바이의 경우 배터리가 작으므로 바퀴 달린 트롤리 가방처럼 운반하면 된다. 하지만 이러한 기발한 해결책이 나오기까지,[3] 배터리 전기자동차는 짧은 거리를 이동하는 용도로만 사용하고 충전은 한밤중 차고의 벽 콘센트에 꽂아 놓는 방법을 사용해야 할 것이다.

충전 체증

이처럼 충전소에서 일어나는 일은 일차적으로는 자동차를 소유하고 있는 개인들에게 영향을 미친다. 하지만 전력 공급망 전체에도 큰 영향을 미치게 된다. 현재 전기자동차의 숫자는 상대적으로 그리 많지 않다. 그리고 주로 주 전력망 그리드에 연결된 벽면 소켓에서 충전하고 있다. 하지만 더 많은 승용차가 전기자동차로 전환되고, 그에 따라 더 많은 충전 포인트와 더 많은 전력 소모가 발생하면 주 전력망 그리드에 어떤 일이 일어날지 생각해볼 필요가 있다. 만약 배터리 자동차가 내연기관 자동차를 전면 대체한다면 우리는 전기에너지를 분배하는 다른 방법을 생각해내거나 혹은 주 전력망 그리드 자체를 대규모로 확충해야 할 것이다.

전력망 확충에는 많은 비용이 들지만 전력 공급이 안정적으로 유지될 수만 있다면 충분히 현실성 있는 방법이다. 안정적인 전력 공급을 위해서는 전력 수요가 뜸한 시간과 전력 수요가 몰리는 최고조 시간에 공급되는 전력 사이에 균형을 맞출 필요가 있다. 어떤 의미에서 전기자동차용 고속충전 장치는 최고조 시간대의 전력 수요를 늘리기 때문에 전력 공급의 균형을 맞추려는 노력에 역행하는 장치다. 사람들이 차를 몰고 출근하거나, 직장에서 돌아오거나, 휴가를 가는 시간은 전력 수요가 최고조일 때가 많다. 따라서 이때 주로 급속 충전이 이루어지며, 이는 전력망 그리드에 큰 부하로 작용한다. 테슬라 슈퍼차저의 용량은 250킬로와트인데 이것은 80개의 전기 주전자를 한꺼번에 켜는 정도의 전력이다. 전력망 그리드가 이런 최고조 시간에 몰리는 전력 수요를 처리할 수 있는 유일한 방법은 발전 용량을 최대로 늘리고 적절한 송전망과 분배망을 구축하는 것이다. 물론 이것으로 모든 문제가 완전히 해결되는 것은 아니다. 하지만 주력 에너지를 대규모로 전환하지 않고도 우리가 대처할 수 있는 유일한 방법이다.[4] 또한 앞서 살펴보았던 자동차-그리드 전력 교환 기술은 전기자동차를 스마트 충전하는 동안 자동차 배터리가 전력망에 거꾸로 전력을 공급하는 기술로 사용된다는 아이디어다. 이렇게만 된다면 전기자동차 충전이 전력망에 부하를 주기보다는 오히려 전력망을 안정시킬 수 있다. 현재 이 기술은 여전히 연구 단계에 있다.

반면 수소충전소의 경우 수소 공급망에 주는 부하가 훨씬 적다. 필요에 따라 주 전력망 그리드의 전력을 이용하여 수소를 생산할 수도 있고 근처에서 생산되는 재생가능 전력을 이용해 수소를 생산할 수도 있다. 파이프라인을 통해 수소를 공급받을 수도 있고 압축되거나 액화된 수소는 트럭을 통해 공급받을 수도 있다. 수소충전소 역시 수요가 몰리는 바쁜 시간도 있지만 한가한 시간도 있다. 그러나 이들은 이러한 수요 변동을 전력망 그리드에 부담을 주지 않는 방식으로 처리할 것이다. 전기자동차를 충전하기 위해 설치한 고정식 연료전지 그리드에 공급해놓은 수소를 사용하는 방법도 있다. 이 방법은 수소충전소가 주 전력망 그리드로부터 전력 공급을 받기 어려울 때 시도할 만하다.

이 모든 것을 종합해보면 배터리 전기자동차는 높은 에너지 효율로 인해 특히 도심의 승용차 시장에서 높은 점유율을 차지하게 될 것이다. 반면 수소는 전기화가 어려운 곳이나 수소의 낮은 에너지 효율을 상쇄하고도 남을만한 응용 분야에서는 합리적 대안이 될 것이다. 특히 주행 거리, 충전 시간, 전력 공급 인프라에 미치는 영향 면에서 장점을 보이는 영역이 수소의 주요 시장이 될 것이다.

터널 끝의 빛

모든 상황을 고려해볼 때 수소 기술을 가장 먼저 채택할 곳은 중형 운송 수단의 할아버지 격인 기차가 될 가능성이 높다.

기차는 중형 육상 운송 수단의 완결판이다. 영국에서 처음으로 개통된 기차는 브라이턴Britain에 있는 볼크스 전기 철도Volk's Electric Railway다. 이 관광 기차는 1883년에 개통된 후 오늘날까지도 운행되고 있다. 2차 세계대전 이후 진행된 기차의 전기화는 한때 대기오염의 상징이었던 숯검정이 묻은 시커먼 교통수단을 지속 가능한 이상적 교통수단으로 바꿔 놓았다.

모든 철도 노선을 합리적인 비용으로 전기화할 수는 없을 것이다. 송전선을 새롭게 설치하기 위해 터널과 교량의 크기를 조정하는 비용, 변전소를 짓는 비용과 지역 전력망을 보강하는 비용을 모두 포함한 금액을 해당 노선에서 운행되는 기차 총수로 나누어 부담시켜야 하기 때문이다. 운행량이 많은 주요 노선도 이 정도의 대규모 투자 비용을 회수하려면 40년 또는 50년이 걸리게 될 것이다. 하물며 기차가 자주 운행되지 않는 노선의 경우에는 애초부터 전기화를 위한 투자를 유치하는 것은 불가능하다. 세계 모든 철도의 70퍼센트는 여전히 디젤로 운행되고 있다. 미국의 경우 오직 1퍼센트의 선로만이 전기화돼있다. 디젤기차는 환경을 오염시킬 뿐만 아니라 운영비용이 비싸다는 문제가 있다. 더구나 넷제로를 달성하려면 디젤기차를 단계적으로 폐지해야 한다. 디젤기차를 훨씬 더 친환경적인 연료로 운행하는 기차로 대체해야 한다는 목소리가 갈수록 높아지고 있다. 기차는 크고 무거우며 장거리를 달리는 교통수단이다. 이런 사용조건을 고려할 때 디젤을 수소로 대체하는 것보다 더 나은 선택이 어디 있겠는가?

2002년 퀘벡주 발도르Val-d'Or에서 첫 하이드로 레일기관차가 시연됐다. 세계 최초의 연료전지 여객기차인 알스톰사의 코라디아 아이린트는 2018년 100킬로미터 길이의 독일 지역 노선에서 상용 서비스에 들어갔다. 기관차 제조사인 알스톰의 프로젝트 매니저인 스테판 시라크Stefan Schrank는 한 언론 인터뷰에서 수소기차의 전망에 대해 다음과 같은 낙관적 견해를 밝혔다.

> "수소기차의 가격은 디젤기차보다는 좀 비싸지만 운행 비용 면에서는 훨씬 저렴하다."[5]

앞으로 아이린트 수소기차 14대가 남부 작센 주의 디젤 엔진 기관차를 대체할 예정이다. 수소탱크 1대로 1천 킬로미터까지 운행할 수 있으며 속도도 시속 140킬로미터에 달한다.

이에 뒤질세라, 영국에서도 현재 하이드로 플렉스라고 불리는 연료전지 구동 기차의 프로토타입이 영국 간선 선로에서 운행되고 있다. 중국 역시 경전철과 전차 시스템을 수소 연료전지로부터 발생하는 전기로 달리게 하는 시험을 진행하고 있다. 프랑스, 네덜란드, 일본, 캘리포니아도 마찬가지다. 이탈리아에서는 스냄이 알스톰과 수소기차 개발 계약을 맺었다.

기차의 차량 기지는 종종 산업 지역에 있다. 따라서 완전한 그린수소를 적당한 단가에 공급받기 전까지는 기지 근처의 공장에서 블루수소를 공급받아 운행할 수 있을 것이다.

트럭 운송

버스, 트럭과 같은 장거리를 운행하는 자동차들은 향후 수소에 의존하게 될 것이다. 수소버스는 탱크가 가득 찬 상태에서 500킬로미터 이상 갈 수 있다. 반면, 배터리 구동버스는 충전 한 번으로 200킬로미터밖에 주행하지 못한다. 오늘날 많은 시내버스는 전기로 운행되고 있다. 이런 버스가 런던에만 450대 있다. 그러나 짧은 노선을 운행하는 시내버스라 하더라도 다음 충전 때까지 더 오래 운행할 수 있기를 원한다. 따라서 이런 버스에도 더 긴 운행 거리는 매력적인 요소다.

현재는 수소버스의 가격이 디젤버스보다 2배가량 비싸다. 그러나 영국 라이트버스의 회장 조 뱀포드Jo Bamford에 따르면, 정부에서 첫 번째 생산되는 3천 대의 수소버스에만 보조금을 지원해준다면 이후에는 수소버스 제조공장의 규모를 키움으로써 디젤버스와 같은 가격에 수소버스를 생산할 수 있게 될 것이다.[6]

수소 연료전지버스는 이미 애버딘Aberdeen, 앤트워프Antwerp, 쾰른Cologne, 오슬로Oslo, 리가Riga 등 유럽의 14개 도시에서 운행되고 있다. 유럽은 수소버스 유럽지원 프로그램으로 향후 5년 동안 600대의 새로운 연료전지버스에 대해 보조금을 지원할 계획이다. 토요타와 현대는 이미 버스제조업체에 연료전지 부품을 판매하고 있다. 중국에서는 국영자동차사인 상하자동차와 볼보 및 로터스를 소유하고 있는 지리오토모빌홀딩스가 독자적으로 수소버스를 개발하고 있다.[7]

트럭 운송 노선들은 보통 장거리이기 때문에 앞에서 다루었던 모든 조건에 해당한다. 만약 충전을 위해 트럭 운행을 멈추고 350킬로와트 충전기에 연결하고 거대한 배터리뱅크가 완충될 때까지 몇 시간을 기다려야 한다면 많은 시간과 돈을 손해 보게 될 것이다. 그뿐만 아니라 배터리 무게로 인해 트럭이 적재할 수 있는 화물의 총무게가 줄어드는 심각한 문제가 있다. 테슬라의 전기트럭인 세미의 경우는 운행 거리 300마일(약 500킬로미터) 모델로 배터리 용량이 570킬로와트시고 배터리 무게만 약 4.5톤에 달한다. 500마일 모델은 950킬로와트시의 배터리 용량이 필요하고 배터리 무게는 8톤이다. 배터리 가격이 급락하고 있다고는 하지만, 여전히 비싼 가격의 배터리가 많이 필요한 상황이다.

반면 가까운 미래에 차세대 수소트럭이 등장하게 될 것이다. 세계 최대의 트럭 제조업체인 다임러트럭Daimler Trucks은 2027년까지는 수소상용차 모든 제품군을 준비하겠다고 발표했다. 다임러트럭은 최근 포스트 내연기관 시대를 대비하기 위해 볼보와 제휴해 수소 시스템을 개발하는 중이다. 제너럴모터스는 나비스타와 협력해 2024년에 시장에 출시할 새로운 세미트럭을 준비하고 있다.[8] 세계 최대의 양조업체인 앤하이저부시Anheuser-Busch는 연료전지트럭 800대를 주문하면서 친환경 기업의 이미지를 강화하고 있다. 현재의 주 전력망을 100퍼센트 친환경 재생 전력으로 바꾸는 데는 몇십 년이 소요될 것이다. 따라서 그 전에 100퍼센트 친환경에너지로 화물을 운송할 수 있는 물리적으로 유일한 방법은 재생 전력으로 생산된 수소를 사용하는 것이다.

이것은 단지 대형 5축 트럭에만 해당되는 이야기는 아니다. 소형 밴도 수소를 사용할 수 있다. 르노&플러그파워는 일반 경상용차를 수소화하기 위해 모든 역량을 집중하고 있다. 피아트크라이슬러와 푸조의 합병으로 탄생한 스텔란티스도 2021년 말까지 세 가지 수소 연료전지밴 모델을 출시할 계획이다.

하지만 이 게임은 승자가 모든 혜택을 독식하는 방식은 아니다. 미국에서 운송되는 화물의 80퍼센트는 250마일(약 400킬로미터) 이하에서 운행된다. 이 정도 거리에서 배터리로 구동되는 자동차를 사느냐, 연료전지로 구동되는 자동차를 사느냐는 그저 취향의 문제다.

이제 모든 요건이 갖춰졌다. 수소는 전기화하기 어려운 철도, 트럭, 버스 그리고 택시와 일부 승용차에 먼저 적용될 것이다. 그중에서도 기차와 트럭이 가장 먼저 수소화될 것이다. 중형 화물자동차의 수소화는 수소자동차 시장을 형성하는 촉매 역할을 하게 될 것이다. 도로상에 필요한 수소충전소를 건설할 수 있는 최소 시장

규모를 확보해줄 것이기 때문이다. 트럭의 경우 운행 경로와 운송 화물량이 비교적 안정적이므로 수소충전소를 운영하는 사람들은 큰 위험을 감수하지 않아도 된다. 게다가 운행이 끝난 트럭의 경우 보통 한 곳 또는 소수의 장소에 모여있으므로 초기에 수소충전소를 설치할 장소를 찾는 데 큰 어려움이 없을 것이다. 또한 대기업들은 수소 수송 시대를 여는 데 도움을 줄 연료전지 자동차를 살 자금이 충분하다는 점도 고무적이다.

17

푸른 바다

·

Green Seas

해상 운송은 현재 총 온실가스 배출량의 약 3퍼센트를 차지하며, 엄청난 대기오염물질을 배출하고 있다. 아무런 조치도 취하지 않으면 해상 운송으로 인한 온실가스 배출량은 2050년까지 최대 250퍼센트까지 증가할 것으로 예상된다. 화물선에서 나오는 이러한 유해배기가스는 기존에 사용하고 있는 슬러지연료 대신 수소를 사용해 만든 암모니아로 대체함으로써 정화될 수 있을 것이다.

장거리 운항 선박은 다음 연료 보급 전까지 수천 마일의 거리를 항해한다. 따라서 항해를 위해 많은 에너지를 실어야 한다. 현재 대부분의 대형 선박은 공해물질인 벙커C유라는 이름의 걸쭉한 잔사유를 연료로 태워 운행한다. 잔사유는 원유를 증류해 휘발유와 다른 연료들을 뽑아낸 후 남은 슬러지 물질이다. 이 슬러지 물질을 태우면 이산화탄소가 발생할 뿐만 아니라 질소산화물, 폐에 달라붙는 미세입자, 기후를 해치는 검댕이가 생긴다. 장거리 운항 선박들이 정박하는 항구 도시를 가보면 건물 표면에 검댕이가 덕지덕지 들러붙은 장면을 목격할 수 있을 것이다. 현재 9만 척에 달하는 선박들이 곡물에서부터 약품, 폐지와 낡은 신발에 이르기까지 각종 화물을 이 연료를 이용해 전 세계로 실어 나르고 있다.

이런 상황을 고려할 때 2010년까지 유럽연합의 가장 큰 대기오염원으로 선박이 지목됐던 것은 당연하다. 이 글을 쓰고 있는 지금도 유럽의 선박에서 배출되는 이산화황과 질소산화물의 총량이 육상에서 배출되는 양을 초과하고 있는 것으로 파악된다.

하지만 한 가닥 희망은 있다. 해운 산업을 통제하고 있는 국제해사기구 IMO는 우선 선박연료를 탈탄소화해야 할 필요성을 정확히 인식하고 있다. 이에 따라 IMO는 선박연료 공급자들에게 연료에서 황을 제거해줄 것을 요청했다. 이것은 수소 업계로서는 뜻밖의 계기였다. 선박연료에서 황을 제거하는 공정에는 일반적으로 수소가 사용된다. 이에 따라 선박연료 업계에서 수소 수요가 늘어나고 있고, 이러한 수요 증가는 전기분해로 수소를 얻는 비용을 줄이는 데 큰 도움이 되고 있다. IMO의 목표는 2050년까지 전 세계의 해양 선박 운송에서 발생하는 연간 온실가스 배출량을 최소 50퍼센트 감축하는 것이다. 나아가 적어도 이번 세기 안에는 최대한 빨리 탄소 배출량을 제로로 하는 것을 목표로 하고 있다. 하지만 선박 수요가 계속해서 늘어날 것을 고려하면 쉽지 않은 싸움이 될 것으로 예상된다.

선박의 항해 노선은 규칙적이면서도 지구 어디에나 분포해있다는 특징이 있다. 전통적으로 에너지 인프라가 부족한 가난한 나라들도 웬만한 항구 하나 정도는 갖추고 있다. 게다가 항구가 많은 곳에서는 청정수소를 만드는 데 필요한 인프라를 구축하기 쉽다. 항구의 입지 조건상 인근에 풍력발전소나 태양광발전소가 있어 여기서 발생하는 전기를 사용하면 된다. 그리고 보통 항구 주변 지역에는 많은 제조업체가 몰려 있는 산업단지가 위치해있다. 항구 지역이 원자재를 구하기 쉽기도 하고 다른 업체들이 공동으로 입주해 있기도 해서다.

이 모든 것들이 항구가 수소 수요처를 찾을 수 있는 좋은 장소라는 증거다. 실제로 초기 단계의 수소 프로젝트를 주도하고 있는 것도 항구다. 유럽에서 번화한 항구 중 하나인 앤트워프 항구에는 화학회사 BASF와 이네오스, 석유계의 메이저인 엑손 등 잠재적 수소 소비자가 몰려 있다. 앤트워프 항구는 자신들이 어떻게 수소를 수입할 것인지에 대한 계획을 내놓았다. 로테르담 항구는 수소를 수입하는 것에서 그치지 않고 자체적으로 그린수소(해양풍력발전소에서 생산된 전기를 사용)와 블루수소(수소 생산공정에서 발생하는 이산화탄소를 북해의 고갈된 포르토스Porthos 유전에 저장)를 생산하는 것을 고려하고 있다. 여기서 생산된 수소는 수소 파이프라인 네트워크에 연결돼 필요한 곳으로 이송될 것이다.

더 바람직한 현상은 해운회사의 고객들이 화물을 운송하는 과정에서 배출되는 이산화탄소에 대해 점점 더 민감하게 반응하고 있다는 것이다. 세계에서 가장 큰 해운사 중 하나인 머스크는 2050년까지 순 탄소 배출량을 제로로 줄이겠다고 약속했다. 머스크에서 운행하는 배들이 더 이상 벙커C유를 사용하기 힘들게 된다면 앞으로 배를 움직이기 위해서 어떤 연료를 써야 할까?

적어도 이론적으로는 가장 큰 배의 경우에도 수소 연료전지로 구동할 수 있다. 2020년 봄, 스위스&스웨덴의 거대 제조 기업인 ABB는 하이드로제네 드 프랑스Hydrogene de France, HDF와 협업해 대형 컨테이너 선박을 완전히 전기화하기 위해 필요한 메가와트급 수소 연료전지 시스템을 개발했다. 하지만 장거리 항해선박들이 이 많은 양의 수소를 어떻게 저장할 수 있을까?

자동차에서처럼 탱크에 수소를 압축하는 것도 옵션이 될 수 있다. 하지만, 이것도 수소 저장에 매우 많은 공간이 소요될 것이다. 700기압의 기체수소는 액체수소 대비 70퍼센트 더 많은 공간을 차지한다. 이는 상온에서 수소를 취급하려면 어쩔 수 없이 치러야 하는 비용처럼 보인다. 가압된 용기를 합리적 비용으로 만들려면 압력 용기를 작게 만들어야 하지만 작은 가압 용기를 많이 실으면 선박의 여유 공간이 빠르게 사라진다.

이에 반해 수소를 과냉각된 액체 상태로 저장하면 어떤가? 이러면 애초에 수소가 가졌던 에너지의 약 30퍼센트는 사용 전에 과

냉각된 수소 온도를 올리는 데 소비된다. 그 후에는 액체수소가 서서히 기화되면서 수소가스가 발생하게 되고 이를 태우기만 하면 된다. 또한 액체수소가 기화하는 과정에서 주위의 열을 뺏어가므로 인위적인 냉각 장치는 필요 없다. 단열만 잘 되면 되는 것이다. 2023년경 액체수소를 연료로 사용하는 노르웨이 유람선 1척이 운항을 시작한 것으로 보인다. 액체수소를 선박 내에 싣고 운반하는 것은 기술적으로 어렵고 비용도 많이 든다. 따라서 한동안 이 기술은 고급 여객선에나 적용될 수 있는 옵션으로 머물게 된다.

개인 요트와 베네치아의 수상버스인 바포레토vaporetti 같은 소형 보트들도 수소로 달리게 될 것이다. 베네치아의 경우 이런 에너지 전환이 빠르면 빠를수록 좋다. 베네치아는 차가 없음에도 불구하고 이탈리아에서 가장 오염된 도시 중 하나다. 배들이 도시를 운항하면서 내뿜는 공해물질 때문이다. 수상 택시나 개인 보트와 같은 작은 배들은 배터리로도 충분할 것이다.

잠재적으로 더 실용적인 방법은 수소를 공기 중의 질소와 결합해 암모니아로 만드는 것이다. 기존의 선박엔진을 조금만 개조하더라도 암모니아를 연소시킬 수 있다. 암모니아를 태우면 배기가스로는 물과 질소가 배출된다. 암모니아 연소의 장점은 이산화탄소가 방출되지 않고 미세입자 및 기타 유독가스의 배출도 매우 적다는 것이다. 결론적으로 이러한 이유로 친환경에너지를 장거리 운송에 투입하기에 가장 비용 면에서 효율적인 해결책으로 암모니아가 꼽힌다.

하지만 암모니아에는 독성이 있다. 암모니아를 연료로 사용하는 도로주행 자동차를 만들고자 했던 그간의 시도들은 모두 안전상의 우려 때문에 실패했다. 그러나 선박에는 이미 이 독성 화학물질을 처리하기 위한 전문지식과 장비가 존재한다. 선박엔진에서 배출되는 배기가스로부터 질소산화물을 제거하는 것은 현재 일상적으로 사용되는 기술이다. 다만 암모니아를 연료로 사용하는 선박들에 적용될 새로운 안전규정이 필요하게 될 것이다. 이런 입법과정이 암모니아를 연료로 사용하는 것을 다소 늦출 수는 있다.

다른 대안으로는 수소를 공기 중의 이산화탄소와 결합시켜 합성 천연가스나 합성 액체 탄화수소로 만드는 방법이 있다. 이렇게 만들어진 합성연료를 연소시키는 선박은 환경에 미치는 영향을 최소로 하면서도 지금과 다름없이 선박 운행을 가능하게 할 것이다. 하지만 선박들이 합성연료로 전환하도록 유도하려면 추가 정부 보조금이 필요하다. 태양광이나 풍력발전으로 얻은 전기를 이용해 전기분해 장치에서 수소를 생산하고 이를 암모니아나 다른 합성연료로 바꾸는 과정에 큰 비용이 소요된다. 그렇게 되면 합성연료는 기존의 화석연료보다 훨씬 비싸질 것이다.

현재의 선박 운송에서도 탄소 배출량을 줄일 수 있는 방법이 있다. 보통 유람선이 항구에 정박해있을 때 선박 내의 냉장고와 수천 명의 승객들이 사용하는 에어컨 및 가전제품을 가동하기 위해 많은 전력이 필요하다. 일반적으로 항구에서 공급하는 전력만으로는 필요한 양의 전기를 충분히 공급받을 수 없으므로 유람선들은 이산화탄소와 끔찍한 오염 구름을 내뿜으면서 자체 중유발전기를 가동할 수밖에 없는 것이 현실이다. 항구에 연료전지를 설치하면 메탄 혹은 수소로부터 만들어진 전기를 유람선에 공급할 수 있고 이산화탄소와 오염물질을 획기적으로 줄일 수 있다.

그뿐만 아니라 20세기 초 비행의 선구자 역할을 했던 수소 비행선의 복귀를 볼 수 있을 것이다. 거대한 화물 비행선을 제트 기류에 실은 다음 대양을 가로지르게 하려는 아이디어가 있다. 제트 기류는 빠르고, 좁고, 굽이치는 대기 상층을 흐르는 기류로, 고도 10~20킬로미터에서 서쪽으로부터 동쪽으로 움직인다. 일반적인 제트 기류의 속도는 시속 150킬로미터 정도나 시속 300킬로미터 이상까지 높아지기도 한다. 화물 비행선이 이러한 제트 기류의 흐름에 올라타면 같은 양의 화물을 운반하는 데 있어 기존 항공기보다 훨씬 연료 소모량이 적어지고 이동 시간도 짧아질 수 있다. 이러한 화물 비행선은 헬륨 대신 수소로 채워질 것이다. 헬륨은 너무 귀하고 비싸며, 수소보다 2배나 무거워서 이런 용도로 쓰기에는 적당하지 않다.

이 대담한 아이디어가 실현되더라도 제트 기류를 이용한 여객선 서비스는 현실성이 매우 낮다. 수소를 이용하는 여객 항공기가 가능하게 하려면 수소의 가벼움보다 수소의 에너지에 의지해야 한다.

18

푸른 하늘

Green Skies

현재, 비행은 기후범죄를 저지르는 행동이다. 하지만 조만간 액체수소로 인해 친환경적인 비행이 실현될 날이 곧 올 것이다. 그러기 위해서는 비행기가 다시 태어나야 한다. 그날이 오면 수소는 연료전지에 사용되거나, 다른 원소와의 결합으로 합성 제트 연료로 만들어지거나, 액체 형태로 수소 연소 엔진에 공급될 것이다.

항공 부문에서의 이산화탄소 배출량은 모든 운송 부문에서 배출되는 양의 약 12퍼센트를 차지하고 있고, 전 세계 이산화탄소 배출량으로 볼 때는 3퍼센트 정도 차지한다. 문제는 그 비중이 계속해서 빠르게 증가하고 있다는 점이다. 2020년 코로나19로 인해 항공 여행은 침체기를 겪었지만 조만간 빠르게 반등할 것으로 예상된다. 승객당 운항거리는 향후 수십 년간 매년 4~5퍼센트씩 증가할 것이다. 항공 부문은 전 세계적으로 매년 9억 톤 이상의 이산화탄소를 배출하고 있다. 기술 발전으로 인해 연료 효율이 향상되고 있음에도 불구하고 탄소 배출량은 2050년까지 최소한 2배 증가할 것으로 보인다. 대부분의 다른 탄소 배출 오염원을 통제할 수 있는 수준으로 끌어내리려 하는 지금, 항공 부문은 가장 해결하기 어려운 분야 중 하나로 남아 있다.

단순한 이산화탄소 수치로는 항공 부문에서 배출되는 배기가스가 기후에 미치는 영향이 잘 드러나지 않는다. 제트 엔진은 이산화탄소뿐만 아니라 오존을 만드는 질소산화물을 방출한다는 문제점을 안고 있다. 오존은 대기 중에 농도가 높을 때 강력한 온난화 현상을 유발하는 온실가스다. 항공기는 또한 빙하를 검게 만들기에 충분한 에어로졸과 그을음도 내뿜는다. 더불어 항공기가 지나간 자리에는 얼음으로 된 비행운이 남는다. 비행운은 해악이 없는 것처럼 생각되지만, 이것도 온실가스처럼 열을 가두는 역할을 한다. 전반적으로 비행이 기후에 미치는 영향은 복잡하면서도 여전히 연구가 필요한 분야다. 대개는 이산화탄소 배출량만으로 추정되는 악영향의 실제 2배 가까이 될 것이라는 것이 중론이다.

그동안 항공사와 항공기 제조업체들은 항공 산업을 친환경적으로 만들기 위해 큰 노력을 기울였다. 항공기를 현대화하는 프로젝트에 수십억 달러가 투자됐으며 보다 효율적인 공기역학과 가벼운 재료를 사용하는 엔진이 개발됐다. 이 결과, 승객당 킬로미터 연료 연소율은 1990년 이후 절반으로 떨어졌다. 2009년 항공업계는 야심 찬 목표를 세웠다. 2020년부터는 넷제로를 기반으로 한 성장을 이어가서 2050년까지는 2005년 배출량의 절반에 해당하는 탄소 순 배출량을 달성하기로 한 것이다. 항공 산업을 친환경화하려는 노력이 오래 지속될수록 우리는 조금씩 더 앞으로 전진할 것이다. 하지만 동시에 우리는 비행기를 더 이상 효율적으로 만들 수 없는 단계로 점점 다가가고 있다고 볼 수도 있다.

그렇다면 어떤 해결책이 있을까? 비행 횟수를 줄이는 아이디어도 있을 것이다. 스웨덴 사람들은 비행기를 덜 타는 것을 장려하기 위한 운동을 벌이고 있다. 비행기를 타는 것이 부끄럽다는 의미를 담은 비행 수치 즉, **플라이그스캄**flygskam이라는 단어는 이 운동의 연장선일 것이다. 기차를 타는 것에 대한 자부심을 나타내는 **타그스카이트**tagskyrt, 즉 기차 자랑을 뜻하는 이 단어도 같은 맥락이다. 이렇게 단순한 삶을 추구하는 운동은 부유한 나라의 일부 사람들에게는 공감을 일으킬 수 있을 것이다. 하지만 더 나은 삶의 질을 추구하는 개발도상국 사람들에게 서구인들이 그동안 오랫동안 누려왔던 항공 여행을 포기하라는 것은 설득력 있는 주장은 아니다.

물론 환경에 이런 소소한 노력들이 약간 도움은 된다. 우리 모두 각자의 역할을 다해야 하겠지만, 스웨덴처럼 단거리 비행을 포기하고 기차 혹은 전기비행기를 타는 것은 근본적인 문제 해결에는 전혀 도움이 되지 않는다. 통근 혹은 근거리 비행에서 배출되는 이산화탄소는 전체 항공 분야 이산화탄소 배출량의 5퍼센트 미만에 불과하다. 전체적으로 우리에게는 더 큰 규모의 변화가 필요하다.

우리는 비행기를 다시 설계할 필요가 있다.

우리가 환경을 파괴하지 않고도 비행기로 세계 어디든 날아갈 수 있다고 상상해보라. 그을음도 없고, 이산화탄소도 배출되지 않는다. 이런 일들은 수소를 이용한다면 현실성 있는 일이다.

물론 수소가 완벽한 해결책은 아니다. 하지만 좋은 차선책인 것은 분명하다. 순수 수소를 사용해 비행하더라도 여전히 얼음으로 이루어진 비행운은 남지만, 기후에 미치는 영향은 훨씬 적을 것이다. 수소비행기에서 배출되는 얼음 결정은 전통적인 등유 연소 제트기의 얼음 결정보다 더 크고 투명하다. 이렇게 되면 지구 표면에서 반사되는 적외선이 더 많이 우주로 빠져나간다. 수소비행기도 약간의 이산화질소 발생은 있다. 제트 엔진이 도달하는 높은 온도에서는 공기 중의 질소와 산소가 결합해 일산화질소가 생성되는 반응이 일어나기 때문이다. 일산화질소는 나중에 대기 중의 산소와 결합해 이산화질소를 형성하게 된다. 이러한 문제는 촉매 변환 장치와 엔진 설계를 통해 개선할 수 있다. 그 결과로 수소비행기의 경우 등유를 연소하는 비행기에 비해 이산화질소 배출량이 약 5분의 1 정도밖에 되지 않는다.

수소 자원 혁명

이러면 수소비행기가 전반적으로 환경에 미치는 영향은 미미할 것이고 이는 아마 대부분의 환경론자가 주장했던 것보다 훨씬 앞선 결과일지도 모른다. 이것이 그동안 우리가 좇고 있었던 꿈같은 해법이다. 그리고 이 분야는 매우 빠르게 발전하고 있으므로 이 책을 쓰기 시작했을 때보다 지금은 그 실현 가능성이 훨씬 더 커졌으리라 나는 믿는다.

수소가 항공기에 동력을 공급하는 방법에는 크게 두 가지가 있다. 직접 제트 엔진의 연료로 사용되거나● 연료전지에 주입해 전기를 발생시킨 다음, 이를 전기 모터에 공급해 프로펠러나 팬 드라이브를 구동하는 방식이다. 이 두 가지 옵션 모두 깨끗하고 효율적인 방식이다. 비행기의 크기와 종류에 따라 적합한 옵션을 선택할 수 있을 것이다.

단거리 비행의 경우에는 연료전지가 해답이 될 수 있다. 독일의 H2Fly와 싱가포르에 본사를 둔 HES는 미래형 4인승 비행기를 설계했다. 하나는 중앙 엔진의 양쪽에 2개의 동체가 있는 모양이고, 다른 하나는 날개를 따라 일련의 작은 프로펠러를 배치한 구조로 만들어졌다.

캘리포니아와 크랜필드Cranfield에 본사를 둔 영미 합작기업인 제로아비아ZeroAvia는 아마존과 마이크로소프트의 창업자인 제프 베이조스와 빌 게이츠가 투자자로 참여한 기업이다. 이 회사는 기존

● 1937년 9월, 시험용 기체수소연료 원심 제트 엔진 하인켈 HeS1에 대한 테스트가 시행됐다.

6인승 항공기 파이퍼 말리부를 수소 연료전지로 운행될 수 있도록 개조했는데 2020년 9월, 이 비행기는 영국 크랜필드 공항에 있는 연구개발시설에서 20분 동안 연료전지로 비행했다. 제로아비아의 목표는 현재 사용되지 않고 방치된 작은 공항들 사이를 비행할 수 있도록 10~20인승 비행기들을 개조하는 것이다.

이보다 더 장거리 비행을 하려면 엔진에서 직접 수소를 태워야 한다. 이런 목적이라면 수소를 가스 상태로 싣고 다니는 것은 현실적 대안이 될 수 없다. 자동차용 수소탱크에 700기압의 압력으로 압축시킨다고 하더라도, 리터당 42그램의 수소밖에는 못 싣는다. 수소연료로 비행이 가능하려면 어떻게든 수소를 액체 형태로 운반해야 한다.

현재 우리는 공기 중에서 혹은 제조공장에서 포집된 탄소를 그린수소와 결합해 제트연료의 주성분인 합성등유를 만들고 있다. 이렇게 하면 직접 화석연료를 사용하지 않아도 되기 때문에 나쁜 선택은 아니라고 할 수 있겠다. 하지만 합성된 등유라 할지라도 이를 연소하는 비행기는 여전히 많은 이산화질소와 각종 오염물질을 내뿜게 될 것이다. 그리고 제조공장으로부터 포집된 이산화탄소와 수소를 결합한 합성등유로는 순수 수소를 연소시켜 얻을 수 있는 에너지의 절반 정도밖에는 얻을 수 없다. 그나마도 공기 중에서 포집한 이산화탄소를 사용하면 3분의 1 정도의 에너지만 사용하는 셈이다.

그럼에도 합성연료는 다른 형태의 지속 가능한 항공연료와 함께 유용한 단기 대응책이 될 수 있다. 일부 항공사들은 도시 생활 폐기물로 제트연료를 만드는 시범공장에 투자하기도 하는데 브리티시 항공, 셸, 앨탈토는 영국 최초의 상업 폐기물 제트연료공장을 건설하고 있다.[1] 매년 재활용이 불가능한 일회용 컵, 식품 포장, 심지어 기저귀를 포함한 50만 톤에 달하는 폐기물을 연소용 청정제트연료로 바꾸는 공장이다. 어떤 곳에서는 톱밥을 발효시켜 지속 가능한 등유로 만든다. 그러나 이런 식의 폐기물을 이용한 프로젝트들은 작은 규모로 남아 있을 가능성이 높다. 전체 산업을 탈탄소화하기에는 그 규모가 너무 작기 때문이다.

그렇다면 바이오 연료는 어떨까?

2016년 국제민간항공기구는 2020년부터 넷제로 성장을 시작한다는 목표를 가지고 탄소 배출 억제 계획을 발표했다. 국제항공을 위한 탄소 상쇄 및 감소 계획에서는 탄소 상쇄 계획과 지속 가능한 연료 사용 계획이 서로 경쟁하게 된다. 지속 가능한 연료는 가격이 적절할 뿐만 아니라 기후 효과가 확실할 때만 널리 사용되게 될 것이다. 문제는 지속 가능한 연료는 계획 중 일부만 만족시킬 확률이 높다는 것이다. 콩과 팜유 같은 식량 작물에 기반을 둔 바이오 연료는 기후에 간접적인 영향을 미친다. 식량 가격을 올리고 새로운 농장을 짓는 삼림 벌채를 조장하기 때문이다. 스위치그래스와 같은 비식량 작물에 기반을 둔 첨단 바이오 연료는 기후 영향은 없지만 대신 가격이 비싸다. 따라서 지속 가능한 항공연료 즉, SAF가 현재 소비되는 총 제트연료에서 차지하는 비중이 1퍼센트 미만이라는 사실이 놀랍지는 않다. 아직 항공사들은 터무니없는 가격으로 SAF를 사야 할 설득력 있는 이유가 없다.

더 도전적인 과제이지만 훨씬 더 흥미로운 옵션은 순수 액체수소로 비행하는 것이다. 하지만 장거리 비행을 위해 우리가 절대 0도에 가까운 온도의 액체수소로 비행하는 항공기를 진심으로 원하는가? 액체수소를 운반하려면 섭씨 영하 253도 이하의 온도가 유지돼야 한다. 수소가 기화돼 탱크로부터 새어 나오는 것을 방지하기 위해서다. 그뿐만 아니라 두 번째로 해결해야 할 중요한 문제도 있다. 여전히 액체수소는 놀랍도록 가볍다. 액체수소의 무게는 리터당 약 70그램이다. 일반적으로 4리터의 수소는 등유 1리터에 해당하는 에너지를 가진다. 이에 따라 액체수소를 동력으로 할 비행기는 지나치게 클 필요는 없지만 적어도 수소를 저장할 충분한 공간은 있어야 한다.

그런 비행기가 이륙할 수는 있을까? 물론이다. 심지어 실제로 그런 일이 있었다. 1955년 가을 미국 공군기지 라이트필드의 한 연구실은 액체수소로 구동되는 비행기를 만들기로 했다. 그래서 그들은 B-57 쌍발 엔진 폭격기에 보조연료 시스템을 설치했다. 그리고 수소나 등유를 사용하거나 혼합연료도 사용할 수 있도록 엔진 하나를 개조했다. 1957년 2월 13일 비행기는 먼저 등유를 이용해 이륙한 다음 고도를 높였다. 그런 후 변형된 엔진은 연료를 수소로 전환한 다음 20분간 더 날았다. 실험은 별다른 차질 없이 진행됐다.

78개의 각종 세계 기록을 보유한 러시아의 항공기 설계자 안드레이 투폴레프Andrey Tupolev는 1980년대쯤 여객기를 대상으로 이와 비슷한 실험을 하기로 했다. 그가 설립한 회사는 Tu-154 여객기의 제트 엔진 3개 중 하나를 극저온 액화가스로 구동될 수 있도록 개

수소 자원 혁명

조했다. 동체를 확장한 후 환기가 잘 되는 승객실 뒤편의 격리된 공간에 극저온 연료탱크를 설치한 것이다. Tu-155로 이름 붙여진 이 비행기는 1988년 4월 15일 첫 비행에 나섰고, 수소가 상업용 항공기에 동력을 공급할 수 있을 정도로 충분한 추력을 제공할 수 있다는 사실을 증명했다. 이후 같은 항공기로 당시에는 엄청나게 비싼 연료였던 수소 대신 액체 천연가스를 사용하는 시험을 하기도 했다. Tu-155는 소련이 붕괴되고 프로젝트가 종료될 때까지 약 100회에 가까운 시험 비행을 했다.

그 후 2000년대 초가 되고 항공연료로 수소를 사용하는 것에 관해 진지한 연구가 재개됐다. 유럽연합은 에어버스와 34개의 다른 파트너 회사들을 불렀다. 어떻게 환경을 해치지 않고도 사람들이 원하는 만큼 자주 그리고 멀리 날 수 있을지에 대해 논의하기 위해서였다. 여러 기업으로 구성된 이 컨소시엄은 이와 같은 극단적 도전 과제에 대해 재빨리 혁명적 해법을 내놓았다. 그 해답은 항공산업 전체를 재생가능 수소로 구동하는 것이었다. 에어버스 독일이 주도했던 크라이오플레인Cryoplane2이라는 이름의 이 아이디어는 후에 실제로 이것을 실현하는 프로젝트의 이름으로 바뀌었다.

크라이오플레인을 설계하는 과정에서 수소동력제트기의 가능성과 한계가 드러났다. 격리된 탱크에 많은 액화수소를 실어야 하는 비행기는 일반 제트여객기보다 크기가 훨씬 커야 한다. 이는 항력을 높이게 되고 결과적으로는 에너지 소비가 10퍼센트 정도 증가하게 된다. 이러한 단점은 항공기 무게를 더 가볍게 하는 것으로 상쇄시킬 수 있다. 수소탱크와 관련된 극저온 장비는 항공기의 무게를 증가시킨다. 하지만 수소 자체가 워낙 가벼우므로 수소비행기에 수소연료를 가득 채웠을 때의 무게는 일반 비행기에 항공유를 가득 채웠을 때보다 약 10퍼센트 정도 가벼워진다. 여기서 설득력 있는 그림이 그려진다. 두 비행기는 결과적으로 에너지 효율이 비슷하지만 한 비행기는 다른 비행기보다 지구를 훨씬 더 많이 오염시킨다는 것이다.

액체수소 항공기를 설계하는 데는 가능한 몇 가지 방향이 있다. 하나는 기존의 항공기 설계를 손봐서 더 큰 탱크가 설치될 수 있도록 하는 방법이다. 이는 단기적으로는 더 나은 선택처럼 보인다. 반면 장기적으로 볼 때 가장 유망한 디자인은 날개와 꼬리가 수소탱크와 결합하는 파격적인 트윈 붐 시스템이다. 이 설계는 접합-날개 항공기 또는 프란드틀Prandtl 항공기로도 알려져 있다. 안전상의 이유로 탱크와 객실을 분리하고 객실의 열이 액체수소 온도를 상승시키는 것을 방지하고자 하는 목적으로 고안된 디자인이다.

프란드틀 항공기의 경우 꼬리와 날개가 서로를 지지하기 때문에 구조적인 장점을 가지게 된다. 이 디자인에서는 비행기가 더 단단해지는데 비행기가 구조적으로 단단해지면 무게를 줄일 수 있다. 일부 연구자들은 이 디자인이 공기역학적으로 더 많은 양력을 제공한다고 주장한다. 하지만 대형 외부 탱크로 인해 어쩔 수 없이 항력도 늘어난다.

혼합 날개 몸체 디자인도 하나의 옵션이다. 일반적으로 고압의 용기를 가장 가볍게 만들 수 있는 형태는 구형이다. 압력을 각 부위에서 균일하게 감당할 수 있기 때문이다. 하지만 이 경우 직사각형 연료탱크보다는 더 큰 지름을 가지게 된다는 단점이 있다. 구형 연료탱크를 쓰게 되면 에어버스가 가장 선호하는 구조인 재래식 항공기의 객실 위에 탱크를 배치하는 디자인은 구현하기 어렵게 된다. 반면 혼합 날개 몸체 디자인의 항공기는 실질적으로 훨씬 더 깊은 날개를 가지게 되는 셈이어서 가벼운 구형 탱크를 쉽게 설치할 수 있다.

크라이오플레인 프로젝트는 수소 기반 시설도 함께 고려했다. 프로젝트가 성공하려면 결국에는 수소를 만든 후 이것을 운송해 비행기에 실을 수 있어야 한다. 2003년 발표된 크라이오플레인의 최종 보고서에는 다음과 같은 결론이 실렸다. 액체수소를 저장하는 것은 몇 가지 특징적 문제를 동반하긴 하지만 액체 탄화수소를 다루는 것보다 해결하기 어렵거나 더 큰 비용이 들지는 않는다. 반대로 수소는 제트연료보다 훨씬 훌륭한 장점을 가지고 있다. 수소의 경우 유출되더라도 아무런 피해를 주지 않고 빠르게 대기 중으로 사라진다. 반면 탄화수소는 유출될 때 토양과 물을 오염시키는 문제가 발생한다.

2020년, 크라이오플레인 연구는 다시 한번 뉴스의 주목을 받았다. 에어버스가 수십 년 된 이 아이디어를 150억 유로의 기금을 받기 위해서 들고나왔기 때문이었다. 코로나19로 위기에 처한 2020년 6월 9일, 프랑스 정부는 궁지에 몰린 항공우주 분야를 지원하기 위한 정책 패키지를 발표했다. 소규모 기업을 위해 5억 유로 규모의 투자 기금을 조성하겠다는 계획과 함께, 누구든 2035년까지 넷제로 비행기를 제조하고 2028년까지 시험 비행으로 그 가능성을 증명한다면 엄청난 금액의 성과급을 지원한다는 내용이었다. 이로부터 불과 3개월 후인 9월, 에어버스는 수소로 운행하는 세계 최초의 탄소 무배출 상업용 항공기에 대한 계획을 발표했다.

에어버스가 내놓은 ZEROe는 세 가지 항공기 디자인을 중심으로 일련의 대체연료 시스템과 공기역학적 구성에 투자하겠다는 계획이다. 첫 번째 터보프롭 디자인의 경우 1천 해리(1,852킬로미터) 정도 단거리 노선에 최대 100명의 승객을 수송하는 데 적용될 것이다. 두 번째 터보팬엔진 디자인은 2천 해리 이상의 노선에서 120~200명의 승객을 수송하게 될 것이다. 마지막은 유난히 넓은 동체가 날개와 함께 합쳐지는 터보팬 디자인의 비행기다. 이 항공기는 두 번째 항공기와 같은 수의 승객과 운항 거리에 적용할 수 있는 디자인이다. 에어버스는 2025년까지 이러한 개념의 항공기로 첫 번째 비행을 하기로 약속했다.

최근 항공 산업에 닥친 불황을 개혁의 계기로 삼은 것은 프랑스만이 아니다. 노르웨이는 2020년 자국 내 항공연료는 지속 가능한 연료를 0.5퍼센트 포함해야 하며 2030년까지는 그 비율이 30퍼센트까지 높아져야 한다고 정했다. 또한 2040년까지는 모든 단거리 비행이 100퍼센트 전기화되기를 희망하고 있다. 캐나다는 국내 여행용 항공연료에 대해 톤당 30 캐나다 달러(약 21달러)에 해당하는 탄소세를 대부분 지역에서 부과했다. 한편, 영국 정부의 자문기구 제트 제로는 녹색 성장을 통해 항공 부문이 회복되는 것을 돕기 위해 롤스로이스, 에어버스, 히스로 공항, 국제항공그룹, 셸과 같은 기업을 한데 모았다. 이 모든 부문에서의 발전은 결국 수소를 이용해 하늘을 날고자 하는 목표에 좋은 소식이 될 것이다.

이 모든 기술들을 적용하는 데는 비용이 얼마나 들까? 더 큰 비행기는 더 비쌀 것이다. 극저온 시스템의 경우 전례가 없는 새로운 시스템으로 적어도 당분간은 검사하고 유지하는 데 비용이 많이 들어가게 될 것이다. 또한 수소는 밀도가 낮으므로 수소 항공기에 연료를 주입할 때 더 오랜 시간이 걸릴 것이다. 연료호스의 숫자를 2배로 늘리더라도 마찬가지다. 이렇게 되면 수소 항공기의 경우 기존 항공기보다 비행시간이 연간 5~10퍼센트는 줄어들게 된다. 하지만 항공기는 항공 여행 인프라의 일부일 뿐이다. 수소는 결국 공항을 근본적으로 변화시킬 것이다.

많은 교통수단은 공항에서 만나게 돼있다. 기차, 자동차, 트럭, 버스, 항공기, 지게차. 공항이 수소에너지의 허브가 되면 공항 근처의 모든 자동차는 연료전지를 기반으로 작동할 수 있게 된다. 이런 일은 이미 독일에서 일어나고 있다. 뮌헨 공항에서 사용되고 있는 수소전기버스는 이미 35만 킬로미터 이상을 주행하고 있다. 최초의 공공 수소충전소도 이곳에 설치됐다.

이런 변화에 있어서 처음에는 지역 공항이 아마도 주도적 역할을 할 것이다. 크고 혼잡한 공항보다는 수소액화공장과 액체수소 저장소를 건설하기 위한 공간을 찾는 것이 더 수월하기 때문이다. 단거리 노선 항공기의 경우 수소 수요가 높지 않으므로 처음에 근처의 공장으로부터 액화 블루수소를 탱크로 실어 나르는 것만으로도 간단히 해결된다.

수소 수요가 증가하면 결국에는 직접 수소가스를 공항까지 파이프로 연결하는 것이 가장 경제적인 해결책이 될 것이다. 그 경우 공항에는 자체 수소액화공장이 들어설 것이다. 일부 새로운 수소 파이프라인이 필요하긴 하겠지만 기존에 설치된 천연가스 파이프라인들을 재활용해 사용할 수 있을 것이다.

재생에너지가 풍부한 지역에서 운영되는 공항에서는 그린수소가 아마도 더 저렴한 옵션이 될 수 있다. 수력이 풍부한 산간 지역, 풍력에 접근할 수 있는 북해 연안 지역, 그리고 햇빛이 풍부한 남부 유럽, 미국 남서부, 호주의 공항이 그런 지역에 해당한다. 이 공항들의 경우 독자적인 전기분해공장을 운영할 수도 있다. 충분한 수소 공급 인프라를 갖추면 공항이 수소에너지의 허브 역할을 하게 돼, 공항 주변에서는 수소 보일러와 연료전지를 통해 불을 켜고 난방을 할 수 있으며 심지어 인근 산업단지에 수소를 에너지원으로 공급할 수도 있게 된다.

이중 어떤 것도 비행기를 이용해 여행할 미래의 당신에게 기후 걱정을 시키지 않을 것이다. 오히려 수소 사용이 늘어난다는 것은 여러분이 대기오염과 지구의 운명과 같은 것들에 관해 관심을 두지 않아도 됨을 의미한다. 만약 당신이 지구 반대편 대륙에서 매월 회의를 해야 한다 하더라도 괜찮다. 아무 문제가 없다. 우리는 모두 죄책감 없이 주말에 도시를 방문해 휴식을 취하거나 지구 반대편에 살고 있는 가족을 방문할 수 있게 된다. 마침내 비행의 즐거움을 되찾을 수 있는 것이다.

19

로켓 사이언스

•

It Is Rocket Science

수소는 로켓연료로 사용될 만큼 대단한 에너지를 가지고 있다. 이미 우리는 수소를 이용해 우주로 모험을 떠나고 있다. 새로운 엔진과 디자인의 로켓은 이전보다 더 멀리 그리고 더 빠르게 갈 수 있는 추진력을 주고 있다. 미래에는 수소를 이용해 화성까지 가게 될 것이다.

로켓에 동력을 공급한다고 기후변화가 해결되지는 않는다. 그러나 수소가 우주탐사의 한계를 어떻게 돌파했는지 이야기하지 않고는 에너지 운반체로서 수소의 장점에 대한 어떠한 논의도 완벽하지 않을 것이다.

이 이야기는 러시아 수학 교사인 콘스탄틴 치올콥스키^{Konstantin Tsiolkovsky}가 인간을 우주로 보내기 위해 무엇이 필요한지 계산하면서 시작됐다. 라이트 형제가 하늘로 올라가기 훨씬 전 일이다. 치올콥스키는 1857년 러시아 서부의 이옙스코^{Ijevskoe}에서 태어났다. 8살이었을 때 그의 어머니는 그에게 수소로 가득 찬 나이트로셀룰로스 풍선을 보여주었다. 14살 때 그는 종이로 된 풍선을 만들기 위해 노력했지만 실패했다. 후에 치올콥스키는 이 경험을 금속 재질의 비행선에 대한 아이디어로 발전시켰고 그에 대한 논문도 발표했다.

치올콥스키는 지방에서 수학을 가르치는 직업을 가지면서 보람을 찾을 수 있었다. 하지만 그가 한가한 시간에 한 일은 우주 로켓과 이를 조종할 수 있는 로켓 엔진, 우주정거장과 식민지, 에어록과 폐쇄 루프형 생명유지 시스템을 설계하는 것이었다. 이런 점을 살필 때 그가 몇 편의 공상과학 소설의 작가라는 사실이 별로 놀랍지는 않다.

치올콥스키는 계산으로 우주정거장이 지구 궤도에 머무르기 위해서는 적어도 초당 8킬로미터의 속도에 도달해야 한다는 사실을 알고 있었다. 이것은 뉴턴의 운동 법칙에 기초해 쉽게 계산해낼 수 있는 값이다. 인상적인 것은 치올콥스키가 로켓이 그러한 속도에 도달할 방법을 이론적으로 제시했다는 점이다. 그의 아이디어는

수소 자원 혁명

로켓의 뒷부분에서 질량을 방출하면서 추진력을 얻는 것이었다.

그에 따르면 로켓은 추진제를 싣고 발사돼야 한다. 처음에는 무게로 인해 느리게 움직이겠지만 추진제를 연소할수록 가벼워지며 점점 더 빨리 가속할 수 있다. 치올콥스키는 로켓이 도달할 수 있는 속도를 예측할 수 있는 방정식을 만들어냈다. 로켓의 처음과 마지막 중량을 고려하고, 추진제가 연소해 로켓 뒤로 배출돼 빠져나갈 때의 속도를 이용하는 방정식이었다. 이 방정식을 통해 그는 이미 1903년 로켓 1대로는 지구 궤도에 도달하는 데 충분하지 않다는 것을 깨달았다. 그리고 그는 더 나은 방식을 제시했다. 바로 로켓을 다른 로켓 위에 겹쳐 쌓는 것이다. 오늘날 우리가 사용하는 다단계 발사체는 치올콥스키의 발명품 중 하나다.

추진제는 로켓 노즐을 통해 에너지를 방출한다. 보통은 연료와 산화제를 연소하며 에너지를 얻게 된다. 스코틀랜드의 화학자 제임스 듀어James Dewar가 처음으로 액체수소를 발견한 지 5년이 채 지나지 않은 시점에, 치올콥스키는 액체산소인 LOX와 액체수소인 LH₂를 사용하는 것이 우주 로켓을 위한 최고의 조합이라고 주장했다. 이 조합이 단위 질량당 가장 높은 에너지를 낼 수 있었다. 그는 이 조합을 이용해 가장 빠른 배기가스 속도를 얻을 수 있게 됐다.

액체수소와 액체산소의 추진제 조합은 1950년대부터 실제로 응용됐다. 1956년 미국 공군은 수소연료 항공기를 만드는 프로젝트에 자금을 투입했다. 프로젝트 자체는 실패했지만 이 과정을 통해 관리 시스템, 기술, 액화 설비 및 기타 장치들을 개발해냈다. 이후에 이 기술을 최초의 수소연료 로켓인 아틀라스-센토에 적용해

2단 로켓을 개발해냈다. 당시 공군, 육군, 미국 국립항공우주국인 나사, 그리고 첨단연구계획국ARPA은 모두 독자적으로 대형 발사체를 개발하고 있었다. 이런 개별적 활동들은 달 착륙선을 우주로 쏘아 올리는 로켓을 개발하는 임무를 나사가 부여받았을 때 마침내 합쳐졌다.

　새턴 1호에 적용된 다단계 발사체 구조는 설계자들이 어떻게 수소가 가진 힘과 부피 사이에 존재하는 상충 관계를 해결하기 위해 노력했는지를 보여준다. 액체수소와 액체산소만으로는 로켓 전체를 발사대에서 쏘아올릴 수 없다는 사실은 일찍부터 알려져 있었다. 액체수소의 밀도가 낮으므로 큰 연료탱크가 필요하고 이에 따라 전체 무게가 증가하게 된다. 이렇게 되면 로켓의 크기가 커지며 공기 항력도 향상한다. 이런 이유로 새턴 1호에서는 대기가 희박하거나 아예 없는 곳에서 사용하기 위해 액체수소와 액체산소를 다단계 로켓 구조의 상단부에 배치하고 있다.

　여기서 액체수소와 액체산소의 또 다른 단점에 봉착하는데, 이는 더 현실적인 부분이다. 발사 전까지 수소와 산소를 액체 상태로 유지하는 데는 엄청난 노력이 필요하다. 로켓이 이 연료들로 채워지자마자 몇 초 후에는 수소와 산소가 비등점에 도달하게 된다. 우리가 로켓 발사 장면에서 보는 로켓 측면으로부터 분출되는 증기는 액체산소다. 하지만 액체가 비등하는 속도 면에서 본다면 산소보다 수소가 훨씬 빠르다. 우주왕복선을 구성하는 3개의 주요 엔진에 공급하기 위해 주입한 액체수소의 약 절반은 이런 식으로 밖으로 빠져나간다.

액체수소와 액체산소는 폭발력이 매우 높고 다루기 까다로 운 액체연료다. 몇 번의 충격적 폭발 사고를 겪은 후 1963년 11월 27일 나사의 케이프커내버럴Cape Canaveral 발사장에서 마침내 액체수 소연료가 상단에 채워진 로켓이 발사됐다. 액체수소와 액체산소를 연료로 하는 센토 로켓이 아틀라스와 타이탄에 장착됐으며, 이후로 대부분 나사의 우주선을 지구 궤도와 그 너머로 보내는 데 사용됐 다. 아폴로 계획에 사용된 거대한 새턴 V도 액체수소가 상단에 채 워진 다단 로켓을 이용해 인간을 달로 쏘아 올렸으며, 같은 로켓이 1970년대 스카이랩 임무에도 사용됐다. 지구 궤도를 오고 갔던 우 주왕복선은 3개의 엔진을 장착하고 매번 날 때마다 23만 킬로그램 의 수소를 태웠다.

아직 아무도 수소와 산소만을 사용해 우주선을 지구 궤도에 진 입시키는 데 성공하지는 못했다. 하지만, 영국에서 진행된 한 프로 젝트는 우리가 목표 달성에 한 걸음 더 가깝게 다가갈 수 있다는 희 망을 보여주었다. 영국 기업 리액션엔진은 SABRESynergetic Air Breathing Rocket Engine라는 새로운 종류의 엔진을 개발하고 있다. 이것은 재래 식 로켓엔진도 아니고 제트 엔진도 아닌 새로운 종류의 하이브리드 엔진이다. SABRE는 발사되고 우주로 올라가는 초기 단계에서는 대 기 중 공기를 흡입해 액체수소와 함께 태운다. 계속해서 음속의 5배 가 넘는 속도로 비행해 약 25킬로미터의 고도에 도달하면 엔진은 순수로켓 상태로 전환된다. 그 후에는 연료탱크에 주입해놓은 액체 산소와 액체수소를 태우면서 지구 궤도까지 최종 상승하게 된다. 하이브리드 엔진을 사용하면 현재의 발사체와 같은 중량의 우주선으로 2배의 페이로드를 싣고 대기권을 가파른 각도로 이탈해 지구 궤도 위까지 올라갈 수 있게 된다.

이러한 엔진이 성공적으로 개발 과정을 통과해 살아남는다면 장거리 항공 여행의 패러다임도 변화시킬 수 있을 것이다. SABRE 개념으로부터 파생된 엔진인 시미터Scimitar는 일반 항공기로는 꼬박 하루가 걸리는 브뤼셀에서 시드니까지의 구간을 4시간 30분 만에 비행할 수 있도록 설계된 A2라는 이름의 항공기에 적용됐다.

이보다 훨씬 더 급진적인 잠재력이 숨어 있는 곳이 금속수소다. 수백만 기압으로 수소 분자를 압축하면 수소가 양성자와 자유 유영전자로 분리되면서 금속수소로 바뀔 것으로 예상된다. 이렇게만 된다면 금속수소는 액체수소보다 3배 이상의 강력한 에너지를 제공함으로써 현존하는 로켓연료 중 가장 강력한 물질이 된다. 금속수소의 경우 액체수소보다 10배 정도 밀도가 높아서 로켓을 훨씬 더 유선형에 가깝게 만들 수 있고 이에 따라 더 무거운 적재물을 실어 나를 수 있다. 잠재적으로는 항공기 분야 외에 다른 분야에도 응용할 수 있다. 하지만 이것은 아직 먼 미래의 일이다.

로켓엔진이 수소의 폭발력을 극적으로 보여주는 예인 반면, 수소가스는 더 조용한 방법으로 우주탐사를 할 수 있게 해주는 예시였다. 바로 연료전지를 통해서다.

1960년대 중반부터 나사에서 진행했던 우주 프로그램에서는 알칼리 연료전지를 이용해 인공위성과 유인 캡슐에 전기를 공급해 왔다. 제미니와 아폴로에 탑승한 우주인들에게도 연료전지를 통해 전기, 난방, 물이 제공됐다. 극저온탱크에 저장된 액체수소와 액체산소를 알칼리 연료전지에 공급하면 그 결과 아폴로 조종실과 서비스 모듈에서 사용할 전력이 생산된다. 이 과정에서 부산물로 시간당 0.5리터의 물도 같이 생성된다. 이 물은 세탁과 건조식품을 원래대로 돌릴 뿐만 아니라 마시는 용도로도 사용할 수 있다. 초기 버전의 연료전지로부터 생산된 물에는 꽤 많은 수소가 용해돼있었다. 이에 따라 아폴로 11호에 탑승했던 3명의 우주비행사들은 심한 위경련을 겪기도 했다. 이들의 불만은 나사관제센터에 전달됐고, 문제는 다행히도 아폴로 12호가 발사될 즈음에는 해결됐다. 국제우주정거장에 탑승한 우주비행사들은 지금도 같은 방식으로 식수를 공급받는다.

여러분은 아마도 우주가 액화된 가스를 액체 상태로 유지할 수 있을 만큼 충분히 추울 것이라고 생각할지도 모르겠다. 하지만 우주는 진공이라는 사실을 기억해야 한다. 즉, 우주에서는 산들바람이나 차가운 벤치가 신체의 열을 뺏어가는 식으로 대류나 전도로 열이 빠져나가지 않는다. 반면 햇빛이 비치거나 우주선 내에서 활동하게 되면 선내의 온도는 올라갈 수밖에 없다. 따라서 우주임무 수행을 위해 액체수소를 오랫동안 싣고 갈 때 문제가 발생하게 된다. 아폴로 탐사의 경우에는 임무 기간이 일주일 정도로 짧았다. 하지만, 화성을 향한 비행과 같은 오랜 시간이 걸리는 우주임무의 경우 연료전지 기술에 의존하려면 수소를 극저온으로 저장하는 방법은 적합하지 않다.

대신 미래의 장거리 우주임무들은 태양전지판에서 에너지를 얻게 될 것이다. 하지만 여전히 연료전지도 병행해 사용해야만 한다. 백업 전력 때문이다. 우주선이 화성에 도착해서 궤도에 진입하게 되면, 주기적으로 화성의 그림자를 통과하게 될 것이다. 이 시간 동안은 태양전지판이 작동하지 않기 때문에 전력이 끊어지게 된다. 이 문제를 해결하는 가장 좋은 방법이 바로 가역 연료전지다. 태양 전지판으로부터 얻은 에너지를 사용하여 물을 산소와 수소로 전기 분해했다가 나중에 연료전지를 이용해 다시 전기를 얻는 방식이다. 물론 이것은 복잡한 과정이지만, 배터리보다 훨씬 무게를 줄일 수 있을 것이다. 장거리 우주임무에서는 이 방법이 유일하다.

가역 연료전지는 생명 유지에도 도움이 된다. 우주비행사들은 숨을 쉬어야 한다. 이를 위해 국제우주정거장International Space Station에서는 전기분해를 이용해 물로부터 산소를 얻는다. 최근까지만 해도 이 과정에서 나오는 수소는 쓸모없는 가스로 여겨져 우주로 배출됐다. 그뿐만 아니라 우주비행사들이 숨을 쉴 때 내뿜는 이산화탄소 역시 공기 중에서 제거해 우주로 배출해야 했다. 이러한 과정을 계속 되풀이하려면 많은 양의 물을 정기적으로 국제우주정거장으로 실어 날라야 한다. 하지만 이것은 미래에 수행해야 할 장기 우주임무에서는 누릴 수 없는 사치다.

그래서 오늘날의 국제우주정거장에서는 우주인들이 내뿜는 이산화탄소와 수소를 재활용해 물을 만들고 있다. 이런 과정에서 발생하는 수소의 절반은 결국에는 폐기가스인 메탄이 되는 것으로 끝난다. 이렇게 되면 국제우주정거장을 오가는 화물 로켓은 기존에 운반하던 양의 절반에 해당하는 물과 약간의 수소만 수송하면 된다. 더 나아가 미래의 국제우주정거장에서는 메탄을 쪼개어 물, 산소, 이산화탄소 사이에 분자 재활용 순환 사이클을 가동하게 될 것이다. 이렇게 되면 단 1개의 분자도 버리지 않는 자체 생존 시스템이 마련된다. 이런 종류의 수소 기술이 개발되면 그동안 많이 회자됐던 화성에 첫 번째 유인우주선을 보내는 프로젝트는 현실에 더 가까워질 것이다.

만약 우리가 우주를 탐험하고 식민지화하는 것에 대해 진지하게 생각한다면, 우리가 가는 곳이 어디든 그곳에서 구할 수 있는 물질로부터 연료를 만들 수 있어야 한다. 비교적 최근에는 달의 극관에서부터 명왕성에 이르기까지 태양계의 모든 곳에 물이 있다는 사실이 발견됐다. 이는 매우 고무적인 발견이다. 나사가 보수적으로 추정한 바에 의하면 우리가 달에서 얻을 수 있는 얼음은 6억 톤에 달한다고 한다. 로켓연료는 물이 있는 곳에 있음을 명심하라. 당장은 달의 얼음에서 얻어진 물을 전기분해로 쪼개 액체산소와 액체수소를 얻고 이것으로 로켓을 채운다는 계획이 다소 황당하게 들릴 수도 있을 것이다. 하지만 미리 불가능하다고 단정 짓지는 말라. 2019년, 나사의 법률팀은 달에서 얼음을 얻기 위해 달을 채굴하는 데 필요한 법적 합의안을 제안한 바 있다.

한편, 화성에서 얻는 물질을 연료로 이용하는 것은 조금 더 복잡하다. 이와 관련된 화학적 원리는 이미 우리가 이 책에서 다루었다. 지구의 0.6퍼센트에 해당하는 기압을 가진 화성의 대기는 대부분 이산화탄소로 이루어졌다. 이는 우주여행자들에게는 좋은 소식이다. 이산화탄소 중의 탄소를 수소와 결합하면 메탄이 만들어진다.

이 과정에서 발생되는 산소를 저장한 다음 나중에 메탄을 태우는 데 다시 사용한다면 저중력, 저압 환경하의 붉은 행성에서 사용할 수 있는 이상적 로켓연료를 갖게 될 것이다.

수소는 화성에서 구할 수 없다. 적어도 이전에는 화성에 수소가 없는 줄 알았다. 그러나 2008년 7월 31일 화성에 도착한 나사의 피닉스 착륙선은 화성에 얼음이 존재함을 확인했다. 언젠가는 화성 얼음에서 전기분해를 통해 수소를 추출하고, 온전히 화성에서 구할 수 있는 물질로만 로켓연료 만드는 일이 실현될지도 모르겠다. 우주탐사 기업 스페이스X는 이번 세기 후반에는 화성에 유인우주선을 보내려는 계획을 하고 있다. 이를 위해서는 먼저 수소를 탑재한 최초의 무인탐사선을 보내야 한다. 첫 번째 유인우주선에 탑승한 승무원들은 자신들이 싣고 간 수소와 화성 대기 중에서 채취한 이산화탄소를 이용해 귀환에 필요한 연료를 제조할 수 있게 된다. 유인우주선이 화성 표면에 머무르는 동안 우주인들은 그다음에 도착할 우주선이 그곳에서 직접 수소를 만드는 데 사용할 물을 찾을 것이다. 그를 통해 만능에너지교환기가 다른 행성에 설치될 것이다.

수소가 가진 잠재력 중 우주탐사를 가능하게 하는 부분은 이 책에서 다루고자 하는 주요 주제와는 거의 관련이 없다. 하지만 지구온난화에 대처하기 위해 개발하고 있는 도구와 기술들이 어떻게 새로운 매력적인 아이디어와 기회를 만들어낼 수 있는지 분명하게 보여준다.

20

안전 우선

Safety First

수소의 응용 분야가 점점 더 넓어짐에 따라 최우선 순위를 안전
에 두어야 한다. 이를 위해 수소 사용에 따른 위험 요소가 무엇
인지 명확히 파악해 엄격한 국제 기준을 마련하는 것이 필요하
다. 작은 사고라도 일어나면 이 새로운 산업에 장기적 피해를 줄
수 있다. 그러니 절대 실수해서는 안 될 것이다.

1997년 뮌헨 시민들을 대상으로 시행된 설문 조사에서는 사람들에게 '수소'라는 단어를 들었을 때 어떤 것이 연상되는지 물었다.[1] 사람들의 의식 속에 힌덴부르크Hindenburg 사고와 같은 것이 자리 잡고 있을 것으로 예상하고 한 질문이었다. 어쨌든 힌덴부르크 사고는 산업적 규모의 수소를 사용하면서 일어난 초기 비행이 보여준 끔찍한 재난사고였고, 생생하게 카메라에도 포착됐었다. 하지만 설문 결과, 사람들이 수소와 관련해 가장 큰 위험으로 생각하는 것은 수소폭탄인 것으로 드러났다. **수소**라는 단어를 접한 사람 중 13퍼센트가 핵전쟁으로 인한 종말을 떠올렸다.● 하지만 정작 수소폭탄은 수소를 연료로 사용할 때 발생하는 화학 반응과는 아무런 관련도 없다. 그렇게 답한 사람들도 집으로 돌아가서는 아마도 저녁때 냉장고가 있는 방에서 가스레인지를 사용해 식사를 준비할 것이다. 실제로 냉장고의 3분의 1 정도는 냉매로 이소부탄을 사용하고 있고, 이소부탄은 가연성과 폭발성을 모두 지닌 탄화수소다. 하지만 누구도 이런 사실에 대해 신경 쓰지 않는다. 나 또한 그렇다.

우리는 일상생활에서 끊임없이 환경 리스크를 평가하며 살고 있다. 하지만 이런 평가의 대부분은 임기응변식으로 이루어진다. 세상의 복잡함과 우리 삶의 분주함을 생각하면 달리 선택의 여지는

● 수소폭탄은 핵융합에 기반을 두고 있다. 우리가 이 책에서 이야기하고 있는 화학 반응의 수백만 배에 해당하는 에너지는 핵융합을 통해 발생한다. 그리고 이러한 일은 여러분의 자동차에서 일어날 수 있는 어떤 반응보다 수천 배 높은 극한 온도와 압력 아래에서만 일어나게 된다. 이에 덧붙여 수소폭탄은 수소를 사용하지 않고 수소의 사촌 격인 중수소와 삼중수소를 사용한다.

없을 듯하다. 우리는 우연히 듣게 되는 것에 의지하고 스스로 깨닫는 것보다는 집단의 지혜에 더 많이 의지하는 것 같다.

1998년에 수소라는 단어는 냉전과 관련된 맥락이 아니라면 일상적인 대화에서는 거의 나오지 않았다. 냉장고 옆의 노출된 불 위에서 요리하는 상황의 위험도를 평가하자면 아주 미미한 수준이다. 백색가전 제품 입계 밖에 있는 시람들이라면 이런 상황을 절대 위험하다고 생각하지 않을 것이다.

수소의 미래를 위해 일하는 우리 같은 사람들은 두 가지와 싸움을 해야 한다. 먼저 수소를 최대한 안전한 것으로 만들어야 한다. 그런 다음에는 수소에 대해 아는 것이 거의 없는 사람들에게 수소가 가진 특징에 대해 잘 설명해야 한다.

2019년 5월, 한국의 지방 도시 강릉에서 정부연구 프로젝트와 관련됐던 수소 저장탱크가 폭발하는 사고로 2명이 숨지고 6명이 다쳤다. 예비 조사에 따르면, 폭발은 먼저 수소 저장탱크에서 스파크가 일어나고 이어서 산소가 수소탱크 안으로 들어가게 되면서 발생한 것으로 밝혀졌다.

바로 다음 달에는 노르웨이의 수소연료소 세 곳 중 한 곳에서 폭발이 있었다. 다행히 크게 다친 사람은 없었지만, 폭발로 인해 자동차 내 에어백이 작동하는 바람에 2명이 가벼운 상처를 입었다.

이것이 이 글을 쓰고 있는 시점을 기준으로 최근 발생했던 최악의 수소 사고라고 꼽을 수 있는 것들이다. 다른 기술과 마찬가지로 수소 역시 안전한 것은 아니다. 그리고 앞으로도 완벽하게 안전해지는 일도 없을 것이다. 수소는 불이 붙을 수 있고 눈에 보이지 않는 수소 불꽃은 매우 빠르게 퍼져 나간다. 천연가스처럼 수소는 냄새가 없다. 하지만 화석연료 역시 잔류물에 의한 위험성이 있다. 석탄의 경우 생산되는 에너지 테라와트시당 24명 이상의 사망자를 낸다. 석유는 18명 이상의 사망자를 내고, 천연가스는 3명 이하의 사망자를 낸다. 2007년《랜싯Lancet》에 실린 논문에 나온 이 수치들은 에너지를 사용할 때 발생하는 것이 아니라 에너지를 생산할 때 따르는 위험이 반영된 통계다.[2] 우리는 화석연료를 다루었던 경험으로부터 배운 많은 것을 수소에 곧바로 적용할 수 있다. 석유와 가스 산업에서 우리는 그동안 매우 심각한 사고를 겪어왔다. 사고의 원인을 조사해보면 거의 항상 사람의 실수나 안전 절차가 빠졌음을 발견하게 된다. 이러한 일이 일어나지 않게 하려고 기업들이 택한 방법은 안전 감사를 시행하는 것이다. 그중에서도 거의 일어날 뻔했던 사고 사례를 살펴봄으로써 더 엄격하고 발전된 안전표준안을 마련하는 방법을 선호한다. 안전을 최우선으로 하는 문화를 정착시키기 위해 노력하는 것이 필요하다. 이를 위해 많은 산업현장의 공장들에는 아무리 작은 사고라 하더라도 마지막 사고가 발생한 후 며칠이 지났는지 보여주는 커다란 디스플레이 모니터가 설치되기도 한다.

수소의 사용이 대중화될수록 수소 사고는 증가할 수밖에 없다. 단순히 잘못된 일이 일어날 확률이 더 높아지기 때문이다. 그런데도, 우리가 매일 태우고 있는 화석연료보다 수소가 더 안전하다는 증거는 많이 있다. 예를 들어, 수소는 대부분의 다른 연료보다 화재

수소 자원 혁명

의 위험이 낮다. 수소는 공기 중에 적어도 부피의 비로 4퍼센트 이상 되지 않으면 불이 붙지 않는다. 반면 휘발유는 1.4퍼센트 이상만 돼도 인화성을 보인다.[3] 수소는 바깥으로 나가더라도 공기보다 훨씬 가벼운 상태이기 때문에 위로 올라가서 흩어질 것이다. 그러면 수소의 농도는 폭발에 필요한 수준 이하로 급격히 떨어진다.

수소와 관련된 주요 위험 요인은 수소가 파이프라인에서 외부 대기로 누출되는 것이다. 그보다는 소량의 수소가 밀폐된 방으로 스며드는 것이 더 위험하다. 수소는 최대 94퍼센트의 농도에서도 발화가 가능한데 이는 연료 중 가장 넓은 가연성 범위에 해당한다. 그리고 발화를 위해 많은 불꽃이 필요하지도 않다. 가장 가연성이 높은 농도인 28퍼센트에서는 0.02밀리줄의 에너지만으로도 수소에 불을 붙일 수 있다. 천연가스에 불을 붙이는 데 필요한 에너지의 7퍼센트에 불과하다. 따라서 수소를 안전하게 사용하기 위해서는 공간이 잘 환기되는지, 또는 환기를 잘 시킬 수 없다면 스파크와 불꽃이 없는지 반드시 확인해야 한다. 연료를 100퍼센트 수소로 사용하는 집에서는 방에서 가장 높은 지점에 환기구를 설치해야 한다.

에너지원을 천연가스에서 순수 수소로 전환하는 방법에 대해서는 이미 잘 알려져 있고 충분히 실현할 수 있는 일이다. 그렇다고 결코 안심할 수 있는 문제는 아니다. 모든 건물과 난방 시스템이 미묘하게 다르고 그로 인해 예기치 못한 문제들이 나타날 수 있다. 오작동도 있을 수 있고 사고도 있을 수 있다. 이러한 것들을 막기 위해 우리가 할 수 있는 모든 것을 다해야만 한다.

수소를 운송하는 데 있어서 최우선으로 고려해야 것은 수소를 보관하는 용기다. 부력을 얻기 위해 수소를 사용하던 시절에는 우리가 만들 수 있는 가장 가벼운 용기에 수소를 채워야 했다. 힌덴부르크 비행선의 수소백을 만들기 위해 얇게 늘인 동물 창자가 수없이 많이 사용됐다. 이 때문에 한때 전국적으로 소시지 부족 사태가 발생하기도 했다. 물론 지금은 수소를 연료로만 사용하고 있어서 소시지 껍질이 필요하지는 않다.

수소연료 비행기의 경우 승객이나 승무원들이 수소에 노출되는 것을 실질적으로 방지하기 위해 수소탱크의 위치를 기내 객실 높이 이상에 두도록 설계하고 있다. 도로 위를 달리는 현대적 연료전지 자동차에 사용되는 수소탱크는 여러 겹의 수지, 탄소 섬유 및 섬유 유리로 만들어진다. 혼다의 클레러티Clarity에 장착된 2개의 수소탱크는 알루미늄과 탄소 섬유로 제작돼 극한의 압력과 열에 모두 견딜 수 있도록 설계됐다. 도요타 미라이의 경우 강철 휘발유 연료탱크보다 5배 높은 충돌 에너지를 흡수할 수 있도록 3중 수소탱크가 장착돼있다. 도요타는 자신들의 탱크가 안전하다는 것을 증명하려는 방법으로 총을 사용했다. 첫 번째 발사됐던 총알이 탱크에 맞고 튀자 고칼륨 장갑차 관통 탄환으로 바꾸어 시험했다. 그런데도 탱크를 파열시키려면 정확히 같은 지점에 두 번 발사해야 할 정도로 탱크는 튼튼함을 보여주었다.

하지만 생각지도 못했던 일이 일어나서 수소탱크가 파열됐다고 가정해보자. 그러면 어떻게 될까? 천연가스와 마찬가지로 수소가스는 대기 중으로 빠르게 흩어질 것이다. 이때 무섭게 들렸던 수소탱크 내부의 엄청난 압력이 실제로는 유용한 역할을 하게 된다.

엄청난 고압으로 인해 외부의 산소가 탱크 내부로 들어갈 수 없기 때문이다. 그렇게 되면 수소자동차에서 누출된 수소에 불이 붙더라도 수소탱크는 폭발하지 않는다. 그리고 계속 누출이 진행돼 압력이 대기압과 비슷해졌을 때는 이미 탱크에는 수소가 거의 남아 있지 않은 상태가 되므로 위험한 수준의 폭발을 일으키기에는 양이 부족하게 된다. 이와 반대로 휘발유 탱크에 구멍이 나면 훨씬 더 위험한 상황이 된다. 휘발유는 인화성이 높은 연료이지만 수소처럼 빠져나가지 않기 때문이다. 휘발유가 누출돼 자동차 내부에 고이면 화재가 확산되는 연료원으로 작용하게 된다. 수소는 이런 점에서 휘발유보다 안전하다고 말할 수 있다. 이미 우리는 도시의 가장 번화한 거리를 누비고 다니는 수소전기버스를 운영할 정도로 수소를 안전하게 다루는 방법을 터득했다.

솔직히 말해서 사람들은 수소의 안전에 대해 별로 신경 쓰지 않을 것이다. 대신 설계자와 엔지니어의 역량, 회사의 준법성, 규제 당국의 감독에 의존할 것이다. 공공기관에 대한 믿음을 무너뜨리는 사건들을 종종 신문의 헤드라인에서 접하게 됨에도 불구하고 사람들은 기술과 관련된 문제에 있어서는 공공기관을 신뢰하는 편이다.

2019년 익명의 소셜미디어에서는 사람들이 수소를 안전한 에너지원으로 보는지에 대해 두 가지 질문을 했다. 수소가 일반적으로 안전하다고 생각하는 응답자는 49.5퍼센트에 불과했다. 하지만 73.2퍼센트는 '수소를 동력으로 하는 운송 수단을 쓸 의향 있음'을 보였다.[4] 조사 결과에 의하면 사람들의 약 절반은 수소를 경계하고 있다. 합리적인 판단이다. 어쨌든 수소는 로켓연료로 쓰이고 있다.

동시에 대부분의 사람들은 여전히 수소로 움직이는 버스를 탈 준비가 됐다. 여기에 모순되는 점은 없다. 사람들은 수소를 완전히 믿지 않지만 수소로 움직이는 버스는 신뢰한다. 모든 위험에도 불구하고 수소가 양심적인 기술자들에 의해 안전하게 다뤄지리라는 것을 믿기 때문이다. 사람들에게 신뢰가 있다면 그것은 고귀한 일이다. 따라서 원래 로켓연료였던 수소를 우리 삶의 구석구석에 퍼뜨릴 때 우리는 매우 신중하고도 정직해야 할 것이다.

수소 자원 혁명

제4부

●

이륙 준비

THE HYDROGEN REVOLUTION

21

임무

●

The Mission

우리가 기후재앙을 피하려면 수소에너지의 비전이 이른 시일 안에 실현돼야 한다. 그러려면 그린수소를 생산하는 비용이 결정적 전환점에 도달해야 한다. 일단 일부 분야에서 그린수소가 화석연료와 경쟁할 수 있게 되면 그 후로는 수소 사용량이 눈덩이처럼 불어나게 될 것이다. 우리가 빨리 행동으로 옮긴다면 이러한 일이 5년 안에 실현될 수 있다.

어떤 날은 희망과 흥분에 들뜬 채 꿈에서 깰 때가 있다. 꿈속에서 나는 햇빛과 바람으로 가득 찬 지구에서 환경오염에 대한 죄책감 없이 비행기를 타고, 연료전지버스와 그린수소 보일러가 널리 쓰이는 세상에서 살고 있다. 내가 꿈꾸는 세상은 폭주하는 기후변화로 인한 불안이 없는 곳이다.

앞으로 도전, 논란, 비극이 있을 것이다. 이 모든 것은 1세기 동안 우리가 태웠던 화석연료로 인해 생길 일이다. 우리가 코로나19로 경험했듯이, 전 세계적 위협을 무방비 상태로 받아들이는 것과 그에 싸우기 위한 도구를 가진 것 사이에는 엄청난 차이가 있다.

우리가 직면한 문제들이 너무 많고, 문제들의 관성력이 너무 커서 극복할 수 없을 것처럼 보이는 날들이 있다. 아무런 발전이 없을 것 같은 음산한 날은 나를 우울하게 만든다. 우리는 아직도 석탄을 태우고 나무를 태운다. 사람들은 아직도 제대로 깨닫지 못했다. 재난이 일어날 공산이 크다는 것을 충분히 알고도 여전히 해오던 일들을 계속하는 것이 셀 수 없을 만큼 많다.

우리가 이렇게 행동하는 것은 단지 그것이 늘 해오던 일이고 뾰족한 대안이 없기 때문이다. 우리의 삶과 경제를 멈추거나 정지시키는 것에는 끔찍한 희생이 따른다. 혹은 내가 멈추더라도 다른 사람들은 그냥 계속할 것이라고 믿는다. 그래서 우리 대부분은 멈추고 생각하기보다는 항상 해오던 일을 계속한다. 인류가 재앙을 향해 간다는 것을 우리는 모두 알고 있다. 하지만 그것이 실감 나지 않는다는 게 문제다. 오늘이 어제와 비슷해보이고, 답장해야 할 이메일도 있고, 함께 할 가족과 친구들도 있고, 맛있는 저녁식사도 기

수소 자원 혁명

다리고 있다. 삶은 드라마 같은 일, 복잡한 일, 기쁜 일이 뒤섞인 채 계속된다. 어떤 사람들은 해결책을 찾는 것을 포기하고 그저 어떻게 적응해나갈 것인가 궁리한다.

따라서 우리가 해야 할 질문은 이 모든 것을 되돌려서 앞으로 30년 안에 넷제로를 달성할 수 있을까 하는 것이다. 나는 할 수 있다고 믿는다. 이 믿음에 가장 희망을 주는 것은 재생 전력 가격과 함께 수소 가격이 하락하고 있다는 사실이다. 이런 현상은 우리가 만들려는 세상에 새로운 비전을 주고 있다. 더 이상 우리는 나쁜 일을 줄인다거나 모든 일을 중단하는 것에 관해 이야기하지 않아도 된다. 우리의 일상과 인류의 미래 중 하나를 선택할 필요가 없어진다. 이제 우리는 완전히 탈탄소화된 세계는 어떤 모습일지 알게 됐다. 꽤 멋진 세상이 될 것이다.

다가올 세상에서는 모든 것이 풍요로워질 것이다. 재생가능 전력의 생산 규모가 전례 없이 증가할 것이고, 효율이 개선될 것이다. 재생이 가능한 발전설비를 설치할수록 에너지 비용은 점점 더 저렴해진다. 이는 전통적 자원의 메커니즘과는 정반대로 흘러간다. 가령 석탄, 석유, 가스의 경우 채굴하기 가장 쉽고 가까운 곳부터 시추한다. 그 후 수요가 증가하거나 매장량이 고갈되면 점차 더 깊은 곳까지 파고들어 간다. 그럴수록 석유나 가스를 얻기는 더 어렵다. 한 마디로, 화석연료는 에너지를 점점 더 많이 사용할수록 생산 비용은 계속 증가하게 되는 특징을 가졌다.

반면 햇빛은 항상 공짜다. 한계 비용이 제로라는 뜻이다. 또한 태양열 패널은 더 많이 만들수록 가격이 낮아진다. 우리가 많은 태양전지판 제조공장을 가동하고 시장이 성숙해질수록 제조사들은 비용과 기술 경쟁을 하게 될 것이고 이에 따라 가격은 계속 하락할 것이다.

이런 정도까지 가려면 수조 달러 이상을 투자해야 한다. 태양광 패널과 풍력 터빈, 모든 것을 전기화하는 데 필요한 전력 공급망과 배터리, 그리고 전기화가 어려운 분야에 도입할 수소를 생산하는 데 필요한 전기분해 장치, 파이프라인, 연료전지에 투자해야 한다. 수조 달러의 투자에도 불구하고 현재 보유하고 있는 어떤 에너지 시스템보다 넷제로 에너지 시스템의 비용을 더 낮추는 것은 결국 자연의 혜택인 햇빛의 힘이다. 더불어 이러한 투자로 인한 기업 활동의 증가●는 경제 성장과 일자리 창출에도 긍정적인 영향을 미칠 것이다. 반면 우리가 이러한 투자를 하지 않으면 화재와 홍수 그리고 고삐 풀린 기후변화가 초래할 다른 재앙들로 인해 주택, 사업, 생계 수단을 잃고 최소한 수조 달러의 손실을 보게 될 것이다. 여기서 더 나아가 모든 것을 잃을 수도 있다.

넷제로가 실현된 미래 세상에서는 어디든 환경이 갖춰져 있다면 저렴한 재생가능 전기를 사용할 수 있을 것이다. 우리가 사용하는 전기자동차와 새롭게 지은 주택에도 재생가능 전기가 에너지로 공급될 것이고, 전기가 도달할 수 없는 에너지 시스템의 사각 지역

● IRENA에 따르면, 에너지 시스템의 전환은 '통상적 비즈니스' 접근법에 따라 예상할 수 있는 성장을 넘는 부가적인 경제활동을 자극한다. 2018년부터 2050년까지 국내총생산 증가로 나타난 누적 이득은 52조 달러에 이를 것이다.

수소 자원 혁명

에는 수소가 에너지원으로 보급될 것이다. 우리가 필요로 하는 만큼의 재생 전력을 얻기 위해서는 점점 더 멀리 떨어진 곳까지 가서 태양광 패널과 풍력 터빈을 설치해야 한다. 완전한 탈탄소화에 도달하려면 유럽을 기준으로 볼 때 북아프리카나 중동의 사막 또는 북해까지 재생에너지 공급원을 확장하는 것이 꼭 필요하다.

기존 인프라에서는 태양광을 수소 형태로 운송하는 것이 가장 좋다. 이에 필요한 비용은 전력선을 추가로 건설하는 비용의 8분의 1에 불과하다.[1] 그렇기에 전기화하기 어려운 영역들을 탈탄소화하기 위해 많은 수소가 필요할 것이라는 점을 살피면 이 방향이 쉽게 적용가능한 해결책이라고 할 수 있다.

재생에너지로의 전환은 이미 진행 중이다. 우리는 이미 2,800기가와트의 재생가능 에너지를 생산할 능력을 보유하고 있다. 그중 1,500기가와트는 태양광과 풍력(2020년에 추가된 240기가와트를 포함)에 의한 발전 용량이다.[2] 이미 재생가능 에너지 비용은 상당히 낮아져서 석유 및 가스와 경쟁할 수 있는 수준까지 내려와 있는 것으로 보인다(전력 공급망과 배터리에 너무 많은 투자를 할 필요가 없는 경우에는 특히 더 그렇다). 하지만 현재 진행 중인 에너지혁명에 제외된 것이 있다. 완전히 탈탄소화된 세계를 우리에게 가져다줄 수 있는 매우 중요한 어떤 것이 빠져 있다. 바로 수소다. 넷제로에 도달하려면 적어도 우리가 사용하는 총에너지의 약 4분의 1을 수소가 담당해야 한다.[3]

현재 에너지 시스템에서 수소가 차지하는 비중은 미미하다. 지금까지는 우리가 설치했던 모든 전기분해 장치에서 발생한 누적 전력을 합쳐도 수백 메가와트에 불과할 것이다. 이는 대략 7천 대 정도의 버스를 움직일 수 있는 양이다. 하지만 미래에 인류는 전 세계적으로 수소의 생산, 스토리지, 수송 인프라에 11조 달러를 투자하며 그 양을 획기적으로 늘려야 한다. 그리고 지금부터 바로 시작해야 한다. "어떻게?"

2달러 티핑포인트

수소가 가진 잠재력을 최대로 발휘하려면 일단 그 양이 풍부해야 하고 비용이 저렴하며 운반, 저장 및 분배가 쉬워야 한다. 수소에너지를 최대로 활용할 수 있는 수소기차, 트럭, 제철소 그리고 보일러의 보급이 필요하다. 불행하게도 우리는 아직 그 수준에 도달해있지는 않다. 수소는 현재 '닭이 먼저냐? 달걀이 먼저냐?'의 문제에 빠져있다. 공급이 수요를 기다리고, 수요는 공급을 기다린다. 수소가 많이 생산되지 않아서 생산 비용이 많이 들고, 그로 인해 가격이 높아서 수요가 적다. 게다가 수요와 공급을 연결할 수 있는 기반 시설도 없다. 이러한 상태를 벗어나기 위해서는 적어도 일부 응용 분야에서는 수소가 화석연료와 경쟁할 수 있을 만큼 충분히 저렴해져야 한다. 그렇다면 이런 상황을 만들기 위해서는 무엇이 필요할까?

우선 현재 우리가 어디에 서 있는지 살펴보자. 전기분해 장치로 만든 그린수소는 재생에너지가 풍부한 일부 지역에서는 킬로그램당 약 5달러(메가와트시당 125달러) 정도로 만들 수 있다. 화석연료와 CCS를 통해 생산되는 블루수소의 경우 킬로그램당 약 2.5달러(메가와트시당 60달러)로서 그린수소보다는 훨씬 저렴하다. 하지만 CCS 관련 시설은 몇 되지 않으며 시설 간의 거리가 너무 멀다. 물론 가장 싼 옵션은 석탄이나 증기 개질로 생산되는 킬로그램당 약 2달러(메가와트시당 50달러)의 그레이수소지만 환경오염이 매우 심하다는 단점이 있다.

이것들은 단지 생산 비용만 비교한 것이다. 다음 단계는 수소가 생산되는 곳에서 여러분이 사용하고자 하는 곳까지 수소를 운반해야 한다. 천연가스를 이송하는 데 사용되고 있는 현재의 파이프라인은 기술적으로는 수소로 전환할 준비가 됐다. 하지만 이것을 현실화하려면 적절한 양의 수소 수요가 있어야 한다.[*] 그 외에 저장시설과 충전소를 포함한 다른 인프라의 구축도 필요하다. 제철소, 운송 회사를 비롯한 기타 수소를 사용할 잠재고객들이 현재의 석탄 또는 석유로부터 수소로 전환하는 데 필요한 투자를 유도하기 위해서는 미래에 수소가 낮은 비용으로 대규모로 공급될 수 있다는 확신을 줄 필요가 있다.

수소를 수송하고 저장하기 위해 어떤 투자를 해야 하는지, 그리고 어느 정도의 양을 사용할지에 따라 수소에너지 사용청구서 비용이 달라진다. 이러한 비용은 현재 사용하는 연료로부터 수소로

---

[*] 부분적으로는 파이프라인을 전환하고 유지하는 비용을 수소가 부담해야 하기 때문이기도 하지만, 수소의 소비가 메탄을 대체하기 시작해야 파이프라인의 용량를 확보할 수 있기 때문이기도 하다.

전환하기 위해 추가로 부담해야 하는 금액이다. 투자된 인프라 비용을 초기에 소량의 수소를 사용하는 사람들에게 나누어서 청구하면 수소는 단순하게 비싼 정도를 넘어서서 어마어마한 금액이 될 것이다. 반면 대량의 수소를 파이프라인으로 수송하면 1천 킬로그램 수송에 수소 1킬로그램 당 0.10~0.20유로 정도의 비용만 추가하면 된다.

높은 생산 비용과 낮은 사용량이 복합적으로 작용하는 현 시점에서 수소충전소에서의 수소 가격은 킬로그램당 12달러 또는 메가와트시당 300달러에 이를 수 있다. 반면 미국 주유소에서의 디젤 가격은 메가와트시당 70달러다. 사람들이 수소로 에너지 공급원을 바꾸는 것에 대해 회의적일 수밖에 없다.

그렇다면 어느 정도로 떨어져야 할까? 그것은 수소가 어떤 연료를 대체할 것인지 그리고 대체될 연료의 비용이 향후 시간이 감에 따라 어떻게 변하느냐에 달려있다. 이 비용에는 연료를 태우는 과정에 배출되는 이산화탄소 가격도 포함됐다.● 나중에 보여줄 대략적인 계산 결과는 향후 몇 년 동안 화석 연료 비용과 이산화탄소 가격이 상승한다는 것을 가정하고 있다. 물론, 이것은 단지 가능성 있는 전망에 불과하다. 이산화탄소 비용이 예상보다 더 빨리 오른다면 수소 세계로의 전환 속도는 더 빨라질 것이다. 반대로, 화석연료에 대한 수요가 없어지면서 화석연료 가격이 내려간다고 해보자.

● 또한 운송 및 저장 비용을 직접 지급해야 하는지, 중앙집중식 파이프라인 및 저장 시스템이 이미 설치됐는지도 중요하다.

수소 자원 혁명

수소도 비용곡선 상에서 더 낮은 가격으로 책정돼야 화석연료와 경쟁이 될 것이다. 그런데도 에너지 전환 비용을 이런 식의 가변적 척도로 비교하는 것은 꽤 유용하다.

철도 회사 운영자에게 수소 생산 비용이 **킬로그램당 5달러**면 자신들의 목표 비용에서 크게 벗어나는 것은 아니다. 이런 이유로 기차는 수소가 경쟁력을 갖추는 첫 번째 분야 중 하나가 될 것이다. 고정된 구간을 운행하는 기차의 경우 많은 기차를 운행하더라도 수소충전소는 한 곳에만 설치하면 된다.

반면 트럭운송 회사를 운영한다면 아마도 수소 생산 비용이 더 떨어지길 원할 것이다. 트럭의 경우 기차보다는 더 많은 충전소가 필요하다. 디젤과 비용적인 측면에서 경쟁하기 위해서는 수소 가격이 **킬로그램당 3달러**(메가와트시당 75달러) 정도는 돼야 한다. 이렇게만 되면 엄청나게 큰 시장이 열릴 것이다. 유럽, 미국, 중국에서의 트럭용 수소 수요만 하더라도 총 4천 테라와트시이며 이는 1억 톤에 달하는 수소 시장에 해당된다. 그러나 이런 시장을 조성하는 것은 상대적으로 오랜 시간이 걸린다. 이를 위해서는 수많은 추가 인프라 투자가 선행돼야 한다.

한편 대규모 산업용으로 그린수소가 본격적으로 사용되려면 **킬로그램당 2달러**(메가와트시당 50달러)까지는 내려와야 한다. 이는 현재 가격의 절반 이하에 해당한다. 이 정도 가격은 돼야 그레이수소와 비교해서도 경쟁력이 생기고 암모니아 생산과 정유공장을 위한 원료로도 공급될 수 있다. 이렇게 되면 연간 1,300억 달러가 넘는 7천만 톤 규모의 수소 시장이 열리게 된다. 이미 존재하는 시장을 그린수소가 대체하는 것인 만큼 이 정도 규모까지는 빠르게 도달할 수 있다.

마지막으로 그린수소가 난방용으로 쓰이는 천연가스 그리고 산업 현장에서 쓰이는 석탄과 경쟁하기 위해서는 대부분 국가에서 **킬로그램당 1달러**(메가와트시당 25달러) 미만이어야 한다. 이 수준이 되면 비로소 전 세계 많은 분야에서 수소가 화석연료를 대체하기 시작할 것이다.

반면 이산화탄소 배출을 가장 줄이기 힘든 해운과 항공 같은 분야의 경우 이산화탄소에 상당한 추가 비용이 부과될 때에만 수소가 화석연료와 경쟁할 수 있게 될 것이다.[4] 그린수소의 성장 속도는 킬로그램당 3달러가 되는 시점부터 빨라질 것이고, 킬로그램당 2달러가 되면 기존 에너지 시장에서도 원가 경쟁력을 가지게 되는 전환점에 도달하게 된다. 따라서 최종적으로 수소를 킬로그램당 2달러로 만드는 것이 우리에게 주어진 임무라고 할 수 있겠다.

티핑포인트로 가는 길

누군가가 나에게 어떤 제품을 판매하면서 가격이 절반으로 떨어지기 위해서는 큰손들이 움직여야 한다고 말한다면 나는 그냥 귓등으로 그 말을 흘려버릴 것이다. 가격이 그 정도로 떨어지려면 오랜 시간이 필요할 것이고 그동안 그 제품에 어떤 일이 일어날지 모르기 때문이다. 그것이 수소의 잠재 고객 대부분이 그린수소와 현재 자신들이 사용하는 연료 간의 비용 격차를 생각하는 방식이다. 하지만 대화가 계속 이어지면 그들의 눈이 빛나는 것을 볼 수 있다. 이른바 '깨달음의 순간'이다. 그 대화에서 나는 수소 가격을 반으로 내리는 것이 얼마나 쉬운지 설명하고는 한다.

오늘날 우리가 1킬로그램의 수소에 5달러의 비용을 지급하고 있다면, 이 중 3달러는 수소를 만들기 위한 재생가능 전기에 들어가는 비용이고, 나머지 2달러는 물을 수소로 바꾸는 전기분해 장치에 대한 비용이다. 물론 이 비용에는 재생가능 전기를 생산하고 전기분해 장치를 제조하는 기업들이 사업을 계속하기 위해 매년 벌어야 하는 수익도 포함됐다. 현재 이 세 가지 비용은 모두 빠르게 하락하고 있다.

먼저 수소를 생산하는 데 필요한 재생가능 전기의 발전 비용은 20년 전 메가와트시당 1천 달러에서 오늘날 10달러까지 급격하게 하락해왔다. 이 비용이 당장 내년에 어떻게 될지 예측할 때 우리는 항상 지나치게 보수적이다.

전기분해 장치의 가격도 계속해서 저렴해진다. 이것이 이 책을 쓴 이유이기도 한데, 여기에 대해서는 조금 뒤에 알아보도록 하겠다. 하지만 그러기 전에 자본 비용이 미치는 영향에 대해 살펴볼 필요가 있다. 사람들이 힘들게 번 돈을 수소 프로젝트에 투자했을 때 우리는 그에 대한 수익을 돌려주어야 한다. 수소 프로젝트들의 경우 아직은 실험적이고, 현재의 기대 수익률은 8~10퍼센트 정도 수준이다. 그러나 이런 리스크 계산이 점차 낮아지는 방향으로 바뀌고 있다. 에너지전환 프로젝트에 지금 참여하는 것이 나중에 참여하는 것보다 더 나은 전략이라는 것을 많은 투자자가 인식하고 있다. 재생가능 에너지로 전환하는 데 필요한 인프라는 인류의 미래에 중요한 역할을 하게 될 것이다. 이에 따라 그린산업에 투자하고자 하는 자본들이 산더미처럼 쌓이고 있다.

그린산업 투자와 관련된 리스크 또한 줄어들고 있다. 새로운 수소투자 프로젝트 중 일부는 수익을 정부에서 보장하게 될 것이다. 이런 일은 앞으로 더 자주 발생할 확률이 높다. 각국 정부들이 코로나19 이후의 목표를 '더 나은 상태로의 회복'으로 잡고 있기 때문이다. 이전에 재생가능 전력에 적용됐던 정책과 같은 성과급을 수소에 부여할 때 수소 프로젝트는 늘 화석연료에 꼬리표처럼 붙였던 불확실한 가격변동 리스크로부터 자유로워질 것이다. 이러한 리스크의 감소는 곧 자본 비용의 감소로 이어진다.

또한 수소 투자는 개발의 착수와 운영이 화석연료 대비 훨씬 쉽다는 장점을 가졌다. 화석연료의 경우 수백 미터 깊이의 유전을 파는 데 수백만 달러를 쓰고 나서 결국 잘못된 모델링으로 인해 아무것도 건지지 못하는 리스크에 시달린다. 나 또한 이렇게 허탕 치는 일이 몇 번 있었다. 절대 유쾌하지 않은 경험이었다. 모든 석유와 가스 개발 프로젝트에는 공학적 도움이 따라야 한다. 시추 지역이 다 다르고 내부 구조가 맨눈으로 보이지 않아 성공 여부를 예측할 수 없기 때문이다. 반면 수소와 재생에너지는 지상에 있다는 장점이 있고, 표준화됐기에 예측할 수 있다는 장점이 있다. 마지막으로 지리적 제한을 거의 받지 않기에 장소에 따른 지정학적 리스크도 훨씬 낮다.

수소 프로젝트가 가지고 있는 이러한 안정성, 표준화 및 보편성과 같은 요소들은 투자 리스크를 낮추면서 화석연료 프로젝트에서 흔히 보는 높은 투자 수익률을 요구할 필요가 없어진다.

석유와 가스를 탐사하고 생산하는 프로젝트의 경우 전통적으로 10퍼센트를 훨씬 상회하는 투자 수익을 요구해왔다. 심지어 현재는 투자자들이 이것보다 훨씬 더 높은 수익률을 보장해달라고 요구하고 있다. 화석연료는 많은 투자자가 손을 떼는 사양 산업이고 이산화탄소 비용이 갈수록 증가할 것이라는 이유로, 투자 위험도가 증가하고 있다. 반면 재생에너지 프로젝트와 관련된 입찰의 경우 상황이 상당히 다르다. 5퍼센트의 자본수익률로도 투자자들이 입찰에 참여하고 있다. 수소 프로젝트도 그 정도 수준에서 자본수익률이 결정될 것으로 예상한다.

오늘날에는 많은 사람이 금융 시장에서 무슨 일이 일어나는지, 그리고 재생에너지 비용이 어떻게 변하는지 추이를 쉽게 알 수 있도록 정보가 공개돼있다. 그러나 전기분해 장치 제조업 분야에서 대규모 비용 절감이 일어날 것이라는 전망을 하기는 어렵다. 전기분해 장치는 예전보다는 많이 저렴해졌지만 그래도 여전히 비싸다. 일단 제조되는 수량 자체가 많지 않다. 전 세계에 설치된 전기분해 장치의 총용량을 다 더해도 수백 메가와트 수준으로, 2020년 한 해 설치된 130기가와트의 태양광 용량과 비교하면 미미하다. 사업의 규모가 작다는 것은 본질적으로 제조공정이 여전히 수작업으로 이루어지게 됨을 의미한다. 이를 해결하기 위해 그동안 관련 분야의

업체들과 이야기를 나눴고 그중 두 군데 회사에는 스남이 직접 투자했다.[5] 여전히 일부 공장에서는 대형 전기분해 장치를 한 달에 몇 대 정도밖에는 생산하지 못하고, 그나마 일부 작업은 아직 수작업으로 이루어진다.

앞에서 소개한 바 있는 덴마크 풍력발전의 선구자 풀 라 쿠르가 오늘날의 우리를 본다면 아마도 지난 200년 동안 거의 이 분야에 발전이 없었다는 사실에 경악하지 않을까 싶다. 전기분해 장치 내에는 본질적으로 비싼 부품이 없다. 따라서 규모의 경제가 작동하면 제조 비용은 급속도로 절감된다. 구성 부품들을 자동 생산하면 전기분해 스택의 비용도 자연히 낮아진다. 또한 규모의 경제가 실현되면 컴프레서, 가스 청소, 연수화 장치, 변압기의 가격과 설치 비용이 동시에 저렴해진다. 생산 규모가 커짐에 따라 공급 물량도 증가할 것이므로 완제품 가격 역시 싸진다. 나는 수소가 가격에 있어서 대화면 TV와 비슷한 길을 걷기를 기대한다. 최초의 42인치 플라스마 TV는 미국에서 1만 5천 달러에 팔렸다. 오늘날 같은 크기의 LED TV는 300달러면 살 수 있다.

이러한 과정을 모델링하는 방법이 바로 학습률이다. 설치된 용량을 2배로 늘릴 때 얼마나 비용 감축이 되는지를 뜻하는 이 개념을 이용하면 미래에는 어떤 기술이 훨씬 더 접근하기 쉬워질지, 혹은 이미 엄청난 성공을 거두는 기술 중에서도 어떤 기술이 포화 상태에 이를지 알 수 있을 것이다. 육상 풍력 터빈 발전은 학습률 12퍼센트로 비용이 절약되고, 태양광 발전 기술은 24퍼센트라는 놀라운 수치를 달성하고 있다.

　　　　　　　　　　　　　　　　　　수소 자원 혁명

전기분해 장치는 어떨까? 《블룸버그》 분석에 따르면 알칼리성 전기분해 장치의 학습률은 약 18퍼센트다. 그리고 덜 포화한 기술인 PEM 전기분해 장치의 학습률은 이보다 더 나은 20퍼센트 수준이다.[6] 즉, 전 세계 전기분해 장치의 대수를 2배로 늘리면(현재로서는 어려운 요구사항은 아니다), 관련 비용이 20퍼센트 정도 떨어진다는 의미다.

모든 기술은 결국에는 포화해 더 이상의 비용 절감을 달성하기 어려운 수준에 도달하게 된다. 그렇다면 전기분해 장치는 언제 그런 일이 발생하게 될까? 나는 이에 대한 해답을 찾기 위해 로마에서 열린 하이챌린지Hy-Challenge 콘퍼런스에서 장비제조업체들을 인터뷰했다. 그 결과 오늘날 유럽에서 전기분해 장치를 만드는 비용을 킬로와트당 1천 달러 정도라고 했을 때 일부 기업들은 수요만 충분하다면 킬로와트당 150달러까지 비용을 끌어내릴 수 있다는 사실을 알게 됐다. 또 다른 신뢰할 수 있는 기관의 장기 추정치에 의하면 그 수치는 킬로와트당 130달러까지 낮아질 수 있다.[7]

다음에 나오는 표 '항목별 수소 비용의 감소'에서 각기 다른 비용 요소들이 어떻게 상호작용하는지 볼 수 있다. 재생에너지 비용의 감소에 대한 일반적 예측치를 적용하면서 그린수소의 시간에 따른 비용 예측 곡선을 얻는 것이다. 이 예측치는 향후 몇 년 동안 가동될 것으로 생각되는 전기분해 장치의 대수를 정하고 여기에 합리적인 학습률을 적용한 다음 자본 비용까지 더해 얻어지는 수치다. 같은 모델을 사용해 수소에너지 체계로의 전환점이라고 생각되는 킬로그램당 2달러에 도달하는 데 필요한 전기분해 장치의 용량을

항목별 수소 비용의 감소

연도	재생에너지 발전 비용 (메가와트시당 달러)	전기분해 장치 규모 (기가와트)	전기분해 장치 투자 비용 (킬로와트당 달러)	수소 가격 (메가와트시당 달러)	수소 가격 (킬로그램당 달러)
2010	360	해당 없음	1500	600	24
현재	30~45	0.3	950	100~140	4~5.5
+5년	20~35	25	330	45~70	2~3
+10년	15~27	50	270	35~55	1.5~2
대규모 도입	10~13	>50	170	22~28	<1

거꾸로 계산해낼 수도 있다.

이는 우리가 2019년에 발표한 연구결과에 제시한 자료다. 매년 업계 동향을 반영해 업데이트해본 결과 우리의 예상보다 훨씬 빠르게 시장이 움직이고 있음을 알게 됐다. 이 표가 매우 유용하게 사용될 수 있다는 것이 증명되자 이제는 전 세계에서 이 표를 이용한 결과들이 다양한 언어로 작성돼 거꾸로 나에게 전해지는 일도 종종 일어난다.

재생에너지 비용 예측을 위해 우리는《블룸버그》가 제공한 것과 같은 공개적으로 얻을 수 있는 비용 곡선을 사용했다. 전기분해 장치의 학습률로는《블룸버그》가 예측한 18~20퍼센트보다 보수적 수치인 15퍼센트를 사용했다. 이 수치를 모델에 입력하자 향후 5년 동안 25기가와트의 전기분해 장치 용량만 확보할 수 있다면 세계의 많은 지역에서 수소 비용을 킬로그램당 2~3달러까지 떨어뜨릴 수 있다는 결과가 나왔다. 심지어 햇볕이 잘 들고 바람이 많이 부는 지역에서는 킬로그램당 2달러 이하로도 떨어졌다.

이러한 전망은 얼핏 터무니없는 것처럼 들릴지도 모르겠다. 하지만 지금까지 세계에서 가장 낮게 낙찰된 태양열 발전 프로젝트의 입찰 가격이 메가와트시당 10.4달러였다는 사실을 기억하라. 그리고 이미 중국에서 세계에서 가장 저렴한 전기분해 장치들이 킬로와트당 200달러 가격으로 출시될 것이라는 점을 고려한다면,[8] 이론적으로는 그린수소를 킬로그램당 1.5달러에 생산할 수 있는 날이 곧 올 것으로 보인다.

하지만 예측은 과학보다는 예술의 영역이다. 그러므로 정확한 숫자에 집착하는 것은 큰 의미가 없다. 대신 일부 지역이라도 수소 가격을 킬로그램당 2달러로 낮추는 데 필요한 25기가와트의 전기분해 용량을 갖추려면 얼마나 많은 전기분해 장치를 전 세계적으로 설치해야 하는지 생각해보자. 가격이 이 정도로 내려오면 수소를 트럭, 기차 또는 비료공장용의 연료로서 사용할 수 있는 경제적 토대가 마련될 것이다.●

킬로그램당 2~5달러의 그린수소를 얻는 게 너무 어려운 목

● 25기가와트라는 전기분해 장치 용량은 걸음마 단계에 있는 오늘날의 수소 생산량을 볼 때는 많은 양처럼 보일 수 있다. 그러나 IEA에서 발간한 특별보고서 〈2050년까지 탄소배출 제로화〉는 2030년까지 전 세계적으로 전기분해 장치의 용량은 850기가와트에 달할 것이라고 전망한다.

표라고 생각하는가? 그렇다면 넬에서는 2025년까지 수소가 킬로그램당 1.5달러가 될 것이라고 예상했으며, 미국의 에너지청은 2030년까지 그린수소를 킬로그램당 1달러에 생산하는 것을 목표로 2021년 6월 '에너지 어스샷Energy Earthshot' 프로젝트를 시작했다는 점을 떠올려보자.

물론 우리가 그 수준에 도달하려면 정책적 지원과 성과급이 꼭 필요하다. 하지만 그런 지원은 단기간만 계속되면 충분하다. 그 후에는 자유시장경제가 정책을 대신해 작동하면서 수요가 증가하고 비용은 더 떨어질 것이다. 그렇게 되면 수십억 달러 규모의 새로운 시장이 열리게 된다. 세금, 보조금 또는 다른 지원 없이도 수소가 자유롭게 달릴 수 있는 푸른 초원이 한없이 펼쳐지는 것이다. 장기적으로 볼 때는 수소 가격이 킬로그램당 1달러 이하로도 떨어질 수 있으며, 이렇게만 되면 일부 응용 분야에서는 석탄과도 경쟁할 수 있게 될 것이다.

물론 이것은 수소를 생산하는 비용 측면에서만 본 것이고, 수소가 화석연료와 경쟁할 수 있으려면 경제적으로 대량의 수소를 마지막 사용처까지 운송해줄 인프라 구축이 필요하다. 이 분야에 정책적 지원이 집중돼야만 한다.

수소 세계를 위한 마이너스 3C

수소가 2달러라는 티핑포인트 가격에 결국 도달하리라는 것은 거의 확실해보인다. 그러나 시장의 힘으로만 목표 지점까지 가려면 시간이 오래 걸릴 것이다. 우리에게 남은 시간은 별로 없다. 우리는 빨리 특수한 틈새시장에 그린수소를 도입하는 것부터 시작해야 한다. 지게차와 같은 분야에서 수소는 이미 경쟁력을 확보했다. 그리고 재생가능 에너지를 생산하기에 유리한 지역도 경제성이 충분히 확보될 수 있다. 태양광과 풍력발전 비용이 더 떨어지면 몇 개의 틈새시장이 더 열릴 것이다. 예를 들면 오랫동안 우리 곁을 지켜왔던 기차도 수소를 사용할 수 있다. 이렇게 되면 눈덩이가 굴러내려 가는 속도가 약간은 더 빨라질 것으로 예상할 수 있다. 하지만 이런 식의 단편적인 방법으로는 그린수소가 2달러라는 전환점에 도달해 대중시장이 열리기까지 2040년이 지나야 한다. 이건 너무 멀고 느리다.

따라서 이런 활동만으로는 충분하지 않다. 그린수소가 더디게 성장하는 동안 탄소 배출을 제로화하기 힘든 분야에서는 계속해서 온실가스를 대기 중으로 뿜어낼 것이다. 이렇게 되면 재앙적 기후 위기가 일어날 비극적 티핑포인트에 더 빨리 도달하게 될 위험성이 커진다.

또한 우리가 너무 느리게 움직이면 수소를 도입할 절호의 기회를 놓칠 위험성도 높아진다. 2020년과 2030년 사이에 유럽 철강 및 화학제품의 생산 설비는 약 50퍼센트가 재투자가 필요한 시기를 맞는다.[9] 많은 노후화된 공장의 기계를 교체하기 위함이다. 만약 이 시기에 맞춰 수소를 적기에 대량으로 공급하지 못하면, 아마도 계속해서 화석연료를 사용하는 설비로 투자가 이루어질 것이다. 그렇게 되면 향후 15~20년 동안 화석연료를 더 사용하도록 손발이 묶이거나, 설비 수명이 끝나기도 전에 폐기해야 하는 사태가 발생한다.

수요를 창출하기 위해 빠르게 움직이면 생산 비용은 더 빨리 내려가고, 전 세계는 비용 면에서 경쟁력 있는 수소를 사용하는 혜택을 누릴 수 있다. 이런 현상은 이미 재생가능 전기를 생산하는 산업 분야에서 일어났던 일이다. 오늘날 많은 사람들이 값싼 태양열과 풍력발전의 혜택을 받고 있다. 몇몇 유럽 국가들은 이러한 학습 과정을 빠르게 거치도록 국가적 지원을 실행했고 그 결과는 실로 엄청났다. 이처럼 국가적으로 미리 정책 지원을 하면 보조금 감소, 탄소 배출량 감소, 자산 폐기 위험 감소 등의 더 큰 투자 효과를 누릴 수 있다.

지금 당장 우리는 가속페달을 밟아야 하고 수소 수요를 증가시켜야 한다. 이런 과제를 안고 있는 우리에게 필요한 것은 우리의 노력을 견인할 분명한 목표다. 나라면 '5년 내 수소 1킬로그램당 2달러'를 목표로 잡는 데 한 표 던지겠다.

앞에서 다룬 바와 같이 우리가 이 목표를 달성하려면 약 25기 가와트에 해당하는 전기분해 장치 용량을 건설해야 한다. 이 수치는 우리가 매년 건설하는 태양광과 풍력발전 용량의 10퍼센트에 해당하는 양이다. 향후 5년 안에 이 목표를 어떻게 달성할지를 놓고 논의해야 한다. 그래야만 실현가능한 목표가 된다. 이를 달성하기 위해 핵심적인 것은 기업, 정부와 일반 대중의 참여다. 나는 이것을 3C라고 부른다. Company(기업), Conference Of the Parties(당사국총회), Consumer(소비자)가 그것이다.

22

선도 기업

•

Catapult Companies

수소 세계의 실현을 위해 가장 먼저 움직이는 것은 기업이다. 몇몇 기업들은 친환경적이라는 평판을 얻기 위해 열심히 노력 중이다. 수소의 수요와 공급을 연결해주는 중개자 역할을 하기 위해 기업체 간의 글로벌 연합기구인 그린수소 캐터펄트Green Hydrogen Catapult도 결성됐다. 이제 우리에게 필요한 것은 수소에너지 체계로 전환하려는 목표를 달성해줄 초대형 전기분해 장치 제조공장이다. 이런 활동들은 더 선도적으로 적용돼야 한다.

내가 처음 직장생활을 시작했을 때만 하더라도 기업의 주된 목적이 주주들을 위해 돈을 버는 것이라는 미국 경제학자 밀턴 프리드먼Milton Friedman의 주장이 세계 대부분 지역에서 통용됐다. 기업은 자신의 이익을 추구하고, 이를 통해 사람들이 원하는 재화와 서비스를 창출하고, 사람들을 고용하고, 세금을 내면서 결국 시민사회 전반에 혜택을 준다는 생각이다. 하지만 일이 항상 그렇게 이상적으로만 진행되는 것은 아니다. 리먼브러더스의 파산과 그에 따른 세계적 불황을 통해 기업들 혹은 고액 연봉을 받는 회사 경영자들이 추구하는 단기적 이익이 사회 전체의 이익과 어떻게 충돌할 수 있는지 극명하게 드러났다.

이에 따른 자성의 결과로 사람들이 요구하는 기업의 역할이 바뀌었다. 사람들은 더 이상 기업이 이익을 추구하고 그 결과로 좋은 일을 할 것이라고 기대하지 않게 됐다. 대신 기업에 기대하게 된 것은 사회적 선을 먼저 추구하고 그 결과로 '더 양질의' 돈을 많이 버는 것이다. 이 두 가지 주장은 한 곳에서 서로 만나고 있다. 두 주장 모두 기업이 사회에 제공하는 가치와 소유주를 위해 창출해야 할 가치가 장기적으로는 연관성이 있다고 말한다. 단지 어느 쪽을 더 강조하느냐에 차이가 있을 뿐이다.

그동안 기업들이 쌓아왔던 명성은 코로나19 상황에서도 대체로 유지 중이다. 필수적인 서비스는 그대로고, 재택근무는 예상보다 빠르고 원활하게 실행됐다. 그동안 비난의 대상이었던 제약업계는 놀라운 속도로 백신을 개발해 공급했다. 실제로 3만 3천 명이 온라인 설문조사에 참가한 에델먼Edelman 신뢰척도조사 2021년 판을 보면 정부, 언론, 심지어 NGO보다 기업이 더 많은 신뢰를 받는 것으로 드러났다. 이런 면에서 볼 때, 기후변화를 해결하기 위한 노력의 최전선에 기업이 서 있는 게 전혀 놀랍지 않다. 그리고 이것은 매우 좋은 일이다. 변화를 위한 노력에 규모, 속도, 그리고 혁신을 가져다주는 것은 기업이기 때문이다.

마이크로소프트, 아마존, 애플, 구글, 유니레버, 이케아, 그 외 많은 기업들이 각각의 분야에서 세계를 이끌고 있다. 모두 가장 앞서서, 가장 빠르게 최고의 기업이 되고자 한다. 게다가 그들은 한 나라의 국가 경제에 버금가는 재정적 능력도 갖추고 있다. 이러한 대기업 대다수가 기후변화에 대한 약속을 발표하는 데 앞장서고 있다. 예를 들어 아마존의 '기후공약'을 보라. 그들은 2040년까지 파리 협약의 목표를 달성하겠다고 약속했다. 아마존은 기업 중 처음으로 2030년까지 100퍼센트 재생에너지로 자신들이 사용하는 전력을 대체하고, 배송 자동차 10만 대를 전기자동차로 전환하며 전 세계 산림녹화 프로젝트에 1억 달러를 투자하겠다고 약속했다. 마이크로소프트도 2030년까지 탄소네거티브를 달성하고, 2050년까지 그들이 설립됐던 1975년부터 지금까지 자신들이 배출했던 모든 이산화탄소를 흡수하겠다고 발표했다. 이들은 지속 가능한 투자펀드를 유치하기 위해 고객들에게 점점 더 친환경적인 제품과 서비스를 제공하기 위한 경쟁을 하고 있다. 이런 기업들은 청정수소를 대량 구매하는 일에도 첫 번째로 나설 것이다. 그들이 운영하는 트럭에 100퍼센트 친환경연료를 공급하고 자신들이 사용하는 데이터센터에 필요한 전력과 사무실용 난방을 친환경으로 제공하는 유일한 방법이 그린수소에 있기 때문이다.

이 기업들이 수소경제로 가기 위한 선도적 역할을 하려면 비교적 높게 형성된 현재 가격에 수소를 사는 수밖에 없다. 오늘날 수소의 생산 가격은 킬로그램당 5달러이며 배송 및 저장에도 비슷한 비용이 들 것이다. 기업들이 이 정도의 비용을 지출하면 소비자들은 얼마 만큼의 부담이 안아야 할까? 내 추측으로는 아주 적을 것이다. 이 회사들의 규모와 그들이 제공하는 제품과 서비스 비용을 고려할 때 부담 금액은 거의 인지할 수 없을 정도로 미미할 것으로 생각된다.

미국의 안호이저 부시Anheuser Busch는 현재 수소트럭을 사용해 맥주를 배달하고 있다.[1] 이와 같은 대기업의 비즈니스에서 수소 사용 비용이 차지하는 비중은 매우 작다. 수소트럭을 이용해 배송하기 위해서는 버드와이저 1병에 0.5센트 정도의 비용만 추가하면 된다.● 수소트럭을 배송에 이용한다는 사실이 주는 긍정적 기업 홍보 효과에 비하면 매우 저렴한 가격이라고 할 수 있다. 더 많은 산업계의 리더 기업들이 수소 세계로 나가는데 이와 같은 선도적 역할을 해준다면 수소 공급을 확대할 수 있는 길이 열릴 것이다.

● 나의 어림 계산에 의하면 10만 캔의 맥주를 운반하는 수소트럭이 왕복 운행을 위해 추가로 지출해야 할 비용은 거리에 따라 200~400달러 정도다.

캐터펄트

2019년 영국 COP26(당시 의장은 클레어 페리 오닐이 맡았었다) 의장과 다보스에서 저녁식사를 하면서 나는 이 책의 초기 버전에 실린 표에서 '항목별 수소 비용의 감소'를 보여주었다. 늘 그렇듯 당시 나는 우리가 얼마나 티핑포인트에 가깝게 와있는지를 보여주고자 했다. 실제로 우리는 손을 뻗으면 닿을 수 있는 곳에 있었다. 그때 나는 그의 얼굴에 '맙소사'라는 표정이 나타나는 것을 목격했다. 수소혁명이 일어나기 위해서는 어떤 특별한 계기가 필요하다는 점에 우리는 동의했다. 그것을 계기로 우리는 더 많은 대화를 이어갔다.

그 대화로부터 시작된 것이 바로 그린수소 캐터펄트라고 불리는 세계적 연합조직이다. 2020년 12월 8일, 스남을 포함해 6개의 기업(아크와파워ᴬᶜᵂᴬ ᴾᵒʷᵉʳ, CWP재생에너지, 인비전, 이베르드롤라, 외르스테드 그리고 야라)이 런던에서 캐터펄트를 발표했다. 여기에서 제시한 비전은 2030년 이전에 세계 일부 지역에서 생산되는 수소 가격을 킬로그램당 2달러까지 내릴 수 있도록 2026년까지 전기분해 장치 용량을 25기가와트까지 끌어 올린다는 것이었다. 이를 위해 우리는 수소사용자, 수소생산자, 인프라 기업을 함께 모아야 한다. 매우 야심 찬 목표다. 하지만 우리는 이미 이전에도 재생가능 전력 사업에서 이런 일을 해낸 바 있다. 최근에도 비슷한 일이 벌어졌다. 캐터펄트의 파트너 기업 중 하나인 아크와파워는 일부 지역에서 킬로와트시당 0.02달러 미만의 비용으로 태양광에너지를 공급하기 위한 경쟁을 주도해왔다.

캐터펄트의 비전은 분명한 목표를 세우고 이것을 지원함으로써 목표 달성의 가능성을 훨씬 높인다는 것이다. 수소 세계를 앞당기기 위해 생산자들은 킬로그램당 2달러에 수소를 공급할 수 있다고 확신하고, 소비자들은 이 연료를 자신들이 필요한 가격에 사용할 수 있다고 확신하는 것이 필요하다. 은행들이 수익성에 대한 확신을 가질 수 있어야 프로젝트에 더 많은 자금을 지원할 것이고, 정부도 초기 단계에 보조금을 지원할 가능성이 더 커진다.

캐터펄트가 목표를 달성하려면 다른 기업들도 여기에 동참해야 한다. 업계 선두 기업들이 잠재적 수소구매자가 될 수 있도록 적극적으로 유도하는 운동도 필요하다. 많은 기업이 이미 지구를 위한 목표에 참여하는 것에 관심을 나타내고 있다. 수소의 초기 잠재공급자와 초기 잠재구매자 사이를 이어주는 활동이 시작됐다.

중매인

새로운 시장을 창출하기 위해 중매인 역할을 하는 것은 스남에게 아주 새로운 일은 아니다. 1950년대 이탈리아에 천연가스 시장이 만들어진 것도 이런 방식을 통해서였다. 그 이전에 많은 천연가스가 이탈리아에서 발견됐지만, 천연가스로 무엇을 할지 아는 사람은 없었다. 실제로 석유 회사에서 전해지는 이야기가 있다. 과거, 석유를 탐사하던 이들이 천연가스전을 만나면 고개를 절레절레 흔들며 구멍을 막아버리고 다음에는 더 좋은 운이 따라주기를 기도했다는 것이다. 이 시기에 부족했던 것은 천연가스를 소비할 시장이었고, 그 시장까지 천연가스를 수송하는 방법이었다.

당시 스남은 시장이 형성되는 데 필요한 두 가지 핵심 요소를 모두 제공했다. 에너지 집약적인 산업에 접근해 값싸고 깨끗한 천연가스를 에너지 대안으로 제시하며 수요를 창출했다. 또한, 천연가스 수송에 경제성을 부여할 수 있을 만큼 충분한 사용자를 모은 다음 천연가스 공급원과 소비자를 연결하는 파이프라인을 건설했다. 1948년, 파르마Parma 근처의 가스전을 밀라노와 로디Lodi의 산업 단지와 연결하는 최초의 257킬로미터의 파이프라인이 완성됐다. 1960년에는 4,500킬로미터 이상에 달하는 파이프라인 네트워크가 만들어졌다. 스남은 1970년대와 1980년대에는 잘 발달해있던 이탈리아 파이프라인 네트워크를 러시아와 북아프리카에 있는 가스 공급원까지 연결했다. 오늘날까지도 이 파이프라인 네트워크를 잘 사용하고 있다. 천연가스 사용의 확산은 당시 이탈리아가 이룬 경제적 기적에도 크게 이바지했다. 1950년과 1970년 사이 이탈리아의 1인당 국민소득은 3배 증가했고 1990년대에 이탈리아는 세계 5위의 경제 대국이 됐다.

오늘날 스남과 다른 가스 회사들은 수소로도 그와 같은 일을 할 수 있다고 믿는다. 킬로그램당 2달러대의 가격이 가시권에 들어오면, 우리는 넉넉하고 저렴한 수소를 공급할 수 있다는 가능성을 가지고 수소 수요처를 모을 수 있을 것이다. 그런 다음에는 기존의 천연가스 인프라를 수소 운송 인프라로 전환하기만 하면 된다. 천연가스 파이프라인 네트워크는 수소, 바이오메탄은 물론이고 잠재적으로는 이산화탄소를 운반하는 용도로도 발전할 것이다. 이런 인 프라가 국가 간에 연결되고 나아가 전 세계로 확장되면 유동성 있는 수소 시장이 만들어질 것이다. 그에 따라 비용은 낮아지고 소비자를 위한 공급안정성도 향상되는 선순환이 일어날 것으로 예상된다.

또한 기업들이 함께 수소 공급에 나서면 그린수소 생산을 가속할 수 있다. 생산자 간의 동반관계는 전기분해 장치의 개발을 앞당길 수 있으므로 매우 중요하다. 우리는 보잉, 록히드 마틴, 맥도널 더글러스와 경쟁하기 위해 영국, 프랑스, 독일의 항공기 제조업체들이 프로젝트와 자원을 합치기로 함으로써 에어버스가 탄생했던 사례에서 배울 점이 많다.

캐터펄트 소속 기업들은 필요한 기술, 부품 제조 및 공장 건설을 가속하기 위해 이미 긴밀하게 협력하고 있다. 이를 통해 최초의 몇 가지 프로젝트가 진행될 것이다. 하지만 기업들의 노력만으로는 우리가 필요한 곳에 도달하기 어렵다. 현재 투입되는 것보다 훨씬 더 많은 정부 보조금이 필요함은 물론이고, 정책적 지원도 따라야 한다. 그런 면에서 캐터펄트가 발표한 계획이 정책입안자들의 관심을 불러일으킨 것은 참으로 다행스러운 일이다.

23

COP의 역할

●

Calling the COPs

정부에서는 수소의 수요와 공급을 증가시키는 정책을 펴면서 수소에너지 체계로의 전환을 지원할 수 있다. 약간의 수소를 전력망 그리드의 보조 수단으로 도입하는 것만으로도 즉각적이고 유연한 수소 시장을 구축할 수 있다. 일부 분야나 지역은 이미 수소로 전환할 수 있는 단계에 거의 이르렀다. 여기에 약간의 추가적인 동력만 더하면 된다. 국제적으로 긍정적 전망이 나오고 연구개발에 집중하면 나머지는 스스로 해결될 것이다.

몇 년 동안 각국 정상들이 모여서 기후회의를 했으나 그 결과는 한마디로 실망스러웠다. 거의 모든 나라의 합의를 끌어내는 데 성공했던 파리협정은 협정 체결 이후 국제적 합의가 점차 약화했다. 이제 이런 모든 상황이 바뀌려는 시점에 놓여있다. 이 글을 쓰고 있는 시점을 기준으로 다음 COP가 2021년 말 글래스고에서 열린다. 미국이 다시 기후외교의 주도권을 잡으면서 전 세계적으로 상황이 개선됐다. 차기 그리고 미래 COP의 주요 목표는 훨씬 더 많은 국가, 기업, 그리고 개인들까지 넷제로에 동참하도록 하는 것이다.

우리가 살펴보았듯이 넷제로 프로젝트는 분명한 기후목표를 제시하고 있다. 그리고 그 목표를 이루는 데 있어 핵심적인 도구가 수소이기 때문에 많은 나라들이 수소를 개발전략을 내놓을 것으로 기대된다. 이와 더불어 우리가 생각해야 할 중요한 점이 있다. 처음부터 모든 사람이 여기에 동참할 필요는 없다는 사실이다. 수소를 경쟁력 있게 하기 위해 우리가 창출해야 할 최소 수소 수요량은 전체 에너지 관점에서 보면 매우 미미하다. 이미 수소에너지로 전환하기로 약속한 나라들로 구성된 연합체만으로도 유의미한 변화를 만들기에 충분한 양을 창출할 수 있는 것이다.

그렇다면 수소 전환을 위해서는 어떤 정책적 지원이 가장 효과적일까? 우리가 앞에서 잠깐 살펴보았듯이, 많은 경제학자는 탄소세나 탄소배출권 제도를 세계적으로 적용하는 것이 모든 면에서 최고의 정책 수단이 될 것이라고 말한다. 이유는 간단하다. 배출된 탄소를 제거하기 위해 어떤 조처를 하느냐에 따라 톤당 이산화탄소 감소 비용은 달라질 것이다. 탄소세를 부과하면 태양광과 풍력발전 비용이 화석연료에 비해 가격 경쟁력에서 앞설 수 있다. 태양광과 풍력발전의 경우 이산화탄소를 제거하는 데 드는 비용이 제로이거나 심지어 마이너스로 절감된다. 반면 화석연료를 사용하면 이에 부과되는 탄소세를 피하고자 이산화탄소를 줄이는 데 많은 투자를 해야 한다. 이에 따라 화석연료는 보이지 않게 더 많은 추가 비용을 부담해야 한다.

대부분의 경제학자는 제거 비용이 가장 싸게 드는 이산화탄소부터 제거해야 한다고 생각한다. 만약 전 세계적으로 탄소세가 부과되면 그러한 일들이 실제로 일어날 것이다. 전 세계의 모든 곳에서 배출되는 이산화탄소에 톤당 50유로의 탄소세가 부과된다면● 그 가격보다 낮은 비용으로 이산화탄소를 제거할 수 있는 모든 방법을 즉시 시행할 이유가 생기기 때문이다. 발전소에서는 석탄을 가스로 전환하거나 석탄, 석유, 가스를 재생가능 에너지로 바꾸게 될 것이다. 탄소세가 더 높아지면 더 비싼 이산화탄소 제거 방법도 비용 경쟁력을 갖는다.

탄소배출권도 마찬가지다. 탄소배출권 제도는 기업에 '탄소 배출 허가권'을 부여하고 이를 통해 탄소감축 목표를 달성하려는 목적을 가지고 있다. 이 제도는 '캡앤트레이드cap and trade'라는 이름으로도 불린다. 탄소 감축이라는 목표를 초과 달성한 기업들은 남은 탄소배출권을 다른 기업에 팔 수 있고, 목표에 미달한 기업들은 탄

●　이것은 허황한 숫자가 아니다. 글을 쓰고 있는 지금 시점의 유럽연합 탄소배출권거래제의 가격은 톤당 50유로 이상이다.

소배출권을 살 수밖에 없도록 하는 정책이다. 매년 기업들은 자신들이 제조공정상 배출하는 이산화탄소를 목표 이상으로 감축한 다음 그 차이를 배출권 형태로 팔 것인지 혹은 목표에 미달성된 만큼 탄소배출권을 사서 해결할 것인지를 결정해야 한다. 이때 그들은 비용이 더 낮게 드는 옵션을 택하게 될 것이다. 지금 추세대로라면 기업들은 조금씩 탄소 배출을 줄이게 될 것이고 이에 따라 탄소배출권 가격은 매년 상승하게 될 것이다. 이미 1990년대 미국은 이산화황과 질소산화물 배출을 해결하기 위해 이와 같은 정책을 적용해 산성비 문제를 해결했던 경험이 있다.

탄소세나 탄소배출권 제도는 현재 제시되고 있는 다른 해법들보다는 훨씬 더 효율적인 대책인 것은 분명하다. 현재 우리는 각기 다른 저감 비용이 요구되는 단편적 활동들을 통해 문제를 해결하려 하고 있다. 놀라운 사실은 전 세계에서 배출되고 있는 탄소의 약 40퍼센트가 톤당 50달러 이하의 낮은 비용으로 제거될 수 있다는 것이다. 나머지 40퍼센트를 제거하는 데는 톤당 200달러 이상의 비용이 들고, 줄이기 극히 어려운 마지막 20퍼센트는 현재 기술로는 톤당 700달러 이상의 비용이 든다.

불행히도 탄소세나 탄소배출권 가격제가 전 세계적으로 곧 시행될 것 같지는 않다. 그렇다고 해서 탄소배출권이 수소혁명에 큰 역할을 하지 않을 것이라는 뜻은 아니다. 일부 국가와 지역에서는 유럽연합의 탄소배출권거래제와 유사한 탄소가격 제도를 도입할 것이다. 상품을 생산하는 과정에서 발생한 탄소 함량에 상응하는 세금을 수입업자들에게 부과하는 국경조정 제도를 시행할 경우 유럽으로 상품을 수출하려는 국가들은 자신들만의 탄소배출권거래제를 도입하게 될 것이다. 이런 방식으로 시간이 지나면 우리는 느슨한 종류의 탄소배출권 시장을 갖게 될 것이다. 화석연료를 더 비싸게 하면서 점차 수소를 더 경쟁력 있게 만드는 것이 목적이다.

하지만 점진적 변화로는 충분하지 않다. 우리는 이 변화에 속도를 붙여 빨리 전환점에 도달해야만 한다. 그렇지 않으면 에너지 시스템의 4분의 1을 담당해야 할 그린수소 체계를 2050년까지 만들지 못한다. 시간을 가지고 최소 비용이 드는 경로를 택하는 것이 효율적이긴 하지만, 넷제로에 도달하기 위한 목적으로 새로운 기술을 학습하는 활동도 빨리 시작해야 한다.

또한 가장 비용이 적게 드는 경로가 무엇인지 확신하기 전에 먼저 행동부터 하는 것에도 익숙해져야 한다. 물론 우리는 가장 비용이 적게 드는 경로를 알아내기 위해 모든 노력을 기울여야 하며 이를 통해 가장 필요한 곳부터 투자해야 한다. 하지만 어쩔 수 없이 결단을 내려야 한다면 나는 일단 행동하는 쪽을 선택할 것이다. 그럴 경우 최악의 시나리오는 일부 투자 금액을 손실 처리하는 것이다. 이것도 물론 심각한 일이긴 하지만 그 반대의 경우가 일어나는 것에 비하면 그 피해는 미미하다. 만약 우리가 행동하지 않는 쪽을 선택할 경우, 인류가 맞게 될 최악의 시나리오는 기후변화의 폭주로 인한 끔찍한 자연 재앙일 것이다.

수소 가격을 낮추고자 하는 국가들은 다음과 같은 여섯 가지 방법을 주요 정책으로 고려해야 한다.

여섯 가지 정책

1. 혼합

천연가스 네트워크에 그린수소를 혼합하는 것을 의무화하자. 이것
은 인프라를 구축하거나 특정 부문에서 수소 소비가 늘어나기를 기
다리지 않고 당장 수요를 늘리는 방법이다. 이렇게 되면 즉시 전기
분해 장치를 개발할 수 있고 그에 따라 수소 보일러도 점진적으로
설치할 수 있다. 우리 연구에 따르면 5~10퍼센트의 수소 혼합물은
지금 존재하는 가스 네트워크에서도 아무런 문제 없이 작동할 수
있다.●

　이렇게 되면 매우 흥미로운 시장이 열리게 될 것이다. 예를 들
어 유럽이 가스망 네트워크에 5퍼센트의 그린수소를 혼합하도록
의무화한다면 그것만으로도 수소 수요는 35기가와트까지 늘어난
다. 이는 우리가 2달러라는 수소 전환점에 도달하는 데 필요한 양의
2배에 가깝다.

　어떤 사람들은 이런 식으로 수소를 단순히 혼합해 사용하는 것

● 　사실 수소 혼합이 꼭 물리적으로 수소를 섞어 쓰는 것일 필요는 없다. 국가에서 가스공급
자에게 의무사항으로 그들이 판매하는 전체 제품 중 10퍼센트는 반드시 저탄소 또는 재
생가능가스여야 한다고 규정할 수도 있다. 그렇게 되면 가스공급자들은 높은 가격을 지
급하고도 저탄소 혹은 재생가능가스를 사용할 시장을 찾아야만 한다. 그래야만 가스공급
자들이 저탄소 혹은 재생가스에 높은 가격을 지급하고도 결과적으로 이익을 남길 수 있
게 되기 때문이다. 액화수소 시장에 의존하지 않으면 안 될 때는 원산지 보증 시스템이 필
요하다. 원산지 보증은 판매하는 액화수소가 정말로 그린(혹은 블루)인지를 보증하며, 탄
소배출권을 거래하거나 탄소세를 면제받기 위해서는 꼭 필요한 증서다.

이 수소를 형편없이 사용하는 방법이라고 말한다. 왜냐하면 이 비싼 에너지원을 가장 값싸고 이산화탄소 발생이 적은 화석연료인 천연가스 대신 섞어 쓰는 것이기 때문이다. 그렇다 하더라도 이 경우는 공급 인프라를 변경할 필요가 없으므로 제한적인 비용 증가만 있을 뿐이다. 단지 추가적인 연료비만 조금 더 지급하면 된다. 하지만 수소를 가스 공급망에 혼합해 사용하는 것을 강제하면 우리는 수소를 대량으로 사용해줄 소비자를 찾지 않고도 손쉽게 수소 공급망을 구축할 수 있게 된다는 장점이 있다. 이렇게 되면 생산이 가장 효율적인 장소에서 수소 생산이 장려될 것이고 이에 따라 수소에너지 전환을 위한 탄탄한 토대가 구축될 것이다.

수소를 혼합해 사용하는 방법은 일시적이다. 언제든 사용 비율을 한 단계 위나 아래 단계로 조정할 수 있으므로 수소의 가치 사슬을 한층 더 유연하게 만드는 방법이기도 하다. 수소 생산량이 적정 규모에 도달하고 나면 순수 수소를 운송하는 데 적합하도록 파이프라인을 개조하면 된다. 그런 다음 순수 수소를 사용하는 최종 소비자를 점진적으로 늘려나갈 수도 있다. 또는 메탄과 수소를 분리하는 분리막이 적당한 가격까지 내려온다면, 파이프라인 네트워크에 수소가스를 혼합하면서도 각 소비자가 원하는 비율의 가스는 분리막을 이용해 공급할 수도 있다.

유럽과 일본의 사례로 볼 때 수소 혼합과 관련된 추가 비용은 상대적으로 높지 않다. 연간 1인당 약 8유로 정도 수준이다. 이는 이미 휘발유에 의무적으로 바이오 연료를 혼합하기 위해 유럽에서 자동차를 이용하는 사람들이 쓰는 금액과 비슷하다. 심지어 내가 알고 있는 몇몇 사람들은 실제로 자신들이 쓰는 휘발유에 바이오연료가 혼합돼있다는 사실조차 모르고 있다. 이를 위해 추가로 부담하는 비용이 너무 적기 때문이다. 이 정도로 작은 폭으로 가격이 변동되면 눈에 띄지 않는다. 분명히 고지됐음에도 불구하고 아무도 파스타 한 냄비를 끓일 때마다 자신들이 다가올 수소혁명 시대를 위해 8분의 1센트를 추가 지급하고 있다는 사실을 신경 쓰지 않게 될 것이다.

이와 같은 강제 수소혼합정책은 매우 극적인 결과를 가져올 수 있다. 단지 법을 만드는 것만으로도 수소가 화석연료와 경쟁하는 데 필요한 수요를 단숨에 창출할 수 있을 것이다.

2. 부문별 지원

또 다른 전략은 쉽게 성과를 거둘 수 있는 분야를 먼저 공략하는 것이다. 약간의 재정적 지원만 있으면 수소의 초기 사용자가 될 수 있는 분야들이 있다. 현재 자신들이 사용하는 연료와 수소의 가격 차이가 크지 않거나, 추가 인프라건설이 많이 필요하지 않거나, 어쨌든 계획된 설비투자를 해야 하는 분야들이다.

이러한 분야 중 하나가 중하중 육로 수송 부문이다. 트럭과 버스의 경우 수소와 디젤의 비용 차이가 크지 않다. 연료전지의 효율이 기존 내연기관 엔진에 비해 높으므로 전체 비용이 상쇄되는 측면도 있다. 따라서 에너지 일부를 그린수소로 제공받도록 의무화하더라도 그리 큰 비용이 들지 않을 것이다.

수소 사용을 강제할 때 비용이 가장 많이 드는 곳은 충분한 수의 충전소를 건설하는 일이다. 사람들이 수소트럭을 구매한 다음 충전소를 찾는 것에 부담을 느끼면 안될 일이다. 또한 이렇게 건설된 모든 충전소에 수소를 공급하는 것에도 추가 비용이 든다(순수 수소 운송용 파이프라인 네트워크가 준비되기 전부터 이런 작업을 수행하고 있음을 기억하라). 이러한 준비는 영리하게 진행돼야 한다. 먼저 트럭이나 버스운송업체에 관심을 집중하자. 이런 운송업체들은 얼마든지 재생에너지 공급원에 가깝고 그린수소 생산량을 키울 수 있는 지역을 지나가도록 운행 경로를 짜거나 하룻밤을 묵으면서 화물을 실을 수 있도록 일정을 조정할 수 있다. 유럽 트럭운송의 10퍼센트만 수소로 전환해도 수소 용량은 25기가와트가 된다.

전체 부문이 하나의 조직에 의해 통제되는 경우 수소 사용을 정부 정책으로 강제할 필요는 없다. 이것이 글로벌 배송업계가 작동되는 방식이다. 이를 운영하는 국제해사기구는 환경인증서를 가다듬는 데 집중하고 있다. 과거에 그들은 이미 선박연료에서 강제로 유황을 제거하는 엄청난 일을 해낸 바 있다. 이제는 수소 시장이 움틀 수 있는 환경을 만드는 데 이바지할 차례다. 운송업계의 경우 화석연료를 수소로 대체하려면 비용이 많이 드는 것은 사실이다. 하지만 운송 부문의 크기를 고려한다면 최소 수소 시장을 창출하기 위해 그렇게 높은 비율의 연료를 대체할 필요는 없다. 전 세계 선박연료의 1퍼센트만 수소로 대체하더라도 충분하다. 이것만으로도 20기가와트 용량의 수소 시장을 창출할 수 있다.

산업계에서 원하는 것은 정부 정책의 강제 시행이나 보조금 지급이다. 따라서 정부가 이런 방향으로 정책을 추진하는 것은 합리적인 결정이다. 이미 세계적으로 형성돼있는 거대한 그레이수소 시장 중 일부만 그린수소로 대체하는 것은 비교적 비용이 적게 드는 방법이 될 것이다. 필요한 모든 인프라가 이미 설치됐기 때문이다.

유럽이 그레이수소 사용량의 10퍼센트를 의무적으로 그린수소로 대체하도록 법제화한다면 이것만으로도 15기가와트의 전기분해 용량이 추가로 필요할 것이다. 하지만 이를 위해 모든 기업이 10퍼센트의 친환경연료를 사용할 필요는 없다. 한 기업이 100퍼센트 친환경연료를 사용하고 이 초과 달성분을 다른 기업들에 판매하는 방식이어도 무방하다.

탈탄소화를 위해 수소가 꼭 필요한 철강 산업 같은 분야에도 비슷한 논리가 적용될 수 있다. 현재 그린수소는 철강 생산에 전통적으로 사용되는 코크스(석탄으로 만든 연료)에 비하면 매우 비싼 편이다. 이러한 가격 격차는 정부에서 정책적으로 해소해주는 것이 바람직하다.[1] 또한 더 이상 전통적 방식의 용광로가 새로 설치돼서는 안 된다. 이런 용광로는 계속해서 탄소를 배출하거나 중간에 폐기될 수밖에 없는 운명이기 때문이다.

3. 수소 밸리

정책적 접근법은 수소 밸리를 만들어서 수소 수요처와 공급원을 서로 물리적으로 가까운 곳에 위치시키는 것이다.

수소연료충전소를 설치할 장소를 정할 때 정유공장이나 비료공장 같은 대규모 수소 소비자를 선택한 후 그 근처에 건설하는 방식이다. 공업단지는 종종 항구에 가깝게 위치해있는 경우가 많아서 여기에 수소충전소를 설치하면 항구에 정박하는 선박에도 수소 연료를 공급할 수 있다. 수소 수요처를 한 곳에 집중시키면 그에 필요한 운송, 분배 및 저장 인프라를 최적화할 수 있다는 장점이 있다. 항구는 수소 클러스터를 배치하기에 매우 좋은 장소다. 또한, 수입된 수소에 접근하기도 쉽고, 이미 항구 주위의 산업단지 내에 많은 기업체가 입주해있다는 장점도 크다.

4. 공급자와 지원 정책

재생 전력 분야에서 일어난 혁명적 변화는 기업가들의 재생가능 전력을 생산을 장려하기 위해 보조금을 넉넉하게 지원하는 것으로부터 시작했다. 이러한 보조금으로 인해 장비제조업체는 장기적으로 예측할 수 있는 시장을 확보할 수 있게 됐다. 이에 따라 업체들은 조금씩 공장 크기를 키우며 규모의 경제를 통해 이익을 실현할 수 있었다.

이와는 달리 우리가 아예 처음부터 제조업체들에 거대한 기가공장을 지을 수 있는 자금을 지원했다면 더 낮은 비용으로 같은 결과를 얻을 수 있었을까? 중국에서 수소 생산 능력을 늘리기 위해 투입했던 투자 규모는 수백억 달러 수준밖에 되지 않았다. 반면 우리가 살펴본 것처럼 유럽에서 소비자들이 추가로 부담해야 했던 비용은 1조 달러 규모였다. 이렇게 보면 보조금 지급에 따른 낙수 효과가 천천히 발생하기를 기다리지 말고 직접 공급 규모를 늘리는 것이 훨씬 더 비용적인 측면에서 효율적이라는 것을 알 수 있다. 각 나라들은 수소 기가공장을 설립함으로써 완전히 새로운 산업을 창출할 수 있을 뿐만 아니라 일자리도 함께 만들 수 있다는 것을 명심해야 한다.

5. 수출과 수입

정부에서 수소 사용을 장려하는 정책을 생각할 때는 장기적으로 수소가 어디서 공급될 것인지를 살펴보는 것이 좋다. 여러 국가의 경우 수소를 생산하는 것보다는 수입하는 것이 더 편리하거나 그럴 수밖에 없는 처지에 놓이지만, 일부 국가들의 경우 생산된 수소를 수출할 수 있는 여력을 가질 것이기 때문이다.

독일의 수소 세계정책 구상은 이러한 상황을 해결하기 위한 이중 경매 제도라고 할 수 있다. 먼저 독일 정부가 전 세계의 수소 공급업체들에 얼마나 많은 양의 수소를 독일로 수출할 수 있을지와 수소 가격을 물어본다. 한편 독일 산업계에는 수소가 얼마나 필요할지, 그리고 지급할 수 있는 수소 가격이 얼마일지 조사한다. 그런 다음 독일 정부에서 최저가 공급처와 최고가 수요처를 연결해주고 그 차이만큼을 정부에서 메워주는 방식이다.

23개 에너지 전송업체로 구성된 유럽 수소 백본 계획은 잠재적 수소 수요 지역과 공급 지역을 규정하고 기존에 존재하는 가스 파이프라인을 살펴본 후 시간이 지남에 따라 수소로 전환될 수 있는 구역이 어디일지 파악하고자 했다. 결론은 2040년까지 유럽에서 북아프리카, 북해, 우크라이나, 동부 지중해를 통과하는 4만 킬로미터의 수소 파이프라인을 잠재적으로 수입에 사용할 수 있게 되리라는 것이었다. 북아프리카의 수소를 유럽으로 수입하는 것이 가지는 장점에 대해서는 프란스 티메르만스Frans Timmermans 유럽연합 부통령이 이야기한 바가 있다. 2019년 유럽의회 연설에서 그는 아프리카, 특히 북아프리카와 동반관계를 맺는 것을 꿈꿨다. 그곳에서 거대한 용량의 태양광 발전시설을 만들고 그 에너지를 수소로 바꾸어 세계의 다른 지역으로 수출할 것이라고 그는 말했다.[2]

6. 연구개발

수소혁명은 어떤 새로운 기술에 의존한다기보다 이미 존재하는 기술들의 규모를 키우는 것과 관련됐다. 하지만 여전히 혁신의 여지는 많다. 생산 방법, 수소를 수송하고 저장하는 방법, 메탄으로부터 분리하기 위한 막, 그리고 수많은 다른 분야에 개선의 여지가 있다.

오늘날의 전기분해 장치는 희토류 금속을 사용한다. 우리가 희토류 금속의 대안을 빨리 찾을수록 전기분해 장치는 더 빨리 지속 가능한 장치가 될 수 있을 것이다. 전기분해 장치로 수소 1킬로그램을 생산하려면 9리터의 담수가 필요하다. 따라서 전기분해 장치 산업은 담수화 기술에 대한 투자도 필요로 한다. 이렇게 되면 세계의 많은 지역에서 물이 풍부해질 가능성이 커지고 물의 가격을 낮추는 데도 도움이 될 것이다.

점진적으로 혁신이 일어나기를 그저 기다리는 대신 대규모 민관 연구 프로그램을 통해 혁신적 아이디어를 선제적으로 도입하면 이를 통해 돌아오는 이득도 크다. 연구개발에 지출되는 비용은 즉각적으로 일자리를 창출할 수 있을 뿐만 아니라 성공하면 투자비 회수율도 높다. 수소 생산 비용도 더 빠르게 감소시킬 수 있게 된다.

그리고 다양한 국가들과 회사들이 연구개발을 통해 협력한다면, 새로운 사업 파트너십도 만들어 낼 수 있을 것이다.

국제적 연합

나는 여러 나라가 수소의 미래 기회에 초점을 맞추고 그 세계를 곧 실현할 수 있도록 정책적 지원을 할 것이라 낙관한다. 유럽, 중국, 사우디아라비아, 일본, 칠레, 호주, 한국, 아부다비를 비롯한 많은 정부가 수소 전략을 발표함으로써 이 흐름에 동참하고 있거나 관련된 어떤 조치를 하기 시작하고 있다.

특히 유럽의 수소 전략은 철저한 편이다. 그린딜에서 제시한 2050년 넷제로 로드맵의 일부도 수소에 관한 것이었다. 2021년 1월 유럽 위원회 회장 우르줄라 폰데어라이엔Ursula von der Leyen은 수소자문회의 연설에서 다음과 같이 말했다.

> "청정수소는 기후중립이라는 우리의 목표를 달성하기 위한 완벽한 수단이다. 청정수소는 경제 발전과 건강한 지구가 공존할 수 있음을 보여준다."

2020년 7월에 발표된 유럽연합 기후중립을 위한 수소 전략은 유럽연합의 전기분해 장치 용량을 현재의 60메가와트에서 2024년 6기가와트로 그리고 2030년까지는 최소 필요 용량을 훨씬 초과하는 40기가와트로 키우는 계획을 중심으로 구축됐다.

유럽은 이를 위해 수소로 쉽게 전환할 수 있는 응용 분야에 집중하고 있다. 예를 들면 독일은 화학, 철강, 시멘트와 같이 탄소집약적인 산업에 집중하고 있고, 포르투갈도 수소 수출국으로서의 에너지 체제를 갖추기 위해 70억 유로를 투자할 계획이다. 또한 천연가스 공급 파이프라인에 최대 7퍼센트의 수소를 혼합할 계획도 세웠다.

유럽연합이 새로운 태양광, 풍력발전, 운송, 유통, 저장 및 연료 충전소를 건설하는 데 투입할 총비용은 3,200~4,600억 유로 사이다.[3] 여기에는 정부와 민간 부문이 모두 참여할 것으로 기대되며, 일부 자금은 투자 기금인 인베스트 유럽연합에서 조달될 것이다. 또한 유럽연합이 조성한 7,500억 달러 규모의 차세대 EU펀드Next Generation EU fund는 친환경 및 디지털 부문에 투자할 것이다. 누구든 대규모 수소 프로젝트를 염두에 두고 있는 사람이라면 투자를 받을 수 있고 이 분야 전체가 성장할 특별한 기회를 제공하게 될 것이다.

한국은 수소경제를 열렬하게 지지하는 또 다른 국가다. 2020년에는 약 6천 대의 연료전지 자동차가 한국 도로를 달렸고, 2030년까지는 85만 대까지 늘리는 것을 목표로 정하고 있다. 문재인 전 대통령은 수소를 아시아 4위 경제국인 한국의 '미래의 빵과 버터'라고 칭하며 자신을 수소의 홍보 대사로 임명했다. 그리고 자동차 판매 보조금과 수소충전소 건설에 사용되는 18억 달러에 달하는 중앙 정부 지출을 감독했다. 현대자동차는 이러한 여건을 잘 활용했다. 정부 보조금으로 인해 넥쏘 모델의 가격이 자동차 가격의 절반 수준인 약 3,500만 원으로 인하됐고 이에 따라 넥쏘의 판매가 급증했다. 현대자동차 역시도 자체적으로 이런 방향으로 가기 위해 노력하고 있다. 현대자동차는 부품업체와 함께 2030년까지 수소 연구개발과 설비에 65억 달러를 투자할 계획을 진행 중이다.

일부 지역에서는 특별한 형태의 무역을 시도하고 있다. 이에 따라 그들의 수소경제는 독특한 특징을 지니게 될 것이다. 자국의 천연자원이 거의 없는 데다 후쿠시마 재난 이후 원자력발전소가 폐쇄된 일본은 햇빛이 지겹도록 넘쳐나는 호주와 특별한 관계를 발전시키고 있다. 우리가 목격했듯이 호주는 일본 시장을 목표로 수송이 쉬운 암모니아 제조 산업을 거대한 규모로 조성하고 있다.

각국의 영토가 어떻게 수소경제를 발전시킬지를 결정하는 데 있어 지리학과 지질학은 큰 영향을 미친다. 내가 아는 가장 멋진 사례는 칠레다. 이미 칠레의 경우 국가 전체가 생산하는 에너지 중 절반에 가까운 부분이 재생에너지에서 나온다. 이 수치는 2030년까지 70퍼센트, 2050년에는 95퍼센트로 증가할 것으로 예상된다. 칠레 정부는 2030년 이전에 그린수소가 그레이수소에 비해 비용 경쟁력을 갖추게 될 것으로 자신한다. 칠레의 자신감에는 충분한 근거가 있다. 칠레의 그린수소 잠재력은 현재 설치된 용량의 약 70배에 달한다. 칠레의 다양한 지리적 특성 덕분에 북부 지역에는 태양에너지, 중부 지역에는 수소, 그리고 남부 지역에는 풍력발전이 가능한 환경을 가졌다. 그리고 지리적으로 폭이 좁은 국토를 가지고 있는 덕분에 이러한 자원들이 모두 항구에 가깝다는 이점도 안고 있다. 넷제로 목표를 달성하는 데 아무 문제가 없는 칠레는 기후에 관한 양자 무역 협정에서 확실한 선구자 역할을 하게 될 것이다. 암

수소 자원 혁명

모니아 형태로 제조될 가능성이 높은 칠레의 수소는 미국과 태평양을 가로질러 아시아까지 수출될 것으로 기대한다.

미국 또한 풍부한 천연재생자원을 보유한 나라다. 이를 이용해 녹색 기술의 세계적 리더가 되려는 야망과 그를 뒷받침할 역량도 가지고 있다. 그런 방향으로 정책을 진행할 것을 요구하는 압력도 강해지고 있다. 조 바이든은 행정부 출범 초기에 석유, 가스, 전력, 자동차, 연료전지, 수소 관련 기업 연합체가 만든 로드맵을 전달받았다. 수년간 방치되고 지난 4년간 공식적으로는 기후변화의 존재를 부인해왔음에도 불구하고 미국의 기업들은 이미 수소경제에 깊이 관여하고 있었다. 태양광과 풍력발전의 경우 텍사스를 비롯한 여러 다른 주에서 큰 폭의 발전이 이루어지고 있다. 매년 수소 분야에는 수십억 달러의 공공 및 민간 투자가 유입되고 있다. 그에 따라 총 550메가와트 이상의 대용량 연료전지가 설치되거나 계획 단계에 있다.[4] 이런 국가들이 국제적 연합체의 일원이 될 유력한 후보군 중 하나다.

물론 사람들이 제품을 구매하거나, 투자하거나, 투표하지 않는다면 어떤 기업이나 정부도 잘해나가기 어렵다. 이제 우리 계획에 있어서 세 번째이자 가장 중요한 기둥에 관해 이야기해야 하는 시점에 도달했다. 그것은 바로 여러분들이다.

24

소비자 흑기사

·

The Consumer Cavalry

이러한 움직임에 개인 자격으로 소비자인 여러분이 도울 수 있는 것이 많다. 예를 들면 그린수소를 사용해 만든 상품을 구매하는 것이다. 그린수소를 사용하더라도 많은 경우 제품 원가에 1퍼센트 미만의 추가 비용이 부가될 때가 많다. 소비자로서 현명한 선택을 하기 위해 우리가 구매하는 물건과 우리의 생활양식으로 인해 얼마나 많은 이산화탄소가 발생하는지 더 많이 알아야 한다.

여러분이 먹는 빵 한 덩어리마다 0.5킬로그램의 이산화탄소가 대기로 방출된다는 사실을 알고 있는가?[1] 여러분은 넷제로 빵을 먹기 위해 한 덩어리에 1~2퍼센트의 비용을 추가로 지출할 용의가 있는가?

바다를 가로질러 여러분이 구매하려는 청바지를 운송하려는 배가 있다고 해보자. 만약 이 배의 선주들에게 수소로 배를 운항하기 위해 연간 400만 달러의 추가 비용을 부담하라고 하면 그들은 아마 수소 사용을 꺼리게 될 것이다. 혹은 청바지 회사에 수소연료 선박을 이용하는 대가로 추가 운송비용을 지급하라면 그들 또한 싫다고 말할 것이다. 하지만 만약 여러분에게 청바지를 수입하는 선박이 수소연료를 사용하여 운항할 수 있도록 청바지 가격에 30센트[2]를 추가할 용의가 있는지 묻는다면, 여러분은 아마 그렇다고 대답할 수 있다. 그러면 청바지 회사는 수소연료 선박으로 청바지를 수입하는 데 필요한 추가 비용을 선주에게 지급할 수 있다.

사람들은 에너지 정책이 정부와 시스템, 대기업을 대상으로 한다고 생각하는 실수를 범한다. 부분적으로는 맞다. 규칙을 정하는 것은 정부고, 제품을 만드는 것은 기업이다. 하지만 그들이 하는 일을 조종할 수 있는 것은 바로 소비자인 여러분들이다. 2019년 미국의 소비자 지출은 10조 달러를 넘었다. 이것은 같은 기간 연방 정부가 지출한 5조 달러보다 2배나 많은 금액이다. 만약 우리가 이 돈 중에서 아주 작은 부분이라도 공익을 위해 사용하기로 한다면 큰 차이를 만들 수 있을 것이다.

그 예로, 소비자의 압력 때문에 자동차 제조업체들이 친환경

수소 자원 혁명

그린수소 사용이 중간 및 최종 제품 가격에 미치는 영향

기술	중간 제품 1에 미치는 영향 (%당 달러 가격 인상)	중간 제품 2에 미치는 영향 (%당 달러 가격 인상)	최종 제품에 미치는 영향 (%당 달러 가격 인상)
철강	+40% 철강 1톤당 가격 상승	해당 없음	+0.7% 최종 자동차 소매기격 상승
운송	+160% 초저유황중유 톤당 가격 상승	+3% 수입 콩 1톤당 가격 상승	+0.8% 우유 1리터당 가격 상승
운송	+160% 초저유황중유 톤당 가격 상승	+60% 컨테이너 운송 비용 상승	+0.7% 평면 스크린 TV 소매 가격 상승
운송	+160% 초저유황중유 톤당 가격 상승	+60% 컨테이너 운송 비용 상승	+0.4% 신발 한 켤레 소매 가격 상승
비료	+45% 질산염 1톤당 가격 상승	+3% 콩 1톤당 가격 상승	+0.8% 우유 1리터당 가격 상승
비료	+45% 질산염 1톤당 가격 상승	+5% 밀 1톤당 가격 상승	+0.6% 빵 한덩어리 가격 상승
비료	+45% 질산염 1톤당 가격 상승	+9% 옥수수 1톤당 가격 상승	+3.2% 돼지고기 가격 상승
항공	+130% 등유 1톤당 가격 상승	해당사항 없음	+18% 장거리 비행 요금 상승

참고: 수소 가격을 킬로그램당 2달러로 했을 때의 계산임
출처: 에너지 수송 위원회 SYSTEMIQ 분석(2021)

자동차를 판매하게 되는 경우를 들 수 있다. 이 때문에 가장 바꾸기 어려운 분야 중 하나인 철강 산업이 이미 재편되고 있다. 이것은 매우 다행스러운 일이다. 고객의 지원, 수용, 그리고 궁극적으로 고객의 수요가 없다면 친환경 수소 기반의 강철 산업이 상업적 성공을 거두기는 매우 어렵다. 소비자들이 탈탄소 제품을 구매하기 위해 소액을 추가로 더 지급하는 것을 받아들여야 친환경 생산 기술로의 전환도 실행된다.

친환경 철강 제품에 대해 추가 금액을 지급할 의사가 있는 제조업체들도 점점 더 많아지고 있다. 유럽연합은 새로운 에코 라벨 시스템을 통해 이런 움직임을 장려하고 있다. 라벨 표시는 가전제품 구매에도 도움이 될 것이다. 소비자들이 자신들이 쓰는 난방 보일러가 이산화탄소를 배출한다는 사실을 알면 이산화탄소 배출이 없는 수소 보일러를 사려 할 것이기 때문이다.

소비자의 힘이 오늘날보다 더 강력했던 적은 없었다. 그 힘을 이용하기 위해 우리는 이산화탄소가 실제로 존재한다는 것을 사람들이 느끼도록 만들 필요가 있다. 사람들이 최선의 행동 방침이 무엇인지 판단하려면 정보가 필요하다. 몇 기가톤의 이산화탄소가 배출되는지 그리고 연간 에너지 관련 이산화탄소 배출량을 1인당 현재의 4.6톤에서 1.1톤으로 줄여야 한다는 사실을 알아야 한다. 하지만 이런 정보는 너무 추상적이기 때문에 실제로는 크게 도움이 되지 않는다. 실질적인 도움을 줄 수 있는 것은 하루 섭취해야 할 다섯 가지 음식을 표시하는 라벨 제도와 유사하다. 열량 표시 라벨처럼 개인별 이산화탄소 일일배출허용량 중 특정 활동이나 구매로 배출되는 이산화탄소가 몇 퍼센트를 차지하게 되는지를 표시하는 방법이다.

이러한 라벨 시스템을 핸드폰에 앱 형태로 설치하면 많은 것을 얻을 수 있다. 이 앱은 일하러 가거나 스테이크를 먹고 빵을 사는 활동을 할 때 얼마만큼의 이산화탄소가 배출되는지 계산해준다. 탄소제로를 향해 우리가 얼마나 나아가는지 진도 상황을 감시할 수 있게 되는 것이다. 그리고 클릭 한 번으로 우리가 배출했던 양의 탄소를 상쇄시킬 수 있는 인증된 옵션을 구매할 수도 있다. 선택할 수 있는 옵션으로는 나무 심기나 탄소 포집 같은 것들이 있다. 사용자들은 앱 사용실적에 따라 명예배지를 받게 된다. 그리고 이 배지를 소셜미디어상에 공유하거나 이 활동에 참여하는 회사의 제품을 할인받는 데 쓸 수도 있다. 혹은 '넷제로 클럽'에 소속된 식당에 가거나 관련 이벤트에 참가할 수 있는 혜택을 누릴 수 있다.

물론 정치적 행동도 있다. 그중 선거에서 투표하는 것은 핵심 사항이다. 나는 그레타 툰베리와 그 또래 세대들이 투표할 수 있는 나이에 도달했다는 사실을 생각하면 매우 즐겁다. 또한 믿음과 가치관이 세계적인 것과는 무관하게 정치는 많은 부분이 지역적이다. 당신의 지역을 돌아다니는 버스 중에는 수소버스가 있는가? 없다면 왜 그러할까? 한 번 알아보라. 거기엔 어떤 이유가 있을 것이다. 인프라나 자금이 부족하거나 단순히 지식이 없어서일 수도 있다. 그렇다면 지역의 국회의원, 시장, 버스 회사 대표, 시 당국에 편지를 쓰라. 그리고 물어보라. 어떤 것이 가능한가? 누가 당신의 질문에 관심을 가지는가? 정치적 행동을 촉발하는 방법은 서로 다른 정당의 사람들을 설득해 합리적이고 공통적인 행동 지침을 채택하도록 하는 것이다. 매우 지역적인 수준에서는 이러한 일들이 그렇게 어렵지는 않을 것이다. 특히 탄소를 줄이는 데 드는 비용이 자신들이 구매하는 제품 가격에서 차지하는 비중이 매우 작다는 것을 사람들이 알게 된다면 더욱 그러하다.

25

수소 세계의 실현

•

Making Hydrogen Happen

이 책은 수소를 통해 어떻게 넷제로라는 목표를 우리가 도달할 수 있는 범위 안으로 끌어올 수 있는지, 그리고 그 목표에 더 가깝게 다가가기 위해 우리가 할 수 있는 것이 무엇인지에 관해 말하고 있다.

20년 동안 에너지 업계에서 일하면서 나는 우리가 처한 상황이 꽤 절망적이라고 생각했다. 전 세계 인구의 70퍼센트가 개발도상국에 살고 있고 앞으로도 20억이 넘는 사람들이 태어나면 인류가 소비하는 에너지는 계속해서 증가할 것이다. 또한 화석연료 없이는 그 모든 에너지 수요를 충족시킬 방법은 없다. 이런 내 생각의 기반에는 가장 좋은 대안인 재생가능 전력의 발전량이 여전히 너무 미미하고 발전 비용도 비싸다는 것이었다. 물론 모든 부문을 전기로 탈탄소화하기가 어렵다는 점도 작용했다.

이제 재생가능 전력은 새로운 시대를 맞고 있다. 대규모 태양광과 풍력발전 분야의 확대가 이미 진행 중이며, 이에 따라 미래 재생가능 전력은 화석연료보다 훨씬 저렴한 에너지가 될 것이다. 풍부하고 저렴해진 재생가능 전력은 미래의 에너지원인 수소를 만드는 데 사용될 것이다. 밀라노에서 지내던 어느 날 오후 나는 수소가 미래에너지 세계의 판도를 바꿀 수 있는 게임체인저라는 사실을 깨달았다. 전기가 도달하기 힘든 영역을 탈탄소화할 수 있는 청정 분자를 제공해줄 수 있는 것이 바로 수소다. 수소가 더 널리 사용될수록 수소를 만드는 전기분해 장치의 가격은 낮아질 것이다. 결국 어느 시점에 수소는 석유보다 저렴해진다. 이렇게 되면 수소에 대한 수요는 더 빠르게 증가할 것이고, 이는 다시 재생에너지에 대한 수요를 가속할 것이다. 이 모든 것이 긍정적 피드백 순환을 통해 일어난다.

이런 과정이 가지는 함축적 의미를 파악하면서 나는 마침내 어떻게 경제 활동을 멈추지 않고도 넷제로라는 목표에 도달할 수 있을지 깨달았다. 재생에너지와 수소가 어떻게 결합해서 매끄러운 에너지 연결망을 만들 수 있는지 이해하게 된 것이다. 이 에너지 연결망을 통해 전자는 분자로 변하고 다시 전자로 돌아올 수 있게 된다. 그리고 어떻게 사막과 해양의 힘을 먼 거리까지 실어 나르고, 오

수소 자원 혁명

랜 기간 보관하고, 열이나 원료로 사용하거나 우리가 필요할 때 필요한 곳에서 전기를 생산할 수 있는지 알게 됐다. 간단히 말해 경제 발전을 촉진하고, 일자리를 창출하고, 혁신을 촉발하고, 국제 협력과 무역을 증진할 수 있는 넷제로 시스템이 어떻게 가능한지 깨달았다. 물론 이런 종류의 희망을 가진 것이 내가 처음은 아니다. 과학자들과 소설가들은 오랫동안 수소가 미래의 연료라고 믿었다. 지금에 와서 그런 생각이 달라져야 할 이유는 없지 않은가?

이제 우리는 수소가 석유와 경쟁할 수 있는 시대에 매우 가깝게 근접해있다. 불과 10년 전만 해도 수소 가격은 킬로그램당 24달러였다. 하지만 오늘날은 수소의 가격은 킬로그램당 4달러에서 5.5달러 사이다. 그리고 일부 지역에서는 킬로그램당 2달러까지 수소 가격을 내릴 수 있다. 이 가격은 수소가 화석연료와 경쟁할 수 있게 되는 일종의 티핑포인트다. 첫 번째 수소 프로젝트가 시작되어 굴러가기만 한다면 금방 이 가격까지 도달할 수 있을 것이다. 지금 우리는 이 모든 일을 달성할 수 있는 경계에 와있다. 이에 필요한 관련 기술은 이미 있다. 대형 테스트 프로젝트들이 모든 응용 분야에서 수소를 시험하고 있다. 완전한 탈탄소화를 달성하려는 목표에 전례 없는 참여가 이어진다. 전 세계의 정책입안자들도 수소 세계로 전환하는 데 필요한 조치를 취하려 한다.

우리는 수소혁명으로 가기 위한 정점에 서 있다.

만약 내가 이 책을 통해 여러분에게 수소의 시대가 가까워졌다는 사실을 확신시킬 수 있다면, 수소의 시대를 앞당기는 데 조금이나마 이바지했을 것이다. 새로운 시장의 도래는 모두 미래에 대한 확신을 갖는 것과 관련됐다. 앞으로 큰 수소 시장이 생기리라는 것을 생산자들이 예측할 수만 있다면 생산 시설을 갖추기 위해 투자하는 데 주저함이 없을 것이다.

또한 사람들이 그린수소를 값싸게 이용할 수 있는 시기가 곧 도래할 것이라고 생각한다면 그들은 관련 기술에 투자할 것이다. 사실은 억눌려 있는 많은 수요가 있다. 수조 달러에 달하는 소비자들의 지출 여력은 녹색 제품의 구매를 기다리고 있다. 수조 달러에 달하는 녹색 펀드는 자금을 지원할 프로젝트를 찾고 있다. 기업들은 어떤 저탄소 기술이 나올지 지켜보면서 투자 결정을 미루고 있다. 수소로의 전환점에 대한 전망이 확실해질수록 기업들은 투자를 서두를 것이고 수소 생산과 소비는 눈덩이처럼 불어날 것이다.

물론 수소가 모든 것을 한 방에 해결하지는 못할 것이다. 수소만으로는 2050년까지 전 세계를 넷제로로 만들지 못한다. 이 목표를 달성하려면 우리에게 어마어마한 양의 신재생, 저탄소 전력이 필요하다. 동원해야 할 투자 자금의 규모도 믿기 어려울 만큼 크다. 우리 모두의 앞에 놓인 선택과 결정은 셀 수도 없이 많다. 하지만 충분히 해낼 수 있다. 그리고 우리는 이러한 난관들을 긍정적 낙관주의, 용기, 결단력으로 뚫고 나가야 한다. 이것이 우리에게 주어진 임무를 완수할 수 있는 유일한 방법이다.

나는 이 책의 마지막 장을 로마에서 쓰고 있다. 로마에서는 아직도 고대에 만들어진 도로와 수로를 매일 사용한다. 당시에는 그것들을 만들기 위해 인류는 엄청난 고난을 이겨내야 했지만 2천 년이 지난 지금 우리에게 그 노력은 충분히 가치 있는 일이었다. 인류 역사상 기념비적인 에너지 인프라를 구축하기 위해 우리는 이 같은 야망을 품어야 한다. 그것은 바로 수소로 통합된, 영원히 고갈되지 않는 깨끗한 에너지 시스템을 갖고자 하는 희망이다.

주

서문

1   기후변화에 대한 법적 구속력을 가지고 있는 국제 조약인 파리협약은 유엔 기후변화협약UNFCCC 다자간 협의체의 스물한 번째 회의로서 2015년 12월 12일 파리에서 열린 COP21에서 196개 당사국에 의해 채택됐고, 2016년 11월 4일부터 발효됐다. 미국은 2019년 9월 3일 협정문을 비준했다. 2016년 4월 22일 버락 오바마 전 대통령은 행정명령에 따라 협정문에 서명했고, 2017년 6월 1일 도널드 트럼프 전 대통령 임기 중에는 탈퇴 의사를 밝혔으나, 조 바이든 대통령이 임기를 시작한 뒤 2021년 1월 20일 공식적으로 재가입했다.

2   Jules Verne, *The Mysterious Island*, Charles Scribner's Sons, 1926.

3   "We Could Power The Entire World By Harnessing Solar Energy From 1% Of The Sahara", *Forbes*, 2016.09.22.

4   〈New Energy Outlook 2020〉, *BloombergNEF*, 2020.

제1부 뜨거운 혼돈: 기후변화와 그 이유

1. 넷제로 목표

1   Jared Diamond, *Collapse*, Penguin Books, 2005.

2   "9 Out of 10 People Worldwide Breathe Polluted Air", *WHO*, www.who.int/news-room/air-pollution. 이 숫자에는 조리용 불로 인한 공기 오염으로 사망했을 것으로 추정되는 400만 명에 달하는 인구는 포함되지 않았다. 2021년 한 연구에 따르면 환경오염으로 인한 연간 사망자는 무려 870만 명에 이른다. ; Karn Vohra, Alina Vodonos, Joel Schwartz, Eloise A. Marais, Melissa P. Sulprizio, Loretta J. Mickley, "Global Mortality from Outdoor Fine Particle Pollution Generated by Fossil Fuel Combustion: Results from GEOS - Chem", *Science Direct*, 2021.04, www.sciencedirect.com/science/article/abs/pii/S0013935121000487.

3   "Global Energy Review 2020", *IEA*, 2020, https://www.iea.org/reports/global-energy-review-2020.

4 세계자원연구소 데이터를 근거로 함.

5 〈New Energy Outlook 2020〉, *BloombergNEF*, 2020.

6 분석은 이탈리아, 프랑스, 스페인에 대해서만 이루어졌다. 지게차, 지상 운송 및 장거리 버스 및 트럭이 모든 항구 및 도시 클러스터에 추가돼 표시됐다. 단일 정유공장 또는 비료 공장은 표시되지 않았다. 표시된 도형의 크기는 산업 시설 및 운송 허브의 대략적 평균 사이즈에 기초하며, Energy Transitions Commission의 SYSTEMIQ 분석으로 2020년 11월 공개된 정보에 근거한다. : European Environment Agency, "European Pollutant Release and Transfer Register"; Fertiliser Europe, "Map of major fertilizer plants in Europe"; Eurofer, "Where is steel made in Europe?"; European Commission, "TENTec Interactive Map Viewer" and "Projects of common interest - Interactive map"; Gie, "Gas Infrastructure Europe"; CNMC, ""General Overview of Spanish LNG Sector"; McKinsey, "Refinery Reference Desk - European Refineries"; Fractracker Alliance, "Map of global oil refineries".

7 〈An integrated approach to quantifying uncertainties in the remaining carbon budget(잔여 탄소 예산의 불확실성을 정량화하기 위한 통합 접근법)〉, https://www.nature.com/articles/s43247-020-00064-9.

8 "Global Energy Review: CO2 Emissions in 2020", *IEA*, 2021.03.02., https://www.iea.org/articles/global-energy-review-co2-emissions-in-2020.

9 "Global carbon dioxide emissions are set for their second - biggest increase in history", *IEA*, 2021.04.20., https://www.iea.org/news/global-carbon-dioxide-emissions-are-set-for-their-second-biggest-increase-in-history.

10 Masson - Delmotte, V., P. Zhai, H. - O. Pörtner, D. Roberts, et al. (eds.), "Summary for Policymakers", *IPCC*, 2018, https://www.ipcc.ch/site/assets/uploads/sites/2/2019/05/SR15_SPM_version_report_LR.pdf.

11 동일 자료.

12 우리는 농업, 토지 이용 변화, 폐기물 관리 및 처리 문제에 대해서도 다룰 필요가 있지만, 그것은 이 책의 논의 범위를 벗어난다.

2. 모든 것이 멈추는 날

1 "Global Energy Review: CO2 Emissions in 2020", *IEA*, 2021.03.02., https://www.iea.org/articles/global-energy-review-co2-emissions-in-2020.

3. 근본적인 문제

1 Glenn T Seaborg, *A Scientist Speaks Out: A Personal Perspective on Science, Society and Change*, World Scientific Publishing Company, 1996, p.177.

2   Adopted 11 December 1997, came into force on 16 February 2005.

3   "CO_2 Emissions from Fuel Combustion: Overview", *IEA*, https://www.iea.org/reports/co2-emissions-from-fuel-combustion-overview.

4   Franzen Jonathan, "What if we stopped pretending?", *The New Yorker*, 2019.

5   Susan Szenasy interview with William McDonough, "Why Architects Must Rethink Carbon (It's Not the Enemy We Face)", *Metropolis*, 2017.01.04., https://www.metropolismag.com/cities/why-architects-must-rethink-carbon-its-not-the-enemy-we-face.

6   [1] BRENT average 2020, [2] TTF average 2020, [3] Coal ARA average 2020, [4] 평균 수치, 천연가스 비용에 대한 의존도가 매우 높음, [5] 다양한 지역에서의 현재 재생 에너지 비용과 전기분해 장치 비용을 고려함, [6] 평균 수치, 천연가스 비용과 CCS에 대한 투자에 대한 의존도가 매우 높음.

7   George Marshall, *Don't Even Think About It*, Bloomsbury, 2014.

8   Franzen Jonathan, "What if we stopped pretending?", *The New Yorker*, 2019.

9   "Kyoto: Why did the US pull out?", *BBC NEWS*, 2001.03.03., http://news.bbc.co.uk/2/hi/americas/1248757.stm.

4. 공동의 목표

1   Jonathan Ford, "Net zero emissions target requires a wartime level of mobilisation", *Financial Times*, 2019.06.16., https: //www.ft.com/content/412eea06-8eb7-11e9-a1c1-51bf8f989972. ; The European Hydrogen Backbone, 2020.

2   Yuval Noah Harari, *Sapiens*, Penguin Random House, 2011.

3   Larry Fink's 2021 letter to CEOs. https://www.blackrock.com/corporate/investor-relations/larry-fink-ceo-letter.

4   "Why did renewables become so cheap so fast? And what can we do to use this global opportunity for green growth?", *Our World in Data*, 2020.12.01., https://ourworldindata.org/cheap-renewables-growth.

5   유럽 의회의 2019년 수치다. "Report from the Commission to the European Parliament, the Council, the European Economic and Social Committee and the Committee of the Regions: Energy Prices and Costs in Europe", EUR - Lex, Doc. No. 52019DC0001., 2019., https://eur-lex.europa.eu/legal-content/EN/TXT/?uri=CELEX:52019DC0001.

6   David M. Hart, "The Impact of China's Production Surge on Innovation in the Global Solar Photovoltaics Industry", *ITIF*, 2020., https://itif.org/publications/2020/10/05/impact-chinas-production-surge-innovation-global-so-

lar-photovoltaics.

7   "Why did renewables become so cheap so fast? And what can we do to use this global opportunity for green growth?", *Our World in Data*, 2020.12.01., https://ourworldindata.org/cheap-renewables-growth.

8   "Lighting the Path: the next stage in utility scale solar development", *Accenture*, 2019., https://www.accenture.com/_acnmedia/PDF-97/Accenture-Utility-Solar-Scale-POV.pdf.

9   Ford, N., "Spain's record wind prices fail to curb the rise of solar", *Reuters*, 2021., https://www.reutersevents.com/renewables/wind/spains-record-wind-prices-fail-curb-rise-solar.

5. 재생가능 전력의 장단점

1   Jacques Schonek, "How big are power line losses?", *Schneider Electric Blog*, 2013.03.25., https://blog.se.com/energy-management-energy-efficiency/2013/03/25/how-big-are-power-line-losses.

2   Henry Edwardes-Evans, "UK power system balancing costs down 15% on month in Dec 2020", *S&P Global Commodity Insights*, 2021.01.18., https://www.spglobal.com/commodityinsights/ko/market-insights/latest-news/natural-gas/011821-uk-power-system-balancing-costs-down-15-on-month-in-dec-2020.

3   "Underutilised potential: the business costs of unreliable infrastructure in developing countries", *Policy Research Working Paper 8899*, 2019.06., http://documents1.worldbank.org/curated/en/336371560797230631/pdf/Underutilized-Potential-The-Business-Costs-of-Unreliable-Infrastructure-in-Developing-Countries.pdf.

4   Gregory Meyer, "Energy grids target upgrades for zero carbon transition", *Financial Times*, 2021.04.26., https://www.ft.com/content/eb7d651b-7d0a-4bb8-9a6d-8f5088b36c9b.

5   〈Entso - G Demand Data 2018(Entso - E 통계학적 팩트 시트 2018)〉.

제2부 수소: 사용가이드

6. 수소 세계로의 진입

1   우리 태양의 중심부에서는 초당 6억 톤의 수소 원자핵이 헬륨으로 융합된다. 이 과정에서 엄청난 에너지가 방출된다. 이 에너지는 중심부로부터 태양 표면으로 천천히 전달되며 태

양의 온도를 5,800켈빈까지 올린다. 태양으로부터 9,200만 마일 떨어진 지구는 이 핵융합 과정에서 발생하는 에너지로 인해 따뜻함을 누리고 있다. 태양을 밝게 유지하는 핵융합 과정은 온도와 밀도에 의해 작동된다. 양전하를 띤 양성자끼리는 서로 밀어내게 되기 때문에 핵융합이 되려면 고온을 유지하는 것이 중요하다. 양성자가 고온에서 매우 빠른 속도로 움직여야만 서로 융합이 될 만큼 강한 힘으로 충돌할 수 있게 되기 때문이다. 그러려면 태양의 플라스마가 매우 뜨거워야 한다. 또한, 태양 중심부의 밀도가 매우 높다는 사실은 양성자가 자주 충돌하게 됨을 의미한다. 이에 따라 핵융합 반응은 빠르게 진행된다. 이러한 핵융합 과정은 우리가 지구에서 스스로 만들 수 있는 어떤 것처럼 들리지는 않는다. 그런데도 1930년대부터 지구상의 다양한 실험실에서 핵융합에 대해 연구돼 왔고, 1950년대부터는 실험용 핵융합로가 만들어지고 현재까지 가동되고 있다. 프랑스 남부 카다라슈 Cadarache에 있는 국제 핵융합 실험로ITER와 같은 핵융합로들은 태양의 중심보다 훨씬 더 뜨거운 온도인 수억 도까지 도달할 수 있다. 이런 온도에서는 태양 중심부처럼 높은 압력에 의해 만들어지는 높은 밀도를 얻을 수 없다. 따라서 과학자들은 생성된 플라스마를 자석을 이용해 최대한 단단하게 유지하려고 한다. 손 사이에 풍선을 놓고 쥐어짜는 게임의 수준 높은 버전이라고 생각하면 되겠다. 만약 우리가 핵융합을 통제하는 문제를 해결할 수 있다면 우리는 엄청난 양의 저공해 에너지를 무한대로 갖게 될 것이다. 하지만 그러한 꿈은 아직 먼 미래의 일이다.

2　Sternberg,S.P.K. and Botte,G.G. "Fuel Cells in the Chemical Engineering Curriculum", Department of Chemical Engineering, University of Minnesota Duluth, http://www.asee.org/documents/sections/north-midwest/2002/Sternberg.pdf.

7.　환상적 비행: 수소의 초기 사용

1　Monck Mason. Aeronautica, or sketches illustrative of a theory and practice of Aerostation. Westley, 1838.

8.　석유의 유혹

1　다수의 천연 수소원들이 존재한다. 그리고 이들 중 일부는 현재 사용되고 있기도 하다. 예로서 다음을 참조하라. Enu Afolayan, "Hydrogen Power in Mali", Africa&Middle East: News and Perspectives from a Land of Opportunities, 2016.01.02., https://africa-me.com/hydrogen-power-in-mali.

2　〈Burning Buried Sunshine: Human Consumption of Ancient Solar Energy(땅에 묻힌 햇빛을 태우다: 인류의 고대 태양 에너지 사용)〉, https://core.ac.uk/download/pdf/5212176.pdf.

3　〈Energy Brainpool elaboration World Energy Outlook 2019〉, *IEA*.

4　"Global Costs of Carbon Capture and Storage", *Global CCS Institute*, 2017.

5   〈A Process for Capturing CO2 from the Atmosphere(대기로부터 이산화탄소를 포집하는 과정)〉, https://www.sciencedirect.com/science/article/pii/S2542435118302253.

6   〈Techno‐economic assessment of CO2 direct air capture plants(대기로부터 직접 이산화탄소를 포집하는 공장의 기술-경제적 평가)〉, https://www.sciencedirect.com/science/article/pii/S0959652619307772.

7   "Use and non‐use value of nature and the social cost of carbon(자연을 사용하거나 사용하지 않을 경우의 가치와 탄소 배출의 사회적 비용)", *NATURE*, https://www.nature.com/articles/s41893-020-00615-0.

9. 수소 무지개: 추출 방법

1   "Could Hydrogen Help Save Nuclear?", *Department of Energy*, 2020, https://www.energy.gov/ne/articles/could-hydrogen-open-new-markets-nuclear.

2   Adam Baylin-Stern and Niels Berghout, "Is Carbon Capture Too Expensive?", *IEA*, 2021.02.17., www.iea.org/commentaries/is-carbon-capture-too-expensive.

3   "CCUS in Clean Energy Transitions: A new era for CCUS", *IEA*, 2020, https://www.iea.org/reports/ccus-in-clean-energy-transitions/a-new-era-for-ccus.

4   〈Hydrogen production via methane pyrolysis in a liquid metal bubble column reactor with a packed bed(충진 베드로 만들어진 액체 금속 거품 컬럼 반응기에서의 메탄 열분해를 통한 수소의 생산)〉, https://doi.org/10.1016/j.cej.2016.04.066.

5   "Technology", *SG H2 Energy*, https://sg-h2.squarespace.com/technology.

10. 수소의 취급

1   "RH2-The Ultimate Decarbonizer", *RH2C*, www.renewableh2canada.ca/rh2.html.

2   *The European Hydrogen Backbone*, 2020.

3   〈Large-scale storage of hydrogen(대규모 수소 저장)〉, https://doi.org/10.1016/j.ijhydene.2019.03.063.

11. 수소와 전기: 에너지 커플

1   그러나 이미 재생에너지의 간헐성은 에너지 비용에서 상당히 큰 변동을 일으키고 있다. 영국의 경우 2021년 1월 6일 발생한 높은 전력 수요와 낮은 전력 공급은 그날 저녁의 전력 가격을 메가와트시당 1,500달러까지 치솟게 했다. 1년 전인 2020년 2월에는 스톰 데니스로 인해 강풍이 부는 바람에 전력이 과잉 공급됐고 그에 따라 전력 가격은 마이너스인 메가와트시당 -60달러로 떨어졌다. 2020년에는 영국의 전력생산자들이 자신들의 전기

를 써 주는 대가로 사람들에게 돈을 지급해야 하는 경우가 15차례나 있었다.

제3부 수소가 어떻게 도움이 될까

12. 새로운 연료

1 "West and allies relaunch push for own version of China's Belt and Road", *Financial Times*, 2021.05.02., https://www.ft.com/content/2c1bce54-aa76-455b-9b1e-c48ad519bf27.

2 "Bitcoin consumes more energy than Argentina", *BBC News*, 2022.02.10., https://www.bbc.com/news/technology-56012952.

3 메가와트시당 1달러의 가격대인 일부 중동의 석유 생산과 러시아의 천연가스 생산 비용은 세계 어느 곳에서 생산되는 재생에너지보다 항상 싸다.

4 "Fertility, mortality, migration, and population scenarios for 195 countries and territories from 2017 to 2100: a forecasting analysis for the Global Burden of Disease Study(2017년에서 2100년까지 195개 국가와 지역에서의 출생율, 사망율, 이주 그리고 인구 시나리오: 글로벌 질병 부담에 대한 예측 분석 연구)", *Lancet*, https://www.thelancet.com/journals/lancet/article/PIIS0140-6736(20)30677-2/fulltext.

5 Radowitz, B., "World's largest hydro dam 'could send cheap green hydrogen from Congo to Germany'", *Recharge News*, 2020.09.08., https://www.rechargenews.com/transition/worlds-largest-hydro-dam-could-send-cheap-green-hydrogen-from-congo-to-germany/2-1-871059.

6 www.statista.com.

7 "Will Australia's 'hydrogen road' to Japan cut emissions?", *The Finance Info*, 2020.11.29., https://thefinanceinfo.com/2020/11/29/will-australias-hydrogen-road-to-japan-cut-emissions.

14. 친환경 자재

1 Bill Gates, "Here's a Question You Should Ask About Every Climate Change-Plan", *GatesNotes*, 2019., www.gatesnotes.com/Energy/A-question-to-ask-about-every-climate-plan.

2 〈Iron and Steel(철과 강철)〉, 2020.05., https://www.iea.org/reports/iron-and-steel.

3 〈Global Consumption of Plastic Materials by Region 1980-2015(지역별 플라스틱 재료의 글로벌 소비 1980-2015)〉

4 〈Mission Possible sectoral focus: plastics(미션 파서블, 분야별 집중: 플라스틱)〉, https://www.energy-transitions.org/publications/mission-possible-sectoral-fo-

cus-plastics.

5   Cormier, Z., "Turning carbon emissions into plastic", *BBC Earth*, https://www.
    bbcearth.com/blog/?article=turning-carbon-emissions-into-plastic.

6   Roberts, D, "The hottest new thing in sustainable building is, uh,
    wood", *Vox*, 2020.01.15., https://www.vox.com/energy-and-environ-
    ment/2020/1/15/21058051/climate-change-building-materials-mass-tim-
    ber-cross-laminated-clt.

7   〈2050: A Third More Mouths to Feed(2050: 공급해야 할 세 번째 입)〉, *United Na-
    tions Food and Agriculture Organization*, 2009, www.fao.org/news/story/en/
    item/35561/icode.

15. 계절 편차의 극복

1   Cho, R., "Heating Buildings Leaves a Huge Carbon Footprint, But There's a Fix
    For It", *Columbia Climate School*, 2019.01.15., https://news.climate.columbia.
    edu/2019/01/15/heat-pumps-home-heating.

2   이탈리아에서는 한해에 전체 건물의 0.85퍼센트가 개보수된다. Strategia per la riqualifi
    cazione enegetica del parco immobiliare nazionale (STREPIN), Ministero dello
    Sviluppo Economico, Novembre 2020.

3   Future of gas event, 21 January 2021.

4   가장 최초의 바이오연료 실험은 메탄과 함께 수소를 생산하는 것이었다. D. D. 잭슨과 J.
    W. 엘름은 1896년 미세조류(아나배나)를 이용하여 수소를 생산할 수 있음을 증명했다. 수
    소가스를 분해하는 효소는 흔하다. 이 효소는 지구에서 생명이 진화하는 동안 적어도 세
    번에 걸쳐 진화했다. 오늘날의 혐기성 소화조류도 우리가 원한다면 수소를 생산할 수 있
    다. 메탄을 생산하는 발효조류의 경우 한 가지 종류의 유기체에 의해 수소가 생산되면 다
    른 종류의 유기체가 이것을 메탄으로 전환한다. 수소를 생산하려 한다면 단지 두 번째 종
    류의 유기체가 작동하지 못하도록 선택적으로 pH를 조정하거나 온도를 조절하기만 하면
    된다.

5   영국에서는 보체스터 보쉬가 이런 보일러를 벌써 생산해왔다. https://www.boilerguide.
    co.uk/articles/switching-hydrogen-gas-grid-viable-option.

6   H21 Leeds City Gate, https://h21.green/projects/h21-leeds-city-gate.

7   Day, A., "Sustainable Futures: Lighter than Air", 2017.11.24., https://anthonyday.
    blogspot.com/2017/11/lighter-than-air.html.

16. 그린 차선

1   〈Comments on Transportation and Climate Initiative Framework for a Draft

Regional Proposal(국지적 운송과 기후변화 대처 계획에 대한 첨언)〉, *FCHEA*, 2019, https://
www.transportationandclimate.org/sites/default/files/webform/tci_2019_input_
form/TCI%20MOU%20Response%20FCHEA%202020-2-28.pdf.

2   "Bush Touts Benefits of Hydrogen Fuel", *CNN*, 2003.02.06., https://edition.cnn.
com/2003/ALLPOLITICS/02/06/bush-energy.

3   심지어 이 책이 출간에 들어간 시점에 이스라엘 기업 스토어닷StoreDot은 5분 내에 완충
할 수 있는 배터리 생산에 들어갔다. 이 배터리는 100마일 정도의 운행 거리를 제공할 수
있을 뿐이고 오늘날 우리가 사용하고 있는 충전기보다 훨씬 더 고전압의 충전기가 필요하
다. 이러한 문제는 시간과 노력을 들여야만 해결할 수 있다. 여러분이 이 책을 읽게 되는 시
점에도 비슷할 것이다. 이 배터리는 흑연을 대체하여 희귀 금속인 게르마늄 소재의 나노
반도체를 전극으로 사용한다. 이런 소재는 환경에 좋지 않다. 하지만 스토어닷의 계획에
따르면 게르마늄은 훨씬 더 저렴한 소재인 실리콘으로 대체될 것이다. 이것이 가능해지면
그들의 급속 충전 배터리는 업계에서 게임 체인저가 될 것이다. 그로 인해 전기자동차 지
형은 다시 재편될 것이다.

4   2030년경에는 유럽의 도로 위에서 움직이는 전기자동차와 플러그인 전기자동차가 5천만
에서 7천만 대에 달할 것으로 추정된다. 이 경우 배전 전력망 건설에 3,750~4,750억 유
로의 투자가 필요하게 된다. 긍정적인 측면에서 본다면 이에 따라 많은 일자리가 생기게
될 것이다. 다음을 참조하라. "Making Power Grids Fit for the Transition Will Create
500,000 Jobs", *Eurelectric*, 2021., www.eurelectric.org/connecting-the-dots.

5   "Germany launches world's first hydrogen-powered train", *Guardian*,
2018.12.17., www.theguardian.com/environment/2018/sep/17/germany-launch-
es-worlds-first-hydrogen-powered-train.

6   Keating, C., "'This is not a bus plan': Wrightbus' Jo Bamford's vision for catalys-
ing the UK's hydrogen economy", *Business Green*, 2020.07.07., https://www.
businessgreen.com/feature/4017417/bus-plan-wrightbus-jo-bamford-vi-
sion-catalysing-uk-hydrogen-economy.

7   Buckland, K., "Explainer: Why Asia's biggest economies are backing hydrogen
fuel cell cars", *Reuters*, 2019.12.25., https://www.reuters.com/article/us-au-
tos-hydrogen-explainer-idUSKBN1W936K.

8   Wayland, M., "General Motors partners with Navistar to supply fuel-cell technol-
ogy for new semitruck", *cnbc*, 2021.01.27., https://www.cnbc.com/2021/01/27/
general-motors-partners-with-navistar-to-supply-fuel-cell-technology-for-
new-semitruck.html.

18. 푸른 하늘

1 "British Airways One Step Closer to Powering Future Flights by Turning Waste into Jet Fuel", *British Airways*, 2019.08.20., https://mediacentre.britishairways. com/pressrelease/details/11461.

2 〈CORDIS: Liquid Hydrogen Fuelled Aircraft - System Analysis(CORDIS: 액화수소를 연료로 사용하는 항공기 & System Analysis)〉, https://cordis.europa.eu/project/id/G4RD-CT-2000-00192/it.

20. 안전 우선

1 Altmann, M. and Graesel, C., 〈The acceptance of hydrogen technologies(수소 기술의 수용)〉, 1998., https://www.osti.gov/etdeweb/biblio/20584244.

2 Markandya, A. and Wilkinson, P., "Electricity generation and health", *Lancet*, 2007.12.13., https://doi.org/10.1016/S0140-6736(07)61253-7.

3 Kolodziejczyk, B. and Ong, W - L., "Hydrogen power is safe and here to stay", *World Economic Forum*, 2019.04.25., https://www.weforum.org/agenda/2019/04/why-don-t-the-public-see-hydrogen-as-a-safe-energy-source.

4 동일 자료.

제4부 이륙 준비

21. 임무

1 〈Hydrogen Insights 2021〉, Hydrogen Council, *McKinsey&Company*, 2021.01.

2 〈Renewable Capacity Highlights〉, *IRENA*, 2021.

3 〈New Energy Outlook 2020〉, *BloombergNEF*, 2020.

4 According to BNEF & 수소경제 전망& 2020 3월, 선박 운항에 수소 기반의 연료가 일반 선박유와 비슷한 수준이 되려면 수소 가격이 킬로그램당 1달러가 되면서 이산화탄소 배출권의 가격이 이산화탄소 배출량당 145달러는 돼야 한다.

5 ITM파워와 De Nora Industrie.

6 〈Green Hydrogen: Time to scale up〉, *Bloomberg NEF*, 2020., https://www. fch.europa.eu/sites/default/files/FCH%20Docs/M.%20Tengler_ppt%20 %28ID%2010183472%29.pdf.

7 〈Green Hydrogen Cost Reduction: Scaling up Electrolysers to Meet the 1.50C Climate Goal(그린수소 비용 저감: 1.50C 기후목표를 달성하기 위한 전기분해 장치 용량 확대)〉, *IRENA*, 2020.

8 〈Green Hydrogen: Time to scale up〉, *Bloomberg NEF*, 2020., https://www.
   fch.europa.eu/sites/default/files/FCH%20Docs/M.%20Tengler_ppt%20
   %28ID%2010183472%29.pdf.

9 "Breakthrough strategies for climate-neutral industry in europe", *Agora Ener-
   giewende*, Wuppertal Institute, 2020., https://www.agoraenergiewende.de/
   en/publications/breakthrough-strateg ies-forclimate-neutral-industry-in-eu-
   rope-summary.

22. 선도 기업

1 "In Battery Vs. Hydrogen Debate Anheuser - Busch Shows There's Room for
   Both Technologies with Nikola - BYD Beer Run", *Forbes*, 2019.11.22., https://
   www.forbes.com/sites/lianeyvkoff/2019/11/22/anheuser-busch-demon-
   strates-theres-room-for-both-technologies-in-battery-vs-hydrogen-de-
   bate/?sh=763fdd266cbe.

23. COP의 역할

1 탄소차액계약제도CCFDs는 배출 한도EUAs와 계약 가격 간의 차이를 보전해준다. 그로 인
   해 프로젝트를 위한 탄소가격을 실질적으로 보장하는 효과가 있다. 이러한 보장에 따라 투
   자자들은 계약에서 보장한 것보다 탄소 가격이 높을 경우 그 차이를 지급하게 된다.

2 "Creating Green Energy Partners with North Africa", *The Parliament*, 2020.11.06.,
   www.theparliamentmagazine.eu/news/article/green-energy-partners.

3 〈Separating Hype from Hydrogen - Part One: The Supply Side(수소에서 과장된 부분
   을 분리해내기&1부: 공급 측면)〉, *Bloomberg NEF*, 2020., https://about.bnef.com/blog/
   liebreich-separating-hype-from-hydrogen-part-one-the-supply-side.

4 "New Road Map to a US Hydrogen Economy", *Green Car Congress*, 2020.03.22.,
   https://www.greencarcongress.com/2020/03/20200322-h2map.html.

24. 소비자 흑기사

1 "A load of bread emits half a kilo of CO2, mainly from fertiliser", *New Scientist*,
   2017.02.27. https://www.newscientist.com/article/2122857-a-loaf-of-bread-
   emits-half-a-kilo-of-co2-mainly-from-fertiliser.

2 "금세기 중반에는 탄소 배출을 줄이기 어려운 영역에서도 넷제로에 도달하게 된다.", *En-
   ergy Transitions Commission*, 2018.

감사의 말

먼저 커밀라 팰러디노에게 감사의 말을 전하고 싶다. 커밀라 팰러디노는 이 프로젝트의 구상부터 출판까지 나와 함께해주었다. 2018년 밀라노에서의 운명적 만남이 있던 오후, 커밀라와 그녀의 팀은 완전한 탈탄소에 도달하기 위한 수소의 중요성을 강조하는 모델을 나에게 처음 보여주었고, 그 덕에 나는 스남의 전략과 유럽 정책 담론에 이바지했던 중요한 대화를 시작할 수 있었다. 또한 이 작업에 참여한 사비에르 루소, 비에리아 마에스트리니, 테탸나 울키나, 파브리치오 드 니그리스와 스남의 전략팀 모두에게 감사하다.

나는 마시모 데르치, 코스마 판자치, 파올로 토스티, 기술 부문 디나 란지, 마르코 키에사, 페레 마르갈레프, 그리고 다른 스남의 구성원들이 이 책을 풍성하게 만들 수 있는 도전과 기회에 대한 풍부한 정보를 제공해준 것에 대해서도 인사를 건네고 싶다.

원고의 초기 독자들은 실수를 제거하고 추가 사항을 제안하는 데 도움을 주었다. 에르메네길다 보카벨라, 요르고 차치마르카키스, 데이비드 하트, 토머스 코흐-블랭크, 마르쿠스 윌타너와 나의 동료 알레산드라 파시니, 클라우디오 파리나, 파트리아지아 루틸리아노, 가이티노 마치텔리, 살바토레 리코 그리고 로라 파리소토가 제공한 그들의 시간과 전문성, 날카로운 지적도 빼먹을 수 없을 것이다. 감사하게 생각한다. 나의 어머니, 아버지, 그리고 남동생도 초기 독자였다. 그들의 격려도 큰 도움이 됐다.

각 분야의 지식과 경험을 공유하는 것에 아낌없이 동의해주신 많은 동료와 업계 간부들, 그리고 에너지 전환과 수소에 대한 아이디어를 논의할 기회를 주신 많은 훌륭한 분들께 감사드린다. 그중 가브리엘 워커는 친절하게 이 책의 초고를 읽고 상세한 피드백을 제공해주었다. 캐터펄트의 공동창시자 나이절 토핑, 질 코르텐호스트, 어데어 터너 경 등에게도 마음을 전하고 싶다. 나는 특히 책을 출간하기 전 마지막 순간에 그들의 시간과 전문지식을 빌려준 조너선 스턴과 크리스 구달에게 신세를 졌다.

이 책이 종잇조각에 쓰인 아이디어 모음집일 때 나를 맡았던 담당 에이전트 피터 탈랙, 나처럼 수소에 열광하는 이지 에벌링턴, TJ 켈러허와 에릭 헤니, 그리고 호데 출판사와 베이직 북스의 출판팀들이 아니었다면 이 책을 손에 들고 있는 순간은 오지 않았을 것이다. 스티븐 배터스비, 사이먼 잉스, 톰 버크가 이 작품의 제작에 대한 지원을 해준 것도 잊을 수 없다.

로키마운틴연구소, 에너지전환위원회, 골드만삭스는 그들의 훌륭한 차트를 내가 사용할 수 있도록 허락해주었다.

마지막으로, 주말과 아주 늦은 밤에 이 프로젝트에 몰두할 때 나와 함께 해준 셀바기아와 내가 미래에 일어날 일에 관해 관심을 갖는 이유인 나의 딸 립시와 그레타에게 고마움을 남긴다.

참고 문헌

Gabrielle Walker, *An Ocean of Air: A Natural History of the Atmosphere*, Mariner Books, 2008

Dieter Helm, *Burn Out: The Endgame for Fossil Fuels*, Yale University Press, 2017

Michael Bloomberg and Carl Pope, *Climate of Hope: How Cities, Businesses, and Citizens Can Save the Planet*, St Martin's Press, 2017

Leonardo Maugeri, *Contutta l'energia possibile*, Sperling&Kupfer, 2011

Hal Harvey, Robbie Orvis and Jeffrey Rissman, *Designing Climate Solutions: A Policy Guide for Low-Carbon Energy*, Island Press, 2018

George Marshall, *Don't Even Think About It: Why Our Brains Are Wired to Ignore Climate Change*, Bloomsbury, 2015

Paul Hawken, *Drawdown: The Most Comprehensive Plan Ever Proposed to Reverse Global Warming*, Penguin, 2017

Vaclav Smil, *Energy and Civilisation*, MIT Press, 2017

European Hydrogen Backbone, Guidehouse, 2021

Gas for Climate: Gas Decarbonisation Pathways, Navigant, 2020

Gas for Climate: The Optimal Role for Gas in a Net-Zero Emissions Energy System, Navigant, 2019

Global Energy Transformation: A Roadmap to 2050, International Renewable Energy Agency, 2019

Bill Gates, *How to Avoid a Climate Disaster*, Allen Lane, 2021

Hydrogen Decarbonisation Pathways, The Hydrogen Council, 2021

Hydrogen Economic Outlook, Bloomberg New Energy Finance, 2020

Deployment and Cost Competitiveness, *Hydrogen Insights 2021: A Perspective on Hydrogen Investment*, The Hydrogen Council, 2021

Thierry Lepercq, *Hydrogen is the New Oil*, Le Cherche Midi, 2019

Hydrogen: The Economics of Production from Renewables, Bloomberg New Energy Finance, 2019

Nathaniel Rich, *Losing Earth*, Picador, 2019

Making the Hydrogen Economy Possible: Accelerating Clean Hydrogen in an Electrified Economy, Energy Transitions Commission, 2021

Mission Possible: Reaching Net-Zero Carbon Emissions from Harder-to-Abate Sectors by Mid-Century, Energy Transitions Commission, 2018

Net Zero by 2050: A Roadmap for the Global Energy Sector, International Energy Agency, 2021

Naomi Klein, *On Fire: The Burning Case for a Green New Deal*, Simon & Schuster, 2019

Mark Lynas, *Six Degrees: Our Future On a Hotter Planet*, National Geographic, 2008

David JC MacKay, *Sustainable Energy & Without the Hot Air*, UIT Cambridge, 2009

Mark Jaccard, *The Citizen's guide to Climate Success*, Cambridge University Press, 2020

The Future of Hydrogen: Seizing Today's Opportunities, International Energy Agency, 2019

Christiana Figueres, *The Future We Choose*, Knopf, 2020

International Gas Union, Snam, *The Global Gas Report*, Bloomberg New Energy Finance, 2020

Gabrielle Walker and David King, The Hot Topic: What We Can Do About Global

Warming, Bloomsbury, 2008

Jeremy Rifkin, *The Hydrogen Economy*, Tarcher/Putnam, 2002

Daniel Yergin, *The New Map: Energy, Climate, and the Clash of Nations*, Penguin, 2020

Daniel Yergin, *The Prize: The Epic Quest for Oil, Money and Power*, Simon & Schuster, 2008

Malcolm Gladwell, *The Tipping Point: How Little Things Can Make a Big Difference*, Black Bay Books, 2013

David Wallace Wells, *The Uninhabitable Earth*, Random House, 2019

Mike Berners-Lee, *There is no Planet B*, Cambridge University Press, 2019

Peter Hoffmann, *Tomorrow's Energy: Hydrogen, Fuel Cells, and the Prospects for a Cleaner Planet*, MIT Press, 2012

Chris Goodall, *What We Need To Do Now*, Profile, 2020

용어 사전

AC

교류하고, 방향을 빠르게 전환하는 전류(일반적으로 초당 50회). 이 전류는 변압기로 알려진 간단한 장치를 사용하여 전압을 위아래로 올리고 내릴 수 있다.

BEV, Battery Electric Vehicle

배터리 전기자동차. 내장 배터리에 저장된 전기에너지를 사용해 전기 모터로 구동되는 자동차.

블루수소

천연가스로 만들어진 수소로서 부산물로 생성된 이산화탄소는 포집돼 저장된다.

이산화탄소

탄소 원자 1개와 산소 원자 2개로 구성된 기체. 화석연료를 태우거나 시멘트를 만드는 과정을 비롯한 다양한 자연 작용 과정에 생성된다. 이것은 온실가스이며, 인간에 의해 야기된 기후변화의 가장 큰 원인이다.

CCS, Carbon Capture and Storage

탄소 포집 및 저장. 이산화탄소를 포집한 후 버려진 유전과 같은 지하 저장고에 넣는다. 이와 관련된 또 다른 용어로는 CCUS가 있다. CCUS는 탄소의 포집, 이용 및 저장을 의미하는 것으로, CCS에 비해 포집된 가스를 사용하는 계획까지 포함한다.

탄소세

대기로 방출하는 온실가스의 양에 근거하여 상품과 서비스에 매기는 세금.

기후변화

지구온난화보다 더 광범위한 용어인 기후변화는 바람과 강우 패턴을 포함한 기후의 모든 측면에서의 변화를 의미한다.

이산화탄소 등가량

종류가 다른 온실가스의 배출 영향도를 서로 비교하고 합산하는 방법. 특정 온실가스 1킬로그램에 대한 이산화탄소 등가량은 같은 양의 지구온난화를 발생시키는 데 필요한 이산화탄소량이다. (특정 온실가스가 미치는 상대적 효과를 지구온난화 잠재력이라고 부른다. 가스들은 종류에 따라 대기 중에 남아 있는 시간이 다르다. 따라서 지구온난화 잠재력의 경우 일정한 시간을 기준으로 평균을 내야 한다. 보통은 100년을 기준으로 한다. 예를 들어 메탄의 체류 시간은 이산화탄소보다 훨씬 짧은 12년이다. 하지만 즉각적인 온난화 효과는 너무 강력해서 메탄이 가진 100년 기준 지구온난화 잠재력은 이산화탄소의 30배 이상이다.)

보조 전력
간헐적 전력원에서 발생하는 수요와 공급의 변동을 커버하기 위해 빠르게 발전하고 가동을 중단할 수 있는 전력.

분배
에너지 산업에서 분배는 송전과 구별되는 용어이다. 장거리 송전은 고전압의 대형 케이블이 담당한다. 반면 국지적인 네트워크를 통해 사용자들에게 전력을 분배하는 것은 더 낮은 전압의 소형 전선들이다. 마찬가지로 가스 산업에서는 지름이 큰 장거리 전송 파이프라인과 더 작은 파이프라인으로 구성된 지역 배전 계통이 구별된다.

전류
전자(또는 다른 전하 운반체)가 흐르는 속도를 뜻한다. SI 단위는 암페어 또는 amp(A)이다.

전력망 그리드
전기의 생산자와 소비자를 연결하는 네트워크. 물리적 그리드에는 발전기, 송전, 배전선, 전압을 조정해주는 변전소, 가정과 기업과 같은 최종 사용자가 포함된다. 이 용어는 물리적 하드웨어만 아니라 전력 수요와 공급에 대응하는 기업과 구조를 지칭할 수도 있다. 시장 및 규제도 포함된다.

전기분해 장치
전기를 사용해 물을 수소와 산소로 나누는 장치다.

에너지
일(예시로 중력을 거스러 일정 무게를 들어 올리는 것이 있다)과 열을 정량화하는 단위. SI 단위는 줄(J)이다. 각기 다른 형태의 에너지끼리도 서로 간에 전환될 수 있다. 만약 당신이 수소에 불을 붙이면 빛이 가진 화학적 에너지는 열에너지(열)와 기계적 에너지(펑 소리를 동반하는 갑작스러운 움직임)로 변환된다.

화석연료
지하에 갇힌 유기물질이 수백만 년에 걸쳐 열과 압력에 의해 변형돼 생긴 물질. 석유, 석탄, 천연가스는 가장 널리 사용되는 화석연료다. 이것들을 태우면 기후변화에 영향을 주는 온실가스인 이산화탄소를 대기 중에 배출하게 된다.

연료전지
화학에너지를 전기로 변환하는 장치. 수소 연료전지는 수소와 산소를 반응시켜 전력을 생산하며, 반응 폐기물로 물이 만들어진다.

FCEV, Fuel Cell Electric Vehicle
연료전지 전기자동차. 수소 형태로 저장된 에너지는 연료전지를 통해 전기로 변환해 구동되는 전기 모터에 의해 움직이는 자동차.

기가와트 GW
10억 와트, 1와트는 SI 단위 전력이다. 대형 발전소는 수 기가와트에 해당하는 발전 용량을 가지고 있다.

기가톤
10억 톤, 이산화탄소 배출량을 측정하는 데 자주 사용되는 단위.

지구온난화
지구의 온도 상승 현상. 일반적으로는 인간이 배출한 온실가스 배출로 인해 발생한 최근의 급격한 온난화를 가리키는 말로 쓰인다.

온실가스
햇빛이 지구의 대기로 들어오는 것은 허용하고 열이 빠져나가는 것은 막는 가스이며 온실의 유리 창문처럼 작용한다. 주요 온실가스로는 수증기, 이산화탄소, 메탄, 아산화질소, 오존, 그리고 다양한 클로로플루오로카본과 하이드로플루오로카본이 있다.

그린수소
재생가능 전력을 사용해 전기분해 장치에서 물을 쪼개서 만든 수소.

수소
주기율표의 첫 번째 원소. 수소 원자는 하나의 양성자와 하나의 전자로 구성된다. 수소가스는 보통 수소 원자 2개가 1쌍으로 결합한 수소 분자의 형태로 됐다.

간헐성 에너지원
자연적 변동성에 의해 발전 출력이 달라지는 에너지원. 태양에너지와 풍력에너지는 모두 날씨에 의존하기 때문에 간헐성 에너지다.

킬로와트시 kWh

에너지 단위로서 1시간 동안 지속된 1천 와트의 전력을 뜻한다. 1킬로와트시는 3.6 메가줄과 같다.

학습률 learning rate

특정 기술의 규모가 커짐에 따라 비용이 얼마나 빨리 하락하는지를 나타내는 척도. 특히, 수요가 2배로 될 때 비용이 얼마나 감소하는지를 백분율로 나타낸다.

메가와트시 MWh

에너지 단위로서 백만 와트의 전력이 1시간 동안 공급되는 것과 같다. 1메가와트시는 1천 킬로와트시다.

톤 Mtoe

에너지 단위로서 백만 톤의 석유에 해당한다. 1톤은 1,163만 메가와트시와 같다.

천연가스

지하 유기 퇴적물에서 자연적으로 발생하는 가연성 가스 혼합물. 주성분은 메탄이며, 에탄을 포함한 다른 복잡한 탄화수소, 황화수소, 이산화탄소, 질소를 포함한 기체들이 다양한 비율로 섞여 있다. 난방, 요리, 발전의 연료로 사용되며 산업에서는 화학 원료로 사용된다.

넷제로

온실가스의 배출은 줄이고 동시에 대기에 존재하는 온실가스 제거량은 늘림으로써 배출량과 제거량의 균형을 맞추면 넷제로가 된다.

입자상 물질 Particulate matter

고체 또는 액체 방울의 작은 입자. 일반적으로 화석연료를 태울 때 방출된다. PM2.5는 지름 2.5마이크로미터 이하의 미세먼지 양을 측정한 것으로써, 세계적으로 가장 파괴적인 형태의 대기오염물이다. 입자상 물질은 연간 수백만 명의 사망자를 내고 있다.

광전지

광전 효과를 통해 햇빛을 직접 전기로 변환하는 장치. 흔히 태양전지라고 불린다.

재생에너지

태양, 풍력, 수력, 바이오매스, 지열과 같이 자연적으로 다시 보충되는 에너지 자원.

스마트 그리드

정보를 이용해 전력의 공급과 수요 간에 균형을 정교한 방식으로 맞추는 전력 그리드. 예를 들면 에너지 공급자에게 데이터를 전송하는 스마트 미터를 사용하거나 변화하는 환경에 대응할 수 있는 전자기기를 포함하는 전력 그리드를 뜻한다. 스마트 그리드는 개인 정보 보호 및 보안에 대한 우려가 있지만 기존 전기 그리드보다 더 신뢰할 수 있고 효율적이며 친환경적이다.

스모그
심한 대기오염 상태, 미세입자들이 안개 형태로 존재하는 것. 오늘날 일반적인 스모그의 형태는 광화학 스모그이다. 주로 자동차 배기가스에서 나오는 탄화수소와 질소 산화물이 햇빛에 의해 화학 반응이 일어나면서 발생한다.

태양에너지
태양으로부터의 복사에너지는 대부분 가시광선과 근적외선의 형태를 띤다.

지속 가능성
지구의 자원과 인간의 소비 사이에 균형을 유지하는 것. 특히 자연의 재생력을 유지한다. 그에 따라 인간의 활동이 우리와 다른 종들을 부양할 수 있는 지구의 능력을 위협하지 않도록 하는 것이다. 유엔세계환경개발위원회에 따르면, 지속 가능한 개발이란 미래 세대가 자신들의 필요를 충족시킬 수 있는 능력을 훼손하지 않고 현재의 필요를 충족시키는 것을 말한다.

전압
전류가 얼마나 강하게 흐르는지를 나타내는 측정값으로서 물이 채워진 파이프의 압력과 유사한 개념이다. 전위차 및 기전력이라고도 부른다. 전압의 SI 단위는 V, 즉 볼트다.

와트W
에너지의 SI 단위, 에너지가 얼마나 빨리 전달되거나 사용되는지를 나타낸다. 1와트의 전력은 1볼트의 전압이 걸린 상태에서 이동하는 1암페어의 전류와 같다.

풍력발전소
전기를 생산하는 풍력 터빈의 집합체.

부록

수소의 발열량에 관한 참고사항

실제 환경에서는 연료에 포함된 에너지가 모두 사용되지는 않는다. 항상 변환 공정에서 손실이 발생하며 정확한 비교는 신중하고도 구체적인 분석이 필요하다. 이러한 이유로 종류가 다른 연료들끼리는 보통 '발열량'을 기준으로 비교한다. 발열량도 여러 다른 방법으로 표현된다. 일반적으로 발생한 모든 수증기의 열에너지는 수증기가 응결될 때 포착돼 높은 발열량HHV을 가지게 된다고 가정한다. 반대로 낮은 발열량LHV은 열이 포착되지 않는 곳에 사용된다.

수소의 경우 연료전지에서 사용될 때 수증기가 생성되지 않으므로 높은 발열량으로 수소의 에너지 함량을 잘 나타낼 수 있다. 반면 수소가 터빈에서 연소하고 수증기가 회수되지 않을 때는 낮은 발열량으로 에너지 함량을 나타내는 것이 적절하다. 물론 수소가 다른 연료(예시로 천연가스가 있다)와 비교될 때도 같은 방법으로 고려돼야 한다.

이 책에서는 비교를 쉽게 하려고 높은 발열량을 전체적으로 사용하고 있다. 수소의 경우 발열량은 킬로그램당 거의 40킬로와트시에 달한다. 낮은 발열량은 킬로그램당 33킬로와트시다. 다른 연료와의 비교도 같은 방법으로 하면 된다.

수소 1킬로그램으로 무엇을 할 수 있을까?	
활동	숫자(#)
승용차로 갈 수 있는 킬로미터	90
트럭으로 갈 수 있는 킬로미터	15
세탁기 운전 시간	10
파스타 요리 접시의 수	30
샤워 횟수	20
TV에서 볼 수 있는 축구 경기 수	180
스마트폰의 충전 횟수	1,200

1킬로그램의 수소를 생산하기 위해 필요한 것은?	
활동	수치
에너지	56.3킬로와트시
전기분해와 PV 용량	35와트
토지 면적(태양광 PV 설치에 필요한)	0.9제곱미터
물	9리터

2050년까지 각 분야를 탈탄소화 하기 위해 어느 정도의 수소가 필요할까?	
분야	수소(한 해당)
철강	12,200만 톤
시멘트	4,700만 톤
기타 산업	4,300만 톤
석유화학	3,200만 톤
발전	24,400만 톤
중하중 트럭	9,200만 톤
승용차	4,200만 톤
경트럭과 버스	3,400만 톤
선박	2,300만 톤
철도	1,200만 톤
주거	6,900만 톤
상업	4,100만 톤
합계	80,100만 톤

2050년까지 모든 분야를 탈탄소화하기 위해 얼마만큼의 자원이 필요할까?	
활동	수치
에너지	45테라와트시
전기분해 장치와 PV 용량	28.2기가와트
토지(태양광 PV 설치를 위한)	700킬로제곱미터
물	72억 입방미터

글로벌 거시 경제와 에너지 데이터(2019)	
세계국내총생산(GDP)	90조 달러
세계 인구	77억
연간 에너지 소비량(글로벌)	17만 테라와트시
연간 에너지 비용(글로벌)	7조 달러
평균 에너지 비용	메가와트시당 40달러
GDP에서 에너지 소비가 차지하는 비중	8.2퍼센트
인당 연간 에너지 소비량	22메가와트시
인당 연간 에너지 비용	900달러

수소 자원 혁명

지구를 위한 마지막 선택, 수소가 바꾸는 미래

초판 1쇄 발행 2023년 2월 28일
초판 3쇄 발행 2024년 2월 28일

지은이 마르코 알베라
옮긴이 김종명
펴낸이 성의현
펴낸곳 (주)미래의창

편집주간 김성옥
편집진행 김다울
디자인 공미향

출판 신고 2019년 10월 28일 제2019-000291호
주소 서울시 마포구 잔다리로 62-1 미래의창빌딩(서교동 376-15, 5층)
전화 070-8693-1719 **팩스** 0507-0301-1585
홈페이지 www.miraebook.co.kr
ISBN 979-11-92519-40-1 03320

※ 책값은 뒤표지에 있습니다.

생각이 글이 되고, 글이 책이 되는 놀라운 경험. 미래의창과 함께라면 가능합니다.
책을 통해 여러분의 생각과 아이디어를 더 많은 사람들과 공유하시기 바랍니다.
투고메일 togo@miraebook.co.kr (홈페이지와 블로그에서 양식을 다운로드하세요)
제휴 및 기타 문의 ask@miraebook.co.kr